Autres Notes
et Nouvelles Etudes

sur le développement économique et minier

de la

Guyane Française

et sur les moyens de mise en valeur

de ses Richesses Naturelles

Agricoles, Pastorales, Forestières et Aurifères

par

Arthur Dangoise

Licencié en Droit, Publiciste,

Membre de la Société de Géographie de Paris,

du Syndicat de la Presse Coloniale, etc.

1909

Guyane Historique

Guyane Géographique

Guyane Ethnographique

Guyane Climatologique

Guyane Economique et Minière

Colonisation

Préface

« La Guyane Française, cette belle colonie tant calomniée, est appelée par la fertilité de son sol, la fécondité de ses mines d'or et ses richesses variées à un merveilleux développement. »

H. URSLEUR, 1900.

« C'est bien à tort qu'on a rangé la Guyane au rang de nos vieilles colonies ; il n'en est pas peut-être qui soit aussi peu avancée dans la vie, dont les solitudes aient été moins explorées, malgré ses richesses si variées. »
(Rapport de M. HOAREAU-DESRUISSEAUX, 1901).

En publiant en 1904 nos « *Notes, Essais et Etudes sur la Guyane Française et le développement de ses ressources variées, et spécialement de ses richesses aurifères, filoniennes et alluvionnaires* », avec la collaboration pour la partie essentiellement technique de l'ingénieur minier, M. Pottereau, qui avait déjà fait ses preuves dans ce pays, nous avons rencontré dans le monde colonial et minier un accueil aussi bienveillant que flatteur ; ce qui nous a profondément touché, tout en nous récompensant amplement de notre labeur et de nos efforts tendant à mieux faire connaître, comprendre et apprécier les richesses encore à peu près ignorées de l'une de nos plus vieilles colonies : l'ancienne France Equinoxiale.

Cet encouragement nous a vivement incité à poursuivre nos travaux qui, avec l'aide de personnalités s'intéressant à nos possessions lointaines, ont été, nous le disons hautement, très fructueux et à compléter nos études et nos documentations, aussi variées que précieuses concernant cette belle et riche colonie, déjà un peu moins délaissée depuis quelques années, mais devant aspirer à de plus hautes destinées. Nous présentons donc à la bienveillante attention du public le résultat de nos consciencieuses recherches qui, dans l'espèce, ne sont en réalité que la suite toute naturelle et le complément de nos travaux antérieurs mis ainsi au courant de ce qui a été fait et de ce qui reste à faire de plus urgent en vue du développement économique de la Guyane Française. Nous avons conçu et écrit ce second ouvrage sur cette colonie dans un but utilitaire et éminemment pratique.

Il nous semble que cette publication vient bien à son heure, par suite des modifications profondes qui ont été introduites tout récemment dans ce pays, tant dans les conditions heureuses de l'exploitation rationnelle et méthodique des alluvions et des filons, tant dans la réglementation trop sévère du régime minier et dans le remaniement plus ou moins heureux des taxes, redevances et autres réformes fiscales qui en sont la conséquence, que dans les projets à l'étude de grands travaux publics, de construction de routes et de

voies ferrées ; l'ensemble peut et doit, à notre avis, mais avec certains perfectionnements et des modifications nécessaires, avoir une
influence décisive sur les destinées et la situation économique de la
colonie, non seulement pour les mines aurifères, mais aussi pour
l'agriculture, l'élevage et les industries annexes surgissant d'elles-
mêmes dans un pays neuf, riche et actif.

Nous nous sommes particulièrement attaché à développer ces
différents sujets d'actualité ainsi que les questions touchant l'industrie si importante des mines d'or sur laquelle nous avons donné de
nouveaux et substantiels développements et à faire connaître nos
vues sur divers modes d'amélioration nécessaire des transports et
de peuplement, questions vitales pour la Colonie ; nous avons cru
utile aussi de nous étendre longuement sur la géographie physique de la Guyane qui a besoin d'être mieux connue dans son ensemble et de faire une étude sur ce qu'il convient et ce qu'il est possible de faire et d'entreprendre avec succès dans notre riche Colonie
sud-américaine au point de vue agricole, pastoral, forestier et industriel, sujet bien digne d'attirer toute l'attention de jeunes Français. Nous avons signalé les moyens qui nous semblent ainsi les plus
propres à mettre en valeur les richesses naturelles du pays, et, pour
mieux guider les jeunes colons, nous ne leur avons pas ménagé nos
vues et nos conseils tout désintéressés. C'est en toute indépendance,
et sans autre préoccupation que le souci de pouvoir être de quelque
utilité pour la Guyane que nous avons publié ces nouvelles études,
en exposant nos idées personnelles sur nombre de questions d'actualité, et en faisant de bonne foi et avec sincérité diverses critiques,
quand elles nous ont semblé fondées, en vue de l'intérêt général du
pays.

Depuis douze années nous nous occupons avec impartialité,
mais avec ardeur, des questions si intéressantes de la Colonisation
en général, et surtout en particulier de la Guyane que nous
affectionnons tout spécialement, parce que trop longtemps délaissée et méconnue : tel le bon père de famille qui, aimant également tous ses enfants, a une préférence naturelle et marquée et
une sollicitude plus grande pour celui d'entre eux qui paraît plus
faible, ou moins avancé dans son jeune âge, et qui a besoin d'être
aidé et soutenu pour atteindre son développement normal et régulier et toute sa puissance vitale et vigoureuse.

Avant d'indiquer la division de ce nouvel ouvrage, nous n'aurions garde d'omettre d'adresser nos plus sincères remerciements à
tous ceux qui ont bien voulu nous fournir divers renseignements des
plus précieux, notamment à M. Naudot, chef du service de l'enregis-.

trement, des domaines et du timbre en Guyane, en retraite, à M. Lecanu, administrateur délégué de la Société des Mines de Saint-Elie et d'Adieu-Vat, et à M. Paul Josa, ancien magistrat colonial, à Saint-Laurent-du-Maroni.

La méthode que nous avons adoptée pour mener à bien notre étude est la même que celle dont nous nous sommes servi pour notre premier ouvrage sur la Guyane Française.

C'est ainsi que nous avons divisé ce nouveau volume en six parties ayant successivement trait comme le précédent à la Guyane historique, géographique, ethnographique, climatologique, économique et colonisatrice, chacune de ces parties étant subdivisée en sections à peu près identiques à celles de notre premier ouvrage ; en sorte que ce deuxième volume n'est pour ainsi dire que la continuation et le complément nécessaire du premier. Cette méthode, à la fois simple et claire, sera de nature, nous le pensons, à faciliter énormément à nos lecteurs leurs recherches sur les questions les plus diverses touchant la Guyane ; en compulsant les deux ouvrages qui ne forment réellement que les deux parties d'un même tout, chacun sera à même de se documenter facilement et aussi complètement que possible sur celles des questions guyanaises qu'il désire connaître plus spécialement.

Puissent ces divers aperçus, ces nouvelles études, ces recherches multiples, faites dans le seul but de servir à l'intérêt général, mériter la faveur de tous ceux qui s'intéressent de près ou de loin au merveilleux domaine colonial de la France, servir de guide aux jeunes gens qui ont le désir d'aller coloniser dans la Guyane Française, si digne de leur sérieuse attention, leur faciliter le vaste champ ouvert à leur intelligence et à leur activité, et les aider dans leurs entreprises coloniales !

Que la lecture de nos œuvres sur la Guyane soit de nature à encourager de jeunes Français, ayant à leur disposition des capitaux suffisants, une bonne santé et une grande somme d'énergie et de volonté, ainsi qu'une instruction préparatoire assez étendue, à se rendre dans notre riche colonie sud-américaine pour y faire du commerce, y établir des industries ou y entreprendre de grandes exploitations agricoles, pastorales, forestières ou minières, suivant leurs goûts et leurs aptitudes spéciales ! Mais qu'ils sachent bien qu'aucune entreprise ne peut escompter le succès ni conduire à la fortune, que si elle est soutenue par des capitaux, plus ou moins importants d'ailleurs, suivant les régions, les circonstances et la nature des exploitations.

Puissent enfin nos travaux — ce qui nous comblerait de joie et serait la meilleure récompense de nos efforts — avoir quelque action sur le développement si désiré et si nécessaire de la Guyane Française, « au moment où, dans la Métropole, une certaine partie de l'opinion paraît vouloir s'intéresser à ce pays, dont les richesses inexploitées commencent à être mieux connues et mieux appréciées », ainsi que l'exprimait avec autant d'à-propos que de justesse, le 2 octobre 1907, M. le Gouverneur Rodier dans son discours d'ouverture du Conseil Général de la Colonie !

Nous ferons, de concert avec lui, ce vœu que nous formulons de tout notre cœur pour l'ancienne France Equinoxiale :

« Puisse ce courant favorable de l'esprit public en France ne pas se détourner de nous et nous faciliter la tâche de la Rénovation de la Guyane ! »

Arthur DANGOISE.

PREMIÈRE PARTIE

GUYANE HISTORIQUE

PREMIERE SECTION

APERÇUS SUR L'ÉTUDE DE LA COLONISATION ET DE LA CIVILISATION EN GUYANE ; DOCUMENTATIONS HISTORIQUES ET BIBLIOGRAPHIQUES

A l'intérêt que présente, au point de vue rétrospectif, l'histoire de la Guyane Française (si mouvementée et si touchante à cause même de ses nombreuses vicissitudes, des échecs trop fréquents subis, mais aussi des efforts puissants accomplis par des voyageurs ou des explorateurs malheureux, quoique braves et énergiques, le plus souvent dignes d'un meilleur sort, efforts dont l'esquisse rapide et sommaire a été faite dans notre premier ouvrage, par l'exposé succinct des origines coloniales de ce pays), se joint un intérêt non moins attachant dans l'étude des questions de Colonisation et de Civilisation, questions ayant bien des points de contact, et se ratta chant sous divers rapports à l'histoire chronologique de la Colonie elle-même.

Le rapprochement de ces deux études historiques qui sont parallèles et inséparables l'une de l'autre, plus peut-être encore dans notre Guyane que dans nos autres possessions d'outre-mer, permet de dégager plus fructueusement la marche en avant du pays, accélérée ou retardée suivant les événements du passé, suivant l'état des esprits, suivant la situation politique, suivant d'autres circonstances multiples, et de constater les résultats acquis au point de vue de l'augmentation du bien-être et de la richesse des coloniaux ; ce qui, on le sait, doit être la tendance essentielle et continue des sociétés humaines aussi bien que des individus.

A cet égard, il est à remarquer qu'une conception nouvelle et heureuse commence à se faire jour dans le public sur le mode d'exploitation de nos merveilleuses colonies, précieux legs des Gambetta, des Jules Ferry, et de leurs dignes successeurs, non plus seulement pour le seul avantage de l'industriel et du commerçant de la Métropole, mais encore pour celui des colons et des indigènes eux-mêmes. N'est-il pas juste, en effet, pour une nation généreuse et humanitaire, telle qu'est la France, de chercher par tous les moyens possibles à améliorer leur sort, à augmenter leur bien-être matériel, intellectuel et moral ? Leur enrichissement sous toutes formes, envisagé même en dehors de la question sociale et humaine, ne peut-il pas, ne doit-il pas être avantageux pour le développement intensif de la Colonie elle-même et par contre coup pour celui plus grand de la France, et pour l'alimentation nécessaire et chaque jour de plus en plus impérieuse du commerce même de la Métropole ?

Et dire que c'est depuis un petit nombre d'années seulement que cette conception nouvelle s'est heureusement substituée à cette théorie, si longtemps admise, mais combien erronée et égoïste ! d'après laquelle nos Colonies, qui, pour un grand nombre d'entre elles, datent presque d'hier, avaient été conquises uniquement et exclusivement pour les industriels et les commerçants de la Métropole, comme si le rôle d'une grande nation n'était pas d'y apporter des avantages matériels et moraux ainsi que les bienfaits de la civilisation par l'éducation, intelligemment et progressivement entreprise chez des indigènes dont la plupart ne demandent qu'à sortir de leur barbarie ou de leur ignorance pour se mêler au grand courant de production agricole, commerciale et industrielle !

Si ce raisonnement égoïste et étroit a été trop longtemps la ligne de conduite des Français, il est vrai de dire qu'il a pesé lourdement sur la politique économique du pays et qu'il a entraîné — ce qui était fatal — l'application à nos Colonies et partant à la Guyane du *tarif général de commerce* de la Métropole, au grand dam du développement rapide des possessions d'outre-mer et des entreprises particulières tentées par les industriels et les commerçants de France ; en retardant l'évolution du pays, cet état a créé souvent chez la plupart d'amères ou de cruelles déceptions ; c'est au surplus ce qui est arrivé maintes fois en Guyane Française dans l'espace de ces trois derniers siècles de colonisation et ce qui ressort de toute évidence de l'histoire même du pays.

Quels furent, en effet, les débuts de la Colonisation en Guyane ?

Bien que les côtes d'une partie de ce pays aient été visitées pour la première fois très rapidement par Christophe Colomb, en 1498, plus longuement deux années après par Vincent Pinçon, on constate que plus d'un siècle s'écoula avant que la France ne s'occupât d'y créer des établissements. C'est à diverses reprises successives, en 1626, en 1630, en 1633, que des exploitations agricoles sont tentées d'abord près de Sinnamary, puis sur la rivière de

Couamama. C'est en 1634 qu'un certain groupe de Français passe dans l'île de Cayenne et commence à cultiver la côte de Remire, et en 1635 que ces mêmes colons construisent à trois lieues de leur premier établissement, à l'embouchure de la rivière de Cayenne, un fort et une ville qui est devenue depuis le chef-lieu de la Guyane.

C'est ainsi que commença la Colonisation dans ce pays jusqu'à l'obtention par des négociants de Rouen, en 1633, du privilège du commerce et de la navigation des pays situés entre l'Orénoque et l'Amazone.

En se pénétrant des phases successives de l'étude historique des expéditions entreprises par diverses compagnies de colonisation désireuses de tirer parti des immenses ressources naturelles du pays, expéditions que nous ne rappellerons pas ici, il est facile de constater combien les nombreuses expéditions tentées au XVIIᵉ et au XVIIIᵉ siècles pour des essais de Colonisation, combien les diverses compagnies formées dans le but d'exploiter la Guyane, eurent de médiocres et pénibles résultats, quand elles ne furent pas ruinées ou anéanties, sans que de son côté la Colonie eût obtenu elle-même un avantage sensible de ces efforts immenses sans doute, mais dispersés et souvent mal dirigés !

Comment ces tentatives de Colonisation pouvaient-elles, en effet, prospérer, quand les expéditions étaient si mal montées, manquant d'organisation et de discipline, cruelles même à l'égard des indigènes ? Trop faibles pour résister à des attaques sérieuses, loin de leur pays, avec des difficultés de ravitaillement inouïes, ne devaient-elles pas fatalement périr, soit qu'elles eussent été dispersées par des ennemis venant de l'extérieur (hollandais et anglais), soit qu'elles eussent manqué de vivres ou eussent été décimées par la maladie ? Aussi l'histoire des commencements de la Colonisation dans la Guyane peut-elle bien se résumer à peu près en ces termes : impéritie et cruauté des chefs d'expéditions, abus de pouvoirs, révoltes et exactions à l'égard des indigènes, en un mot, tout le contraire de ce qu'il y avait lieu de faire ! C'est pourquoi Louis XIV, ayant senti le danger et constaté les insuccès presque continuels de ces compagnies privées, songea, vers 1674, et sous l'impulsion de son grand ministre Colbert, à placer les Colonies sous son autorité directe et à les réunir à la Couronne.

C'est d'ailleurs de cette date que la Guyane connut une ère de réelle prospérité ; elle devint un pays essentiellement agricole, à la faveur du *Pacte Colonial* qui lui assurait l'écoulement de ses produits sur le marché métropolitain. Cette prospérité dura jusqu'après la moitié du XVIIIᵉ siècle, quand survint, en 1763, la catastrophe de Kourou. Cette période de bien-être avait été en grande partie le résultat des intelligents efforts du chevalier de la Barre qui, nommé gouverneur à Cayenne, sut, après en avoir chassé les Hollandais, habilement administrer la Colonie, traitant les Indiens avec douceur et organisant avec tact et sagesse le pays pour lui donner un regain de vitalité et de prospérité. Cette ère heureuse fut entravée, malheureusement, on le sait, par les incursions des Anglais qui, profitant d'un voyage de M. de la Barre en France, se mirent à exercer des ravages sur la Colonie, et par celles des Hollandais qui, ayant déjà possédé Cayenne, dont ils avaient apprécié la richesse, firent une nouvelle occupation annale (en 1676) dans le pays d'où ils furent chassés par la flotte de l'amiral d'Estrées, et par la malheureuse expédition des Cayennais, entreprise sous la conduite du marin Ducasse, en 1686, contre la Colonie de Surinam, ce désastre ayant épuisé la Colonie, comme population et comme richesse.

Pendant l'administration hollandaise, il faut le dire, les cultures et le commerce de la Colonie avaient pris une grande extension et avaient joui d'une prospérité que les habitants n'avaient pas encore connue jusque-là, même pendant les dix années de colonisation des Hollandais, de 1654 à 1664, laps de temps où la Guyane fut brillante, grâce à leurs connaissances commerciales et au travail des blancs.

Au début du xviiie siècle surtout (1), la Guyane semblait devoir entrer définitivement dans la voie du progrès et de la prospérité : d'anciennes plantations avaient été relevées et augmentées, d'autres furent créées en cacao et en café, denrées introduites de Surinam : sur différents points de la Colonie, les Pères Jésuites établirent avec succès plusieurs exploitations importantes.

C'est sur ces entrefaites que fut signé en 1713 le traité d'Utrecht qui eut notamment pour résultat d'enlever à la Guyane le rivage de l'Amazone et de reculer ses limites de près de 300 kilomètres vers le Nord. Ce ne devait pas être, hélas ! la dernière mutilation de l'étendue de notre belle Colonie, puisque les territoires contestés entre le Brésil et la France, entre celle-ci et la Hollande, devaient nous être enlevés de nos jours. C'est quatre ans après le traité

---

(1) Dès le xviiie siècle, l'emploi de la main-d'œuvre pénale comme procédé de colonisation, ce qui fut à différentes époques l'objet des préoccupations gouvernementales, fut envisagé sérieusement, et notamment Law et Choiseul tentèrent des essais de « colonisation forcée » ; mais aucun essai ne put donner de bons résultats. Plus tard, le transport des condamnés récidivistes à Fort Dauphin (Madagascar) fut décidé par un décret du 1er novembre 1793, sans qu'il pût même être appliqué. Au xixe siècle, divers projets de loi soumis au Parlement en 1846 et en 1847 notamment ne purent être discutés à cause des incidents politiques de l'époque ; ce n'est qu'en 1852 qu'intervint le décret désignant la Guyane comme Colonie Pénitentiaire.

d'Utrecht que fut mis en vigueur, en 1717, le réglement maritime qui adoucit si heureusement les rigueurs du Pacte Colonial resté applicable à la Guyane ; le commerce local en reçut une vive et sérieuse impulsion.

Quoiqu'il en soit, de 1713 à 1763, durant un demi siècle, la Colonie continua à végéter sans incident remarquable. C'est alors que Louis XV, pour réparer la perte que la France venait de faire du Canada et de la plus grande partie de ses possessions du Nord de l'Amérique, résolut de coloniser la Guyane sur de larges bases, afin de regagner dans un hémisphère ce que la France avait perdu dans l'autre. Il prétendait doter la Guyane d'une population européenne : c'est dans ces visées que fut entreprise, en 1763, sur les conseils perfides du chevalier Turgot, officier général des armées, cette désastreuse expédition de Kourou à laquelle Turgot eut l'habileté d'intéresser le duc de Choiseul, alors ministre de la marine et de la guerre, en lui faisant entrevoir cette colonisation comme un moyen d'assurer à sa famille une superbe fortune et en faisant accorder aux ducs de Choiseul et de Choiseul-Praslin la concession de terrains immenses compris entre la rivière de Kourou et celle du Maroni ; c'est de l'insuccès et du désastre de cette aventure que s'est fait jour cette légende de la réputation si imméritée d'insalubrité du pays ; ce qui fut du reste une excuse inventée à plaisir par les chefs de l'entreprise qui, par leur incapacité, leurs mésintelligences et leur imprévoyance coupables, étaient les seuls responsables de la catastrophe.

Des survivants de cette expédition si malheureuse s'établirent entre les rives de Kourou et du Sinnamary, se livrant avec succès à l'élevage du bétail.

Dès 1768, le baron Bessner fit sans y réussir un nouvel essai de Colonisation, en organisant avec d'anciens soldats comme travailleurs un établissement agricole sur la rivière du Tonnégrande. Ayant foi dans la richesse de la Colonie, il fonda une nouvelle entreprise en 1776 sous le nom de *Compagnie de la Guyane*. L'intendant Malouet, qui avait fait une opposition assez vive à ce projet, fut envoyé à cet effet dans la Colonie qu'il parcourut en tous sens depuis le littoral jusque dans la forêt vierge, traversant les savanes, inspectant les plantations et se rendant dans les villages indiens, de manière à se faire une idée exacte des ressources du pays : il poussa même jusqu'en Guyane hollandaise, dans le but d'étudier les voies et moyens à l'aide desquels cette Colonie étrangère avait acquis sa prospérité.

C'est au cours de ce voyage que Malouet décida l'ingénieur Guizan à l'accompagner en Guyane française, lors de son retour ;

dès son arrivée à Cayenne, cet ingénieur se mit à l'œuvre sans relâche, fit l'analyse des terres, établit des nivellements, traça des canaux de dessèchement et fit des plantations modèles : ce fut un exemple de bonne administration coloniale et de vraie colonisation qui permit à Malouet d'installer sur de nouvelles bases la Compagnie qu'il avait fondée le long des bords de l'Ouanary (Oyapoc).

L'entreprise si intelligente résultant des efforts combinés de ces deux hommes de valeur ne survit pas à la rentrée en France de Malouet, tombé malade ; néanmoins, l'impulsion vigoureuse qui avait été donnée à la culture sous l'administration de Malouet aurait produit des résultats heureux si, en 1794, l'abolition de l'esclavage ordonnée par les décrets de la Convention n'avait pas fait abandonner subitement les exploitations rurales dans la Colonie. Les déportés du 18 fructidor, arrivant en Guyane, ne firent qu'augmenter par leur présence le discrédit qui frappait déjà le pays et son renom injustifié d'insalubrité, le dénûment, le chagrin et tous les maux de l'exil ayant occasionné parmi eux beaucoup de mortalité. C'est dans le but de favoriser la reprise du travail qu'en vertu de l'arrêté du 16 frimaire an XI le Gouverneur de la Colonie, Victor Hugues, rétablit l'esclavage, et fit exécuter divers travaux d'utilité publique.

Durant la première moitié du XIXe siècle, la Guyane subit le contre-coup de l'interdiction de la traite des Noirs imposée par le traité de Paris de 1814, et la situation économique du pays s'aggravant, faute de main-d'œuvre, on essaie successivement, mais en vain, de l'immigration asiatique, puis, de 1823 à 1843, de la colonisation blanche.

Le découragement s'emparait de tous, quand une femme d'un esprit supérieur, d'un dévouement sans égal, Madame Jahouvey, fondatrice et supérieure générale de la Congrégation des sœurs de Saint-Joseph de Cluny, qui avait emmené de France un certain nombre de jeunes travailleurs, créa dans le bourg de Mana une petite colonie agricole où les enfants trouvés et abandonnés furent recueillis et employés à l'exploitation des bois, aux cultures vivrières, et à l'élevage du bétail ; l'œuvre entreprise par cette femme vaillante ne resta pas vaine ; mais, en 1835, Mme Jahouvey se vit obligée de substituer aux travailleurs blancs des noirs affranchis en vertu de la loi du 4 mars 1831.

Malgré tous ces efforts, l'aggravation de la situation générale de la Guyane se manifestait dans toutes les branches de l'activité économique ; la crise d'une gêne réelle devint intense, due à des causes de diverses natures, telles que l'avilissement des prix des principales denrées de culture, l'abaissement continu du prix des propriétés délaissées et abandonnées en partie, la cessation complète et effective de la traite des noirs, le vent qui soufflait de la prochaine émancipation des esclaves, fait accompli en 1848.

Cette réhabilitation sociale de toute une race opprimée de 30.000 esclaves fut le signal de la débâcle économique ; elle fut cause de l'abandon des exploitations agricoles, elle fit naître parmi les nouveaux affranchis le goût d'une vie débordante de plaisirs et d'oisiveté ; au surplus, les Noirs vivaient de rien, de bananes poussant à l'état sauvage et de divers fruits de la forêt et de la terre, tant et si bien que, le 13 février 1852, la Métropole dut publier un décret sur les immigrations aux colonies françaises et sur les engagements et la police du travail. Dans le courant même de cette année, des travailleurs et émigrants africains furent envoyés en Guyane.

C'est à cette époque, par décret du 27 mars 1852 (1), que ce pays fut désigné comme Colonie pénitentiaire, dans la pensée qu'il retrouverait dans la *transportation* sa régénération économique, espérances qui, hélas ! se changèrent vite en déconvenue.

Un coup fatal à l'agriculture fut porté, on le sait, par la découverte en 1855 dans le haut fleuve Approuague de riches gisements aurifères qui attirèrent en foule tous les bras valides, séduits par l'attrait irrésistible de l'or, et par le coup de fortune à faire rapidement, et par une plus forte rémunération du travail.

Depuis cette époque, c'est l'industrie de l'or qui seule fait vivre la Colonie, c'est elle qui emploie tous les bras, c'est elle qui procure la presque totalité des ressources budgétaires ; mais c'est elle aussi qui, par son développement intensif, à l'aide d'engins mécaniques puissants, par la prospérité qu'elle amènera, à n'en pas douter, dans toutes les branches où s'exerce l'activité humaine, si elle est facilitée, comme nous l'espérons, par la construction de routes, l'amélioration des voies fluviales et la construction

---

(1) Ce décret, désignant la Guyane comme lieu de dépôt des condamnés, servit de base à la loi du 30 mai 1854 qui avait pour but d'expurger le territoire métropolitain et de régénérer les condamnés par le travail : mais cette loi pénale n'a pas été conçue dans un sens suffisamment utilitaire, laissant trop flottante l'idée directrice sur laquelle elle aurait dû être basée, et ne s'occupant pas assez nettement de l'utilisation colonisatrice des transportés. C'est ce qui différencie notre législation pénale de celle appliquée en Angleterre où l'on a compris, avec le sens pratique qui caractérise les anglais, la force considérable que peut fournir la main-d'œuvre pénale bien utilisée dans les divers travaux de colonisation, tant et si bien que les possessions anglaises les plus prospères ont été tout d'abord des Colonie pénitentiaires.

de chemins de fer de pénétration jusqu'aux centres des principaux groupes de placers, et par le peuplement qui en deviendra la conséquence, fera seule renaître l'époque brillante des exploitations agricoles et pastorales, en même temps qu'elle permettra l'exploitation des richesses forestières, pour le plus grand bien de la Colonie (1).

ˎ Telles sont les considérations particulières que nous avons cru devoir exposer et qui, au point de vue de la colonisation et de la civilisation, ressortent de l'étude de l'histoire même de la Guyane.

A un point de vue plus général, notons, non sans une douce joie, que l'idée colonisatrice a fait du chemin en France, l'effort colonial français depuis moins de trente ans étant sans exemple dans l'histoire par son ampleur et par ses résultats ; durant ce court laps de temps dans la vie d'une nation, la France a quadruplé, tant en surface qu'en population, l'importance de son domaine colonial ; elle occupe après l'Angleterre la situation de seconde puissance colonisatrice du globe ; ce qui est un magnifique résultat.

Nous voyons par le seul exemple de la Guyane combien l'idée colonisatrice est devenue complexe et combien elle s'est élargie en se transformant. C'est ainsi qu'au xvi⁰ siècle ce n'était qu'une simple et brutale conséquence de conquêtes aventureuses. De l'occupation, accompagnée de pillages et de cruautés, elle a passé à l'exploitation, mais pendant trop longtemps sous la forme de l'esclavage. L'esprit de justice qui conduisait la civilisation a renversé l'esclavage, les exigences de régularité du commerce ont imposé la

---

(1) Il serait injuste de ne pas associer à l'œuvre de la Colonisation et de la Civilisation en Guyane, à côté de nombreux explorateurs civils et militaires, nombre de missionnaires de différents ordres et tous ces religieux dévoués, hommes et femmes, qui séjournèrent dans la Colonie, en tête la vénérée Mme Jahouvey ; c'est ainsi que, dès 1616, les PP. Claude, d'Abbeville ; Yves, d'Evreux ; Arsène, de Paris, et Ambroise, d'Amiens, suivent en Guyane les expéditions françaises et baptisent les Indiens : à ces dominicains succèdent dès 1640 les capucins. C'est ainsi qu'en 1666, la Compagnie des Indes appelle les Jésuites qui restent dans la colonie jusqu'en 1768, créant des églises, des hôpitaux, des écoles, etc. ; en 1718, meurt à Cayenne le R. P. Creuilly qui était resté 33 ans dans cette mission ; puis le P. Lombard parcourt les tribus sauvages et fonde le village de Kourou ; le P. Fau évangélise les bords de l'Oyapoc et y fonde une station qui est détruite plus tard en 1744 par un corsaire anglais. Les derniers Jésuites restés dans la colonie la quittèrent en 1768 .

Il faut savoir reconnaître que des missionnaires héros et martyrs ont contribué à préparer l'avenir de la Guyane et que divers ordres religieux ont beaucoup fait au xix⁰ siècle pour la fondation d'écoles, d'ouvroirs, d'hôpitaux, de patronages et pour la moralisation des Guyanais. L'impartialité qui nous guide nous faisait un devoir d'en faire une mention au moins très sommaire dans cet ouvrage.

recherche de procédés plus intelligents et plus stables. Au fur et à mesure qu'elle s'est développée, la Colonisation est devenue de plus en plus humaine ; car on s'était rendu compte que, parmi les contrées vierges, il y en avait où l'homme blanc, l'explorateur civil ou militaire, pouvait apporter de toutes pièces sa civilisation et l'implanter lui-même, et qu'il y en avait d'autres où il ne pouvait utiliser que sa supériorité intellectuelle et ses connaissances scientifiques. C'est ainsi que le mot Colonisation a pris un sens de plus en plus large et va de pair avec la civilisation ; ce sont là deux éléments qui nous semblent devoir être intimement liés l'un à l'autre et pour ainsi dire rivés ensemble au point de vue colonial ; ils sont corrélatifs l'un de l'autre, de sorte que parler de colonisation, c'est parler en même temps de civilisation. Les rapports entre les peuples colonisateurs et les colonies ont une tendance de plus en plus marquée à évoluer dans ce sens partout où la race indigène n'est pas destinée à disparaître. Il est de sage politique d'aider les peuples conquis à main armée ou pacifiquement à se gouverner eux-mêmes et à se diriger, sans avoir la pensée de vouloir heurter de front leurs coutumes, leurs mœurs, leur religion. C'est ainsi qu'ils sont vite gagnés à la cause de la Métropole.

On ne saurait oublier que toutes les grandes possessions françaises d'outre-mer sont habitées par des races généralement intelligentes ou susceptibles d'éducation et de civilisation en même temps que prolifiques, et qu'il est de l'intérêt de la Métropole de s'en souvenir encore et toujours ; c'est, au surplus, une œuvre délicate et complexe que nos explorateurs, nos missions scientifiques ou militaires conduisent notamment dans notre vaste empire africain avec des intentions généreuses, une grande bienveillance et une patiente fermeté. Pour s'en convaincre, il suffit d'assister aux conférences qui sont faites à Paris dans diverses salles de Sociétés savantes, notamment à la Société de Géographie de Paris par la plupart de nos explorateurs, civils et militaires, à leur retour de mission, conférences dont l'intérêt est doublé par des vues animées ou des projections électriques, images saisissantes de la réalité.

Que la Colonisation et la Civilisation soient toujours inséparables l'une de l'autre, puisqu'elles se complètent et font naître partout le bien-être général ! voilà notre souhait formulé et le but noble et pacifique à atteindre dans nos Colonies.

Nous étendre davantage sur ces questions de Colonisation dans cette courte étude historique, ce serait dépasser notre but, quelque intérêt qu'elles présentent ; qu'il nous suffise, pour aider ceux de nos lecteurs qui seraient désireux de se documenter d'une façon plus complète à ce sujet, concernant la Guyane, de leur signaler en note divers volumes qu'ils pourront consulter avec fruit (1), en dehors de ceux que nous avons indiqués dans les renseignements bibliographiques de notre premier ouvrage se rattachant à la partie historique de la Guyane française.

---

(1) *Renseignements bibliographiques :*

Exposé des moyens de mettre en valeur et d'administrer la Guyane, par Daniel Lescallier, Paris, Buisson 1791, in-8°. — Voyage à Cayenne, dans les deux Amériques et chez les anthropophages ; mœurs des sauvages, noirs, créoles et quakers, par Louis-Ange Pitou, Paris, chez l'auteur an XIII, 1805, en 2 volumes, in-8°. — Notice historique sur les premiers établissements faits dans la Guyane Française et sur les premiers temps de la colonisation de Cayenne, par Senez (Cayenne, imprimerie royale 1821, in-8°). — La Guyane ou histoire, mœurs, usages et costumes des habitants de cette partie de l'Amérique, par Ferdinand Denis (Paris, Nepveu 1823), 2 vol., in-8°. — Observations sur l'état politique des hommes de couleur de la Guyane Française, par Le Blond, Nantes 1832, in-8°. — La Guyane Française et l'ordre de Saint-Joseph de Cluny, par Mme Laure Bernard (Paris, Ducessois 1834), in-8°. — Considérations sur la Guyane Française et sur les moyens de donner à cette colonie une impulsion créatrice, Paris, imprimerie de Saintin 1835, in-4°. — De la Guyane Française et de ses colonisations, par Laboria (Paris, Corréard 1843), in-8°. — Histoire des missions catholiques par le baron Henrion, 2 vol., in-4°, Paris 1847. — Essai sur la question coloniale à la Guyane Française, par Dejean (Paris, Dubochet 1848), in-8°. — La vérité sur Cayenne ; avantages d'une nouvelle colonisation à la Guyane Française, par Edm. Marchal (Paris, Garnier frères 1852), in-12°.

UN PROSPECTEUR FAISANT DES ESSAIS A LA BATÉE
DANS UNE CRIQUE DE LA FORÊT GUYANAISE

(Cliché vérascope J. Richard)

(Cliché vérascope J. Richard)

(Cliché vérascope J. Richard)

(Cliché ¡vérascope J. Richard)

CHANGEMENT DES DALLES ; A DROITE, UN PROSPECTEUR
FAISANT DES ESSAIS A LA BATÉE

(Cliché vérascope J. Richard)

DÉBOURBAGE A LA MAIN DANS LES DALLES DU SLUICE

(Cliché vérascope J. Richard)

(Cliché vérascope J. Richard)

(Cliché vérascope J. Richard)

DEUXIEME SECTION

A PROPOS DE L'ÉVOLUTION DE L'INDUSTRIE AURIFÈRE DANS LA GUYANE FRANÇAISE

En ce qui concerne le dernier état de l'évolution de l'industrie aurifère en Guyane, il est exact de dire qu'aucune découverte importante n'a été faite depuis celle des riches gisements alluvionnaires de l'Inini, en l'année 1901, pendant laquelle la production a atteint en quelques mois de saison sèche, avec les méthodes primitives et rudimentaires des sluices, un chiffre de plus de quatre millions de francs d'or ; et cependant, d'après la fameuse *loi des sept ans*, que la population indigène attendait avec une sorte de fétichisme, ainsi que cela avait eu lieu régulièrement depuis 1873 dans le pays, c'est l'année 1908, qui devait amener des résultats heureux et féconds dans les richesses aurifères de la Colonie.

Puisque, dans le cours de 1908, il n'y eut point de découverte aurifère sensationnelle venant confirmer une fois de plus le cycle septennal d'un nouveau « rush », qu'il nous soit au moins permis de formuler ce double vœu 1° que les exploitations filoniennes deviennent nombreuses en Guyane et aussi productives que celle d'Adieu-Vat dont nous parlerons plus loin en détail ; 2° Et que la multiplication de *dragues laveuses d'or*, puissantes, comme l'exemple vient d'en être fourni dans la moyenne Mana, et doit en être donné bientôt dans les bassins de Sinnamary et du bas Maroni, de même que l'emploi de *pompes à déblai*, mues par l'électricité, ainsi que le préconisent divers ingénieurs et prospecteurs expérimentés, puissent être l'événement heureux de l'annnée 1909 et des années suivantes en Guyane pour remplacer sur les grands placers le procédé habituel du lavage de l'or à la battée, par le sluice, le longtom, l'auge sibérienne ou le rocker, instruments qu'il conviendra de laisser, en règle générale, aux petites exploitations et aux maraudeurs en bricole. Puissent ces engins mécaniques se généraliser et devenir le procédé nouveau des placériens leur permettant d'arriver au grand rendement des alluvions, par une main-d'œuvre restreinte et par une exploitation régulière et intensive !

Déjà l'évolution de l'industrie minière s'est nettement affirmée par la substitution du travail mécanique au travail à la main dans plusieurs exploitations importantes traitant les alluvions aurifères dans la Colonie.

Citons à ce propos les indications si nettes et si précieuses d'un des derniers Gouverneurs de la Guyane française, l'éminent et infatigable travailleur, M. Picanon, dans son discours d'ouverture de la session du Conseil Général de la Guyane du 5 décembre 1906 :

« C'est en rajeunissant ses vieux procédés manuels de travail, en donnant aux machines une part toujours plus large dans les opérations d'extraction et de lavage des alluvions aurifères, et tout particulièrement en généralisant l'emploi des dragues-laveuses, ces puissants outils d'exploitation qui paraissent appelés à donner des résultats si féconds au point de vue du rendement, pourvu que le modèle en soit pratique et que l'on sache s'en servir, c'est pour cette rénovation de ces usages et de son outillage que l'industrie vitale de la Guyane pourra efficacement exploiter ses champs d'or qui gisent au fond de nos cours d'eau et qui occupent de vastes espaces le long des berges de ceux-ci, sous les arbres de la forêt ».

Sages paroles qu'il faut retenir et appliquer désormais pour le grand bien de la Guyane, pour l'essor de son industrie aurifère !

Déjà, la possibilité technique du dragage avait été démontrée dans la Colonie par les ingénieurs Herre Wyn, Levat, Pottereau, Buquet, Conrad, et leurs efforts prodigieux, s'ils n'ont pas été récompensés comme ils le méritaient (les premières dragues montées en Guyane, au cours des années 1899, 1900 et 1901, et portant les noms de Speranza, Flora et Danica, n'ayant pas donné les résultats qu'on en attendait pour diverses causes inhérentes à des engins beaucoup trop faibles, établis par les constructeurs suivant des données mal comprises par eux, et à l'insuffisance notoire de capitaux) sont dignes d'éloges et constituent d'intéressantes et utiles tentatives. Ces premiers pionniers du dragage ont donné l'exemple ; d'autres ingénieurs, comme MM. Delvaux et de la Marlière, les ont suivis dans la voie tracée, en apportant diverses améliorations utiles pour le bon fonctionnement de la drague. L'expérience de cet outil à la Guyane a certes été longue et parfois inféconde ; mais grâce à des efforts incessants, à des essais multipliés, le problème du dragage dans la Colonie est résolu dans ses grandes lignes et sous toutes ses faces. Divers autres, tels que les ingénieurs, Daniel Casey, Maurice Bernard, Conrad, etc., et le prospecteur Rey, qui ont une longue pratique des travaux miniers de la Guyane, ont essayé l'emploi de machines hydrauliques et pompes à déblai désagrégeant d'énormes amas de quartz passant ensuite dans de grands et longs sluices, en sorte que l'expérience a pleinement donné raison à M. le Gouverneur Picanon sur l'opportunité de l'emploi de machines puissantes adaptées aux nécessités locales.

Avec de la ténacité et de la persévérance, en mettant à profit les essais et en évitant les erreurs du passé, les divers ingénieurs expérimentés et documentés qui seront secondés par des capitalistes leur faisant confiance et s'intéressant à l'industrie du dragage, ne tarderont pas à mettre au point et à faire fonctionner d'excellentes dragues. Déjà de son côté l'ingénieur Pottereau, qui avait fait manœuvrer en Guyane les dragues Speranza, Flora et Danica, dont il avait apprécié les qualités comme les défauts et les imperfections, travaillant sans relâche, a fait le schéma d'un modèle complètement mis au point et a exécuté en fait deux dragues très robustes à godets, d'un fort tonnage, construites dans les ateliers Fraser et Chalmers, d'un rendement de 1.200 mètres cubes par 20 heures de travail effectif, appropriées aux besoins du pays et devant répondre à toutes les conditions de la nature du sol guyanais, dragues paraissant destinées à faire merveille en Guyane pour les alluvions fluviales, dans un délai très rapproché, et devant fonctionner au cours même de cette année 1909 dans le bassin du Sinnamary sur la rivière Courcibo et dans le bas Maroni, sur la crique Sparwine.

Si le traitement des alluvions tend ainsi à se modifier d'une manière heureuse par l'emploi d'engins mécaniques et principalement de dragues laveuses, le travail des filons, qui n'avait été qu'effleuré en Guyane française, a commencé depuis quelques années à se faire en profondeur avec une méthode rationnelle aux mines d'Adieu-Vat et de Bonne-Aventure, dans le bassin de Sinnamary, et sous la direction sur place, après MM. Duvigneau et Babinski, des ingénieurs Raimeau, Wears, Pélatan et Paul Fouques, et grâce à l'administration sage et habile du regretté ingénieur des mines, M. Pélatan, décédé depuis, et du sympathique et dévoué M. Lecanu, administrateur délégué actuel de la Société des mines de Saint-Elie et d'Adieu-Vat.

Ces travaux miniers filoniens dont l'ère de production normale vient de commencer au cours du deuxième semestre de l'année 1908 sont suivis avec attention par de distingués ingénieurs qui continueront dans cette voie ainsi ouverte en profondeur, et ce dans un délai prochain, d'après des renseignements tout particuliers qui viennent de nous être confiés, au moment où notre ouvrage est à l'impression.

Nous parlerons d'ailleurs amplement du développement de l'industrie aurifère dans la Colonie sous une section spéciale de la Guyane économique. Puissent les inlassables efforts de tous ces ingénieurs distingués et méritants, dont tout le monde guyanais

sera appelé à profiter, être couronnés d'un plein et légitime succès !

Après les études et les travaux poursuivis par tant d'ingénieurs
et de prospecteurs en Guyane Française, après les résultats déjà
importants et à peine connus fournis par ces travaux et ces études,
nous ne craignons nullement d'affirmer avec eux que cette Colonie
présente une formation aurifère sans égale au monde et se trouve
l'un des points du globe où l'or s'est accumulé en quantités considérables à peine effleurés.

TROISIEME SECTION

L'art philatélique a subi, depuis quelques années en Guyane, comme dans nos autres colonies et en France, d'ailleurs, diverses transformations intéressantes à signaler pour ceux de nos lecteurs qui s'occupent de cette question.

C'est encore à la plume bienveillante et sûre de notre ami bien regretté (car la mort vient de le surprendre il y a quelques mois à peine), M. Auguste Plocque, que, comme dans notre premier ouvrage, nous avons eu recours pour faire connaître en quelques mots les modifications et nouveautés introduites dans les timbres.

Après avoir signalé qu'en 1902 (l'omission en avait été faite dans l'ordre chronologique de la question philatélique traitée dans notre premier volume) la couleur du timbre de cinq centimes était passée du vert foncé au vert jaune, notre savant philatéliste nous documentait ainsi qu'il suit :

« En l'année 1905, la série complète des timbres fut modifiée.

La Guyane abandonna le groupe allégorique et livra des timbres ayant un caractère spécial et propre à la colonie, et dont la première figurine avait été dessinée dès le début de l'année 1902 par le peintre colonial Merwart qui, quelques mois après, trouvait malheusement la mort dans la catastrophe de la Montagne Pelée.

C'est ainsi que dans la série du timbre de un centime à celui de quinze centimes, la vignette reproduit un *tamanoir*, espèce de fourmillier dont on aperçoit nettement la tête longue et fine, terminée par un museau étroit et allongé en forme de trompe, et que, dans la série du timbre de vingt centimes à celui de soixante-quinze centimes, la vignette représente l'image d'un indigène penché vers la terre et coiffé de son grand chapeau pointu, en train de laver l'or.

En ce qui concerne les grosses valeurs de un, deux et cinq francs, le timbre est plus long que haut et représente la grandiose place des Palmistes à Cayenne.

Cette série nouvelle n'a, paraît-il, donné qu'une médiocre satisfaction. »

— Quant aux timbres débités par l'Administration de l'enregistrement, ils sont les mêmes que ceux de la Métropole ; toutefois il est à noter que le timbre-quittance de dix centimes, qui remontait à l'année 1872, date de la création de l'impôt du timbre dans la Colonie, y a été supprimé depuis l'année 1889.

DEUXIÈME PARTIE

GUYANE GÉOGRAPHIQUE

PREMIERE SECTION
GUYANE PHYSIQUE

I

CONFIGURATION GÉOGRAPHIQUE

Il suffit de jeter les yeux sur une carte générale de la Guyane française pour se rendre compte que ce pays, s'étendant tout le long de l'Atlantique, de l'Orénoque au Maroni, ses deux grands fleuves frontières, a la forme d'un triangle ou peut-être plus exactement d'un trapèze, dont la grande base est constituée par le littoral, d'un développement total de plus de 350 kilomètres, et dont la très petite base est une partie des Monts Tumuc-Humac, cette chaîne importante, mais encore peu connue, qui sépare les Guyanes du bassin de l'Amazone.

Que dire de la superficie exacte de la Guyane française, d'une étendue atteignant approximativement le cinquième de celle de la Métropole, sinon qu'elle est toujours des plus incertaines ?

Comment pourrait-il en être autrement, puisque nous en sommes encore à reconnaître cette belle Colonie que nous possédons depuis plus de trois siècles, à tel point qu'une mission militaire française, sous la direction du capitaine Refroigney, a dû encore y faire, au cours de l'année 1907, un véritable voyage de découvertes sur des parties totalement inexplorées, dont elle a dressé la carte, pour atteindre l'Inini, après avoir reconnu le cours de la rivière Comté sur ses deux rives jusqu'à la rivière Brodel, à 170 kilomètres de Cayenne, et avoir fait un raid militaire des plus audacieux jusqu'aux sources mêmes de l'Inini ?

Signalons toutefois qu'une carte toute nouvelle de la

Guyane (1), dressée par l'expert-géomètre Pichevin qui, sur la demande du Gouverneur, avait réuni tous ses précieux documents, résultat de toute une vie de travail sur le terrain même pour la délimitation de nombreux placers, a été publiée peu de mois avant le décès de M. Pichevin, au cours de l'année 1908, et qu'elle est appelée à rendre de grands services à ceux qui s'intéressent à la Colonie.

En dehors des diverses indications que nous avons fournies à cet égard dans notre premier ouvrage et qui constatent la divergence de chiffres et d'appréciation des géographes, signalons à titre de complément d'informations que M. Rambaud, dans son œuvre remarquable « la France Coloniale », publiée en 1886, avait déjà mentionné qu'en rassemblant les données statistiques les plus complètes il était permis d'estimer la superficie de notre vieille colonie de l'Amérique du Sud à 150.000 kilomètres carrés environ.

Si l'on n'est pas d'accord sur la réelle superficie kilométrique de la Guyane française et si l'on indique des chiffres essentiellement variables, présentant un écart quelquefois considérable dans les documentations géographiques que nous avons relatées à ce sujet, cela tient à diverses causes : c'est d'abord la difficulté énorme, pour ne pas dire l'impossibilité, de faire des calculs de triangulation même approximatifs dans la forêt vierge qui ne laisse jamais aucun horizon, en sorte que la reconnaissance des terrains y est chose très ardue ; il faudrait, en effet, parcourir toutes les vallées ; or, même au sommet des plus hautes collines qui s'entrecroisent, jamais le rideau épais de la forêt ne s'entr'ouvre ; c'est aussi la connaissance insuffisante, quelquefois nulle, de certaines régions absolument inexplorées ; c'est encore la diminution énorme de terrains enlevés à la Guyane française par les règlements des deux contestés : l'un franco-brésilien qui en a distrait toute la partie à l'Est comprise entre le fleuve Oyapoc (délimitation actuelle) et le bassin de l'Amazone ; l'autre franco-hollandais, qui a donné à la Guyane hollandaise un grand espace triangulaire compris entre la rivière de l'Awa (limite française actuelle) et la rivière Tapanahony,

---

(1) Parmi les meilleures cartes de la Guyane, consultées jusqu'à ce jour, on peut citer celle de M. Baralier, cartographe au Ministère des Colonies, et celle de M. Maurice Guffroy, ingénieur minier en Guyane, bien qu'elles soient forcément incomplètes, surtout dans l'intérieur du pays, et qu'elles manquent parfois d'inexactitude. La carte plus récente de M. Pichevin est la plus documentée et la plus exacte pour déterminer la situation des placers dans l'intérieur de la Colonie ; bien qu'elle ne soit pas complète, elle sera consultée avec fruit par les ingénieurs et les placériens.

dont le sommet est au confluent même de ces deux rivières qui forment ensuite le beau et grand fleuve Maroni, séparatif de la Guyane française d'avec la Guyane hollandaise (1).

II

NATURE ET RELIEF DU SOL. — OROGRAPHIE ET HYDROGRAPHIE. — IMPRESSIONS VÉCUES SUR LA BEAUTÉ DE LA NATURE ET DE LA FORÊT EN GUYANE FRANÇAISE.

Il nous semble d'autant plus intéressant d'insister tout particulièrement sur la description physique de la Guyane que notre belle et vieille Colonie américaine est encore fort peu connue, au point même qu'une carte complète de l'intérieur du pays est encore à faire, cette question étant mise à l'étude et non entièrement résolue.

Chacun sait que la côte guyanaise est presque droite, ne présentant ni échancrure profonde (sauf à l'estuaire des fleuves les plus importants), ni rade, en dehors de celle que comporte l'îlot rocheux où est située la ville de Cayenne ; chacun sait aussi que presque partout le littoral inondé à 8 ou 12 kilomètres de profondeur se confond avec les bancs de sable d'une mer fangeuse, n'étant guère dessiné que par une ligne plus ou moins épaisse de palmiers et de palétuviers en nombre important, surtout entre les bourgs de Mana et d'Organabo et aux environs de l'embouchure de l'Approuague (2).

---

(1) En ce qui concerne le contesté franco-hollandais, la mission dirigée à La Haye avec succès par M. Lucien Hubert avait, depuis notre premier ouvrage sur la Guyane, rédigé un projet de convention arrêté d'un commun accord entre les deux gouvernements ; cet accord a réglé définitivement des questions depuis longtemps pendantes que dix ans de négociations diplomatiques n'avaient pu résoudre : la délimitation complète des Guyanes française et hollandaise, la souveraineté sur les eaux et les îles du Maroni, la réglementation des dragages aurifères dans le fleuve frontière. Grâce à une solution particulièrement heureuse et toute nouvelle dans le Droit International, solution due à l'initiative des délégués français, faisant le partage du fleuve en biefs, alternativement attribués à chaque puissance, toutes les difficultés se trouvent aujourd'hui levées.

La France obtient la possession du territoire contesté entre l'Itany et le Maroni (250.000 hectares environ), ainsi que les îles de l'Awa et les îles les plus importantes du Bas Maroni.

C'est la première fois qu'une question de cette nature est réglée à l'avantage de la France, les contestés précédents avec la Hollande et le Brésil ayant toujours été tranchés par l'arbitrage dans un sens nettement contraire à nos revendications.

Ajoutons qu'une exportation annuelle de près de deux millions de francs d'or cesse de nous échapper, et que les sables aurifères du grand fleuve des Guyanes jusqu'à présent inutilisés vont pouvoir être livrés à l'exploitation.

(2) C'est en ces termes empreints d'une douce poésie et conformes à l'impression générale qu'éprouvent tous les Européens arrivant en Guyane que M. Léveillé, ex-professeur à l'Ecole de Droit de Paris, décrivait avec

La côte du littoral, très basse, a été profondément remaniée, comme l'attestent les îlots qui la bordent ; aussi le rivage de la Guyane est-il l'un des points du globe où la séparation de l'humide et du sec est la plus indécise, toutes les basses côtes étant noyées pendant la saison des pluies qui dure la majeure partie de l'année.

Après la bande de côte, s'étend sans transition la plaine littorale qui, avec les savanes, forme la première zône ; la région en partie habitée et cultivée forme la deuxième zône ayant pour limite le rebord des collines boisées, sorte de ligne de dunes à l'horizon de la plaine verte que la végétation et les pluies diluviennes désagrègent et dont les fleuves qui les ont rongées emportent les débris pour les ajouter aux dépôts vaseux antérieurs.

Derrière cette ligne, est la troisième zône, celle des hauts plateaux et des montagnes proprement dites qui ont une direction générale du N-O au S-E, parallèle au littoral, et dont les cîmes de granit et de gneiss portent une forêt dense et continue qui ne la cède en rien aux autres forêts vierges.

Plus au sud, c'est toujours cette même région, d'une altitude insignifiante comparée à l'immense étendue de la contrée, monotone renflement du sol sur lequel aucune cime ne se dresse, aucune ligne de crêtes ne se dessine ; c'est toujours et partout la forêt vierge avec

---

exactitude l'aspect général de la Colonie, à son retour de mission en 1886 :

« Quand le voyageur qui a traversé l'Atlantique arrive en Guyane et que, tournant le dos à l'Océan, il regarde du côté des Andes, qu'aperçoit-il devant lui ?

Il voit au premier plan derrière un bourrelet de sable, de largeur inégale et qui est rompu ça et là par le flot, une immense plaine, le plus souvent boisée, s'étendant jusqu'à 15, 20, 40 kilomètres au moins du rivage. Cette plaine, en général sèche l'été, inondée pendant l'hivernage, forme cuvette sur certains points, car son niveau est fréquemment inférieur au niveau des grandes marées. L'ensemble de cette plaine, où surgissent quelques rares mamelons, constitue des Terres Basses. Mais si le voyageur, tournant toujours le dos à l'Océan et regardant toujours du côté des Andes, pouvait percer l'horizon, il apercevrait au loin, au second plan, par delà les *Terres Basses*, les *Terres Hautes* qui commencent. Elles lui apparaîtraient, s'élevant peu à peu, montant doucement vers le ciel, découpées en trois gradins successifs qu'on peut appeler, en marchant de l'Est vers l'Ouest, la *région des Cascades ou des Sauts*, puis le *Plateau Central de l'intérieur*, enfin la *chaîne des monts Tumuc Humac* ; sur chacun des trois gradins, des *mornes* ou *pitons* se dressent isolés, ne dépassant guère 300 mètres au-dessus de la mer, dans la région des sauts, 500 mètres sur le plateau central, 1.000 à 1.200 mètres sur les monts Tumuc Humac.

La Guyane n'est donc pas du tout un pays plat. »

On ne saurait faire une description à la fois plus pittoresque et plus exacte du pays.

ses frondaisons impénétrables, ses arbres gigantesques, ses lianes enchevêtrées, tantôt droites, tantôt torses, ses orchidées aux larges feuilles en touffes sur les branches et sur les troncs d'arbres comme le gui en fleurs.

La forêt vierge tropicale, en effet, étale en Guyane Française toute sa magnificence, joignant la splendeur et la majesté à une merveilleuse variété d'arbres imposants, très élevés et entremêlés de lianes vertes s'y accrochant avec légèreté et de plantes grimpantes, fines et serrées et formant une voûte de verdure dans laquelle se jouent les rayons du soleil, à une puissance incomparable de végétation drue, épaisse et touffue, à une grande exubérance de sève tropicale dans les essences, les fleurs et les fruits.

On y voit dans leur libre développement de nombreuses espèces de la flore et de la faune ; on y perçoit les infinis frémissements de feuilles des arbres et de l'eau des criques, dans une atmosphère tiède ; on y entend, suivant les heures de la journée ou de la nuit, le bruissement des insectes les plus divers, le sifflement des serpents, les gazouillements, les chants ou les cris de milliers d'oiseaux au plumage d'un riche coloris, dits « Oiseaux des îles », des oiseaux chanteurs, des oiseaux moqueurs, des singes de différentes espèces, des perroquets et aras rouges, verts, bleus ; on y sent les odeurs les plus diverses, les plus suaves et les plus fortes, depuis le parfum de rose, de jasmin, d'encens et de bois jusqu'à l'odeur âcre et pénétrante des fauves... Bref, c'est dans la forêt vierge un enivrement des sens, un enchantement indescriptible, une impression inoubliable de la nature mystérieuse ! (1).

---

(1) Une impression vécue des péripéties d'un voyage en pirogue, à travers la forêt guyanaise, impression bien conforme à la réalité des faits, est poétiquement et pittoresquement donnée dans les termes suivants par M. Jean Galmot, chargé de mission en Guyane, dans le courant de l'année 1907, son voyage ayant eu pour but de faire, pour les archives du Ministère des Colonies, une étude comparative sur la situation économique des Guyanes anglaise, hollandaise et française ; nous ne pouvons résister au plaisir de citer cette page pleine de douce poésie de M. Galmot :

« Tandis qu'à 200 kilomètres dans l'intérieur, en Guyane anglaise, à Rockstone, en pleine brousse, on a la surprise de trouver un hôtel confortable où la table est fine et le coucher excellent, à pareille distance, en Guyane française, on est à quinze jours de pirogue du plus proche village ; le voyageur mange des conserves déjà plus ou moins avariées par l'humidité et couche sous le rideau de la forêt vierge parmi les perroquets hurleurs, les singes, les oiseaux-mouches et les serpents.

Le voyage est pittoresque et héroïque. Des semaines durant, il faut être en équilibre instable sur une pirogue, faite d'un tronc d'arbre. Après 12 heures de marche, les Noirs font au bord de la rivière une place pour le « carbet », à coups de sabre d'abatis dans la forêt. Si l'on est chasseur, un singe dans les branches et un caïman dans la vase font un rôti

En dehors de la chaîne principale qui constitue la limite de la Haute-Guyane, la sierra des Tumuc-Humac, du plateau granitique

---

que l'on cuit à même la braise : la chair du singe est gélatineuse, celle du caïman sent le musc ; mais ce sont là bagatelles !

Un chat-tigre crie, des loutres s'ébattent dans l'eau parmi d'effroyables clameurs, les singes rouges mènent un train d'enfer, une bande de porcs-patiras passe, tumultueuse, en grognant ; les rats-agouchis grincent, les serpents glissent aux arbres, les grillons géants sifflent, les crapauds-bœufs soufflent sous les feuilles, des papillons étincelants errent encore des orchidées : la nuit vient presque soudaine dans la forêt...

Le matin, tandis que le pagayeur bosch, nègre musclé, beau et résis-tant, comme le bois d'ébène de sa pirogue, invoque, debout, la face au soleil, le dieu du fleuve ; tandis qu'il verse dans l'eau le tafia précieux et que ses fils hurlent et grimacent pour chasser l'esprit du mal, la forêt, émerveillée, reste silencieuse, endormie dans la buée chaude du marécage.

En rivière, une pirogue apparaît, elle arrive, croise, et ce n'est que lorsqu'elle est au loin, au prochain tournant, que les Noirs se saluent. Ce sont des cris, des appels stridents, des recommandations, des rires, toute une joie qui succède à l'obscure méfiance de la rencontre. On n'entend plus qu'un bruit confus ; mais l'oreille du pagayeur perçoit encore les nouvelles données par les passants... ils ont fait 5, 10, 30 kilogrammes d'or et reviennent à Cayenne vendre leur or et faire la fête. Ce sont des *maraudeurs !*

Les maraudeurs viennent des grands bois à 30, 40, souvent même à 50 ou 60 jours de la côte. Ils sont restés quelques semaines en prospection à la recherche de l'or, fouillant les criques, dans l'eau et la boue jus-qu'au ventre, comparant les batées pour suivre la veine à la trace, pour atteindre « la poche », le coin où l'or est tassé, où les pépites sont grosses comme le poing... nourris de couac moisi et de bacaliau empesté — le couac est du manioc, le bacaliau est de la morue sèche — ils ont héroïquement résisté jusqu'à la découverte. La crique trouvée, deux d'entre eux sont partis avec le premier kilogramme d'or pour chercher des vivres. La nouvelle s'est répandue d'elle-même et déjà des bandes s'abattent. Ils sont 500, ils sont bientôt plusieurs milliers dans la crique où il y a place pour cent ouvriers. C'était le cas de Kokioko en novem-bre 1906.

Les premiers arrivés s'unissent et gardent la crique, nuit et jour, armés de fusils. Gare à qui tente d'approcher !

Le trésor est d'ailleurs prodigieux : d'un seau de boue on retire 900 grammes d'or ; voici une pépite de 7 kilogrammes que les ouvriers se partagent à coups de pioche. En quelques semaines, Kokioko donne près de 2 millions d'or. Cependant, les maraudeurs affluent toujours. Des drames féroces se déroulent dans la forêt ; bientôt, on creuse le sol et la terre éboulée ensevelit chaque jour des mineurs ! Le couac, qui coûte 0 fr. 50 à Cayenne, se vend 10 francs ; la mesure s'obtient au poids de l'or. La famine arrive ; on s'entre-tue sur des trésors.

C'est l'époque héroïque. L'exploitation est primitive à l'excès. Les cher-cheurs d'or font sur place le « sluice » en planches sur lequel ils jettent l'alluvion à la pelle. Un peu de mercure retient l'or qui s'est détaché par sa densité de la terre meuble ; un filet d'eau est amené de la crique voi-sine pour laver et entraîner la boue.

Toute autre est l'exploitation industrielle qui s'installe sur le placer après le passage des maraudeurs. L'industrie du dragage est développée en Guyane anglaise et hollandaise.

La preuve est faite par les 500 dragues à or de la Nouvelle-Zélande et de la Californie que la mise en valeur des placers par les procédés mé-

central et des collines les plus voisines de la côte qui s'arrêtent à la région des sauts, le tout dans une direction sensiblement parallèle au littoral, se rencontrent de ci, de là, des pointes, des *pitons* isolés ou groupés : tels, près du littoral, la Montagne-d'Argent, peu saine. entre le bassin de l'Oyapoc et de celui de l'Approuague, le mont Macouria, près la ville du même nom, le mont La Condamine, non loin de Kourou, la Montagne de Fer, variant de 150 à 180 mètres comme hauteurs ; plus haut, le Morne isolé, près de la Mana (214 m.), la Montagne de Plomb, où la rivière Kourou prend sa source ; la Montagne Pelée (400 m.), près de l'Approuague ; plus avant dans la région centrale, la Montagne Magnétique (390 m.). non loin du principal affluent de l'Inini, le mont Alikéné (400 m.), près de l'endroit où la rivière Canopi se jette dans l'Approuague ; encore plus haut, la Montagne Leblond entre l'Ouaqui et l'Araoua qui confondent leurs eaux pour se jeter dans l'Awa, le mont Itoupa, non loin de la source de l'Approuague, etc.

Parmi les lacs naturels peu nombreux en Guyane, sauf les lacs artificiels, citons entre autres le lac Saumâtre aux sources de l'Approuague, et dans des régions presque inexplorées les lacs Mepecucu, Macari et Mapa.

Une remarque commune à tous les fleuves de l'Amérique du Sud-Est, c'est que la plupart des fleuves de la Guyane ont une embouchure très large, principalement l'Oyapock, l'Approuague et le Maroni, dans lesquels sont des îles et îlots généralement fertiles, de végétation très luxuriante ; c'est par le fait des amas de sable qu'ils charrient à leur embouchure que l'eau y est souvent boueuse et de coloration jaunâtre. Par suite, aucun des nombreux estuaires formés par les fleuves ne présente, sous le rapport de la profondeur, les conditions suffisantes, mais nécessaires pour servir de mouillage aux navires d'un certain tonnage. Seul, l'estuaire de la rivière de Cayenne, qui n'a pas moins de 4 kilomètres de longueur

---

caniques donne les plus brillants résultats. Mais, malgré les teneurs de notre Guyane, les essais de dragage sont encore rares... des efforts considérables ont été réalisés. Chez nous, les premières entreprises réellement importantes, après les premiers essais, ont réussi ; il est à souhaiter qu'elles fassent école, et j'ai rencontré dans mon voyage une exploitation en plein rapport. Le succès de ces entreprises ouvrira une ère nouvelle pour l'avenir de la colonie. Il faut en savoir gré aux ingénieurs qui ont réussi à vaincre des difficultés qui paraissaient insurmontables. Les travaux de MM. Viala, Levat, Pottereau et du baron Herre Wyn, avaient ouvert la voie. Tout récemment, des ingénieurs à la tête desquels il faut citer MM. L. Delvaux et de La Marlière, nous ont donné, à force d'énergie, la preuve de ce qu'on peut attendre de l'industrie aurifère mécanique en Guyane. »

sur deux kilomètres et demi de largeur, présente le plus souvent des fonds de 4 mètres cinquante centimètres à cinq mètres, servant ainsi de port à la ville de Cayenne ; ce port, étant soumis aux flux et reflux de la marée, n'est et ne peut être malheureusement qu'un port d'échouage, à cause des travaux considérables qui seraient à faire, travaux que les ressources du budget local de la colonie ne permettent assurément pas encore d'entreprendre à l'heure actuelle.

L'Ouanary, le Kaw, le Comté, le Mahoury, la Cayenne, le Macouria, l'Oyac, le Kourou, le Sinnamary et l'Iracoubo, ne sont pas ou ne sont que peu coupés de rapides, à l'encontre de la Mana et surtout de l'Approuague et du Maroni qui en sont encombrés, grâce à leur longueur et aux masses successives du relief de la Guyane, terrasses qui forment les *sauts* et les *barres*.

Fort heureusement, certains de ces rapides sont recouverts pendant toute la saison des pluies, c'est-à-dire durant les deux tiers de l'année et n'entravent pas la navigation des pirogues.

Les chûtes d'eau et cascades, qui constituent les sauts et dont plusieurs sont fort belles et peuvent rivaliser avec les chûtes du Rhin, voire même, en moindre étendue, avec celles du Niagara, sont de nature à être un jour utilisables pour obtenir économiquement la force motrice nécessaire à l'extraction et au traitement des minerais aurifères.

— Comme jusqu'à ce jour les fleuves sont les seules voies de communication pour pénétrer dans l'intérieur du pays et pour accéder aux placers, voies naturelles qui sont susceptibles d'être améliorées, il nous semble intéressant d'en donner, pour les principaux, une description générale et suffisamment complète.

Nous diviserons l'étude des fleuves guyanais en deux paragraphes spéciaux.

§ 1ᵉʳ *Fleuves de la Section sous le Vent.*

Les fleuves et cours d'eau de la Section sous le Vent sont, de l'Ouest à l'Est : le Maroni, la Mana, l'Organabo, l'Iracoubo, le Sinnamary, le Kourou et la Cayenne.

Le MARONI, fleuve frontière séparant la Guyane française de la Guyane hollandaise, a un parcours de 550 kilomètres environ ; il est formé par le Tapanahoni et l'Awa, qui sont ses principaux affluents et réunissent leurs eaux au Saut Poligoudoux. Ce fleuve qui, jusqu'à une distance de plus de 50 kilomètres de la mer, n'a pas moins de douze à seize cents mètres de largeur et qui, dans le surplus de son cours, a souvent une largeur de plus d'un kilomètre et n'a pas moins de 400 à 500 mètres, à une distance supérieure à 350 kilomètres à l'intérieur, garde une majesté tour à tour imposante ou paisible, selon qu'on passe les sauts et rapides ou qu'on glisse entre ses rives en pirogue au milieu d'un encadrement de verdure où l'eau s'étale comme dans un lac.

Le Maroni est navigable pour les chaloupes à vapeur jusqu'au saut Hermina, à plus de 80 kilomètres de son embouchure qui forme une sorte de delta enfermant une vaste étendue de terrains. A partir du saut Hermina, la nature du terrain change complètement ; d'alluvionnaire qu'elle était, elle devient montueuse ; de là, une série de sauts successifs, dont les principaux sont les sauts Feti-Tabiki, Boni-Douro, Goudou-Campo, Peter-Songou, Man-Bari et le grand saut Poligoudoux ; du saut Hermina au saut Peter-Songou, qui est situé par 56°15' de longitude ouest et 5°15' de latitude nord, on compte environ 50 kilomètres, et il ne faut pas plus de quatre jours de navigation pour se rendre de Saint-Laurent-du-Maroni au saut Peter-Songou.

Dans le majestueux Maroni, la marée se fait sentir jusque près du saut Hermina qui est de tous les rapides du fleuve le moins difficile à franchir ; en effet, la barre rocheuse qui forme une sorte d'écluse naturelle a environ huit à neuf cents mètres de largeur, et la différence de niveau n'est que de cinq mètres ; la pente se trouve donc insignifiante ; mais il n'en faut pas moins une extrême habileté et un canot spécial, sans quille, sans gouvernail, relevé à l'avant et à l'arrière, pour opérer sans encombre la traversée de ce rapide qui, bien que praticable aux pirogues indigènes, présente une insurmontable barrière aux embarcations d'un fort tonnage.

Ce fleuve reçoit, dans tout son parcours, du sud au nord, l'appoint de nombreuses criques, principalement du côté français ; de ce nombre sont la longue rivière Abounami, se jetant dans le Maroni un peu en aval du confluent du Tapanahoni et de l'Awa, la crique Beiman, assez courte, formée de plusieurs cours d'eau et se déversant en amont du saut Peter-Songou, la crique Sparwine qui, avec ses affluents, après avoir traversé la partie Sud-Ouest du territoire affecté à l'Administration Pénitentiaire pour la rélégation, se jette dans le Maroni, à 60 kilomètres de son embouchure en aval du saut Hermina et à 30 kilomètres du centre important de Saint-Laurent ; dans le vaste estuaire qu'il forme à partir de ce point en une sorte de delta enfermant une vaste étendue de terrains, le Maroni reçoit encore la crique Saint-Pierre, la crique Maïpouri et la petite crique Vache.

Diverses régions du Maroni et de ses affluents sont très aurifères, et de nombreux placers sont en exploitation, principalement dans le haut Maroni et dans l'Awa.

De très nombreuses îles sont parsemées de-ci, de-là dans le Maroni, tout le long de son parcours : parmi les plus importantes et les plus luxuriantes, on trouve dans son cours inférieur les îles Laussat et l'îlet Portal, dit aussi îlet Bar, ce dernier en face de Saint-Jean-de Maroni, très fertile et susceptible de recevoir de nombreuses plantations, après défrichement, et de servir de lieu de ravitaillement pour les nombreux placers éloignés de la côte.

Le plus gros des affluents du Maroni est, sans contredit, l'Awa, que l'on pourrait appeler à bon droit le haut Maroni, et qui se joint, près du saut Poligoudoux, au Tapanahoni, venant de la Guyane hollandaise. Le cours de l'Awa, qui prend sa source dans les monts Tumuc-Humac, est souvent barré par des sauts, dont le passage est parfois des plus difficiles ; les principaux sont, en remontant vers la source, les sauts Assounanga, Bouna Songa, celui de la Mort, celui de la Flèche, le saut Aoura-Soula, et le grand saut Kouni-Soula ; au surplus, pour se rendre de Saint-Laurent-du-Maroni à l'embouchure de l'Inini, qui est à 250 kilomètres de distance de St-Laurent-du-Maroni, il faut franchir une quinzaine de sauts ou rapides. L'Awa est lui-même grossi de l'Itany, de la crique Maronini, de la crique Araoua qui réunit ses eaux à celles de la rivière Ouaqui, et surtout de l'Inini, coulant presque perpendiculairement à l'Awa, en recevant de nombreuses criques et traversant un groupe important de riches placers.

La MANA, dont le parcours est de 250 kilomètres environ et dont le cours est très sinueux, a son embouchure située à trois jours de cabotage de Cayenne ; elle prend sa source dans la haute chaîne granitique centrale sur le versant opposé aux sources de l'Inini et de l'Approuague, et reçoit à droite et à gauche de nombreux affluents, dont les principaux sont : dans la Haute Mana, la crique Sophie, le Coumarou ; dans la moyenne Mana, qui est très aurifère, à la hauteur du saut Fracas, l'Arrouàny et la crique Lézard, formée du Grand-Lézard et du Petit-Lézard, tous deux sur la rive gauche, et la crique Fourca, grossie de divers sous-affluents, sur la rive droite, et dans la basse Mana, presque en face l'une de l'autre la crique Portal sur la rive gauche et la crique Laussat sur la rive droite, puis près du bourg de Mana, la crique Acaraouani, sur la rive gauche. Le bassin de la Mana contient dans diverses parties des placers très aurifères, tels que : dans la haute Mana, les placers Souvenir, Saint-Léon, Union et Triomphe, Melchior, Dagobert et le placer Enfin, si connu et, dans la moyenne Mana, les riches placers Saint-Pierre, Elysée, Décision, Bonne-Entente.

Les sauts les plus importants qui traversent la Mana sont; en amont de la crique Portal, le saut Sabbat, le saut Valentin, le saut Belle-Etoile, et en amont de la crique Fourca, le saut Tamanoir, le saut Dalle (ainsi appelé, à cause de la forme allongée comme une dalle de sluice du passage où glissent les pirogues), le saut Topi-Topi, le saut Fracas, le gros Saut, le saut Ananas, le saut du Grand Courmarou.

De l'embouchure de la Mana au confluent du Lézard et de la Mana il fallait compter environ dix jours de canotage au moyen de pirogues ; mais ce long trajet est bien diminué, depuis que l'on fait usage de canots automobiles qui peuvent remonter pendant une grande partie de l'année non seulement la Mana, mais encore l'Arrouany et le Lézard jusqu'au saut Bois.

Après la petite rivière *Organabo*, dont le cours ne dépasse pas 30 kilomètres, celle plus longue de l'*Iracoubo*, qui reçoit un affluent le Counamana, et une autre insignifiante, se trouve le Sinnamary qui, avec la rivière Courcibo, l'un de ses principaux tributaires, est un important cours d'eau ayant en toute saison un fort débit ; le confluent du Courcibo avec le Sinnamary peut être atteint directement de la côte en 18 heures environ par de petits steamers ou des chaloupes à vapeur. Le Sinnamary, comme la Mana, prend sa source dans la haute chaîne granitique du centre, à quelques kilomètres seulement de distance ; il reçoit divers affluents, dont les plus importants sont, sur la rive gauche, le Courcibo, grossi lui-même de la rivière Leblond (en amont de l'embouchure de laquelle rivière, qui reçoit à son tour la crique Céïde, se trouve le saut de Jupiter) et de nombreuses autres criques, la crique Tigre, sise en aval du Courcibo et ayant pour principaux affluents la crique Gabrielle et la crique Saut, dans laquelle se déversent diverses petites criques, telles que la crique Pamphile, celle des Eboulis, celle des Oublis, la crique Aimara et la petite crique Biche ; enfin la crique Grégoire qui reçoit une infinité de petites rivières et nombre d'autres criques très courtes dont les noms sont sans intérêt, et sur la rive droite notamment la petite crique Plomb, la crique Palivade, les petites criques Virlot et Magister, ces deux dernières à peu de distance l'une de l'autre, en face d'un petit village indien sis de l'autre côté de la rive du Sinnamary.

Les terrains compris dans la région des deux cours d'eau, le Courcibo et la crique Tigre, sont très aurifères : le lit du fleuve Sinnamary, formé par les rivières considérées comme étant très riches en or, sert d'exutoire aux nombreux et riches placers situés sur ses deux rives, ainsi qu'il résulte de nombreuses prospections faites dans une partie de son cours ; mais le fleuve n'est à cause de sa profondeur exploitable que par des procédés industriels développés ; parmi ces placers, signalons ceux de Saint-Elie, Dieu Merci, Bonne Aventure, Adieu-Vat, Sursaut, tous d'une grande richesse.

On peut remonter le Sinnamary soit en pirogue, soit en chaloupe à vapeur jusqu'à l'embouchure de la crique Tigre, quand la hauteur des eaux le permet ; mais, à partir du confluent du Courcibo, la fréquence des sauts et des rapides rend la navigation très difficile.

Les principaux sauts qui se trouvent sur le Sinnamary sont, de l'embouchure à la source du fleuve : le petit Saut un peu au-dessus de Bordeaux-Station, qui se trouve près de la crique Grégoire, le saut Tigre à la hauteur de la crique du même nom, et après les roches Maman Singe rouge et les roches de Maman-Pian, le saut du Banc de Sable, celui de la Parole-Finie, le grand saut Vata, le saut Coutarie, etc.

La Mana et le Sinnamary présentent l'avantage d'être navigables par chaloupes à vapeur d'un certain tonnage jusqu'à une distance de 120 à 150 kilomètres de la mer, tout au moins pendant une grande partie de l'année, les sauts voisins du littoral se réduisant dans ces deux rivières à de simples rapides franchissables sans trop de difficultés par embarcations à vapeur.

Après un cours d'eau de peu d'importance, on rencontre d'abord le *Kourou*, au cours sinueux et grossi de diverses criques, rivière qui est navigable sur un parcours de 30 kilomètres environ pour des embarcations de 50 tonneaux ; ensuite, le *Macouria*, puis la *Cayenne* ayant donné son nom à la capitale de la Guyane, sise dans l'île de Cayenne entourée par la rivière des Cascades, la rivière du Tour de l'Île et la rivière Mahury qui, en remontant vers sa source, prend le nom de rivière d'Oyac, recevant elle-même sur la rive gauche la rivière Orapu, grossie de la crique Virgile et de la crique Thibourou et sur la rive droite de la rivière Comté (sur laquelle est le saut Bief) formée elle-même de la rivière Brodel et de la rivière Blanche, se réunissant à 170 kilomètres environ de la côte et recevant l'une et l'autre l'appoint de plusieurs petites criques.

Diverses régions de la Comté et de l'Orapu sont aurifères et ont le grand avantage, au point de vue des transports, du ravitaillement et des prix de revient et frais généraux, d'être les plus proches de Cayenne.

§ 2. — *Fleuves de la Section du Vent.*

Les fleuves de la Section du Vent, à partir de Cayenne, sont, de l'Ouest à l'Est : le Mahury qui a en moyenne deux kilomètres de largeur dans sa partie basse et est accessible aux navires de haute mer, le Kaw, l'Approuague, le Ouanary et l'Oyapoc.

L'Approuague, fleuve très large qui est le berceau de l'industrie aurifère en Guyane française, prend sa source dans la montagne Leblond et forme à son embouchure, située à 50 kilomètres environ de Cayenne, un long et vaste estuaire de plus de 30 kilomètres de longueur jusqu'au centre de Guizambourg ; dans cet estuaire se rencontrent trois îles couvertes d'une luxuriante végétation.

Ce fleuve reçoit, dans son long parcours, de nombreux affluents, dont les principaux sont : sur la rive droite les criques Montagne, Sapoucaye, Mataroni, Courouaïe, et sur la rive gauche les criques Arataye, Aimara, Ipoucin, Blanche ou Tortue et Counamaré.

En amont de la rivière Mataroni sont dans l'Approuague les îlots Lézard, Cléonice et Corrossony.

L'Approuague enserre d'ailleurs de nombreuses îles boisées dont un certain nombre convient à la culture des cotonniers.

Les transports sur l'Approuague peuvent être faits par des trois-mâts remorqués de l'embouchure du fleuve au pied du saut Mapaou, que l'on rencontre après avoir franchi à marée haute le premier saut, appelé saut Tourépée, un nom indien, dont les rochers sont entièrement recouverts par l'eau, aux heures de la marée, mais impraticables à marée basse ; les navires venant d'Europe et chargés de matériel de mines peuvent se rendre directement jusqu'à ce dernier point ; ce qui n'est possible dans aucun autre fleuve de Guyane ; à peine à deux jours de pirogue du saut Mapaou qui, à vrai dire, n'est pas un saut unique, mais une série de sauts qu'il faut franchir successivement dans les diverses passes (ce qui ne demande pas moins de deux heures à force de coups de pagaies), on arrive au saut Machicou qui comporte sept chûtes successives, dont la première et la dernière, les plus étroites, sont les plus difficiles à franchir, et qui ne peut être passé par les pirogues qu'après débarquement des voyageurs et des bagages, puis au saut Icoupaye, formé de rocs de quartz non aurifères brisant en grande partie le cours de l'Approuague ; ces sauts sont en amont de la crique Ara-taye. Plus loin, à une distance de 135 kilomètres environ de Cayenne, est le grand saut Canory qui est à 70 mètres au-dessus du niveau de la mer et dont la principale chûte ayant 19 mètres de hauteur forme une sorte de vaste fer à cheval avec une quantité de cascades les unes au-dessous des autres, entremêlées de rochers qui font sauter et tourbillonner les eaux en cataractes écumantes à tra-vers des débris de granite en blocs et boulders sur une étendue de plus de deux cents mètres de longueur.

A partir du saut Canory, qui est la merveille des spectacles de la nature en Guyane Française, l'Approuague redevient navigable par steamers à fond plat jusqu'au saut Couata d'une part, à une dis-tance de 25 kilomètres, et dans la rivière Sapoucaye jusqu'à trois jours de canotage pendant un parcours de 45 kilomètres environ ; ce qui étend dans de grandes proportions l'effet utile des transports à bon marché.

A signaler encore dans le haut Approuague le saut Japigny, composé de deux parties, l'une dite *petit Japigny*, aux bords escar-pés, et l'autre, le *grand Japigny*, où il faut décharger les canots, le saut Bache, les sauts Mility, dont le dernier petit saut porte le nom de saut Parépou.

Dans le fleuve Approuague, pour éviter le charroyage par pi-rogues, puis par chargements à dos d'hommes, le développement industriel des concessions aurifères, qui sont fort nombreuses dans diverses parties du bassin du fleuve et constituent des groupements importants, tirerait un grand avantage pour leur exploitation de la construction d'un chemin de fer à voie étroite partant du pied du saut Mapaou et allant au centre des placers du haut Approuague.

On rencontre encore, avant le magnifique fleuve Oyapoc et assez près de son embouchure, la rivière *Ouanary*, d'un cours si-nueux, mais assez restreint.

L'Oyapoc (1), fleuve qui sert de frontière à la Guyane française

---

(1) Tous les voyageurs qui ont remonté le cours des deux fleuves fron-tières, le Maroni et l'Oyapoc, sont d'accord pour en vanter les splendeurs grandioses, d'une poésie enchanteresse et captivante dont nous avons éprouvé le charme ; voici le tableau qui s'offre à la vue et qui est de toute beauté : les rives vont graduellement en s'élevant de chaque côté du fleuve, et les arbres toujours verts étagent leur feuillage bien touffu, très varié, en abritant toujours des milliers d'oiseaux aux riches plumages, dont les nids pendent çà et là aux branches des arbres gigantesques aux racines énormes descendant presque dans la rivière. Les troncs de ces arbres ne sont même presque pas visibles, envahis qu'ils sont par les lianes qui leur montent à l'assaut, qui courent de l'un à l'autre, s'enche-vêtrant en des entrelacs impénétrables et formant un rideau, mieux une

et la sépare du Counani (1) ou de la Guyane brésilienne, a, comme
le Maroni, une longueur de 550 kilomètres environ ; les deux fleuves
frontières sont ainsi les plus longs ; mais le cours de l'Oyapoc est in-
terrompu par une série de sauts et de rapides qui en rendent la navigation presque impossible ; seules des embarcations légères, dirigées de main de maître par les nègres indigènes, peuvent s'aven-
turer sur ce fleuve indomptable. Le premier des sauts que l'on ren-

---

véritable muraille de dentelles, faite de feuillages et de fleurs, et ne laissant rien voir de ce qui est au-delà de la rive dans l'intérieur de la forêt.

Ces lianes épuisent toute la gamme des verts depuis le vert émeraude
jusqu'au vert olive, dans une diversité telle qu'elle désespérerait la pa-
lette d'un peintre, la tonalité de cette gamme de verts variant encore
elle-même lorsque le soleil se joue à travers le feuillage.

Les rivières au coup d'œil captivant à travers l'épaisse forêt, et les cou-
chers de soleil sur l'eau : quelle grande poésie, que troublent seulement
les cris des singes sur les branches ou les oiseaux-mouches venant fure-
ter auprès de chacun ! Tout dans la nature est pittoresque et d'un charme
très captivant et inoubliable.

Les nuits passées en campement dans la forêt-vierge laissent un souvenir durable. Les hamacs que l'on tend dans des endroits quelque peu
découverts sont rangés en cercle autour d'un énorme feu qui doit tenir les
fauves en respect et dont les reflets rougeâtres donnent à la verdure envi-
ronnante un aspect féerique.

En haut se trouve une voûte épaisse de feuillages que troue par places
l'azur étoilé du firmament ; des mouches lumineuses en quantités innombrables parcourent l'espace avec de doux murmures ; un silence majestueux règne jusqu'au lever du soleil. Alors tout change, la forêt semble se
réveiller ; les fauves sortent de leur tannière et se mettent en chasse ; on
entend toutes sortes de bruits. C'est le moment où il ne faut pas descen-
dre du hamac ; car cinq heures du matin, c'est l'heure du crime, l'heure
des fauves dans la forêt vierge.

(1) On nous informe que l'Etat libre du Counani, dont nous avons parlé
dans une note annexe de notre premier ouvrage sur la Guyane, fonctionne
normalement et s'organise avec les divers rouages administratifs nécessaires.

Le chef du gouvernement est M. Uayana Assu, nom indien de
M. Adolphe Brézet qui s'emploie activement à l'organisation politique,
administrative et judiciaire du pays et rend des décrets-lois et des décrets.
Il est assisté de conseillers d'Etat, secrétaires généraux du gouvernement
aux finances, aux travaux publics, au commerce et à l'industrie, aux
affaires étrangères.

Depuis quelques mois est imprimé le *Bulletin officiel du gouvernement
Counanien*.

Il y a une Chancellerie des ordres Counaniens, un corps diplomatique
et consulaire.

On peut dire que le Counani possède la même flore, la même faune,
les mêmes richesses forestières et minières que la Guyane Française, le sol
et le sous-sol étant constitués de même nature. Aussi, l'étude de toutes
les questions que nous avons abordées, dans notre présent ouvrage comme
dans le précédent, s'appliquent-elles absolument au Counani, l'ancien territoire contesté franco-brésilien, les colons qui s'y rendraient devant recevoir le meilleur accueil.

contre en remontant le fleuve est, au-dessus de St-Georges, le saut Grand-Roche, dit aussi Cafésoka, non loin d'un petit fortin portant ce dernier nom, déversant de vastes nappes d'eau, puis un peu en amont de la rivière Crécou le saut Cachiri formé de trois chûtes successives, le saut Paul, le saut Pantoupaye, le saut Ouacaraye, le saut François, etc.

La marée se fait sentir jusqu'au saut Grand-Roche et il faut l'attendre pour franchir plus facilement ce dernier saut.

La baie que forme l'Oyapoc à son embouchure est très large et est séparée en deux bras par une île étroite, mais longue ; les principales criques qui se déversent dans ce fleuve et arrosent la Guyane française sont : la rivière Yaroupi, la rivière Camopi, la crique Gabaret, sur la rive gauche, et les criques Yaoué, Mouripi, Apotaye et Crécou sur la rive droite.

C'est vers les sources de l'Oyapoc que la légende, on le sait, plaçait la ville merveilleuse de l'Eldorado.

— Il résulte de ces indications que peu de pays du globe terrestre sont mieux arrosés que la Guyane française, puisque quinze cours d'eau se déversent dans la mer et que leurs affluents sillonnent la contrée dans tous les sens ; il reste à en tirer le meilleur parti possible pour la navigation, suivant des données que nous étudierons plus loin ; car il n'y a pas de doute que la navigation sur ces fleuves peut être facilement améliorée et qu'elle mérite de faire l'objet de sérieuses études de la part de l'administration de la Colonie et du Conseil général, l'amélioration des voies fluviales devenant de jour en jour de plus en plus nécessaire, surtout dans des pays déshérités sous le rapport des routes, de la facilité et de la rapidité des transports, comme l'est notre Guyane, à l'encontre de ce qui existe dans les Guyanes voisines ; c'est un point capital sur lequel nous ne saurions trop insister, d'autant plus que si parfois les cours d'eau sont impétueux ils ont un courant calme entre deux sauts consécutifs ; il ne s'agit donc que de régler et d'améliorer le réseau hydrographique si important dans la colonie, et d'étudier les moyens les plus économiques et les plus avantageux de les réunir et de les mettre en communication entre eux : c'est une étude impérieuse qui s'impose à bref délai pour le développement normal de la Guyane française.

DEUXIEME SECTION

GUYANE POLITIQUE, ADMINISTRATIVE & FINANCIÈRE

§ 1ᵉʳ. SUR L'ORGANISATION POLITIQUE DE LA GUYANE

L'organisation politique et administrative de la Guyane étant, ainsi que nous l'avons exposé dans notre premier ouvrage, absolument semblable à celle des autres vieilles colonies et possessions françaises d'outre-mer, nous jugerions inutile de revenir sur ce point si nous n'eussions à formuler à ce sujet un double vœu dont la réalisation relève de l'action gouvernementale désirable à tous points de vue non seulement pour la Guyane, mais aussi pour l'ensemble de toutes nos Colonies : ce serait d'assurer la stabilité plus longue qu'elle ne l'est de nos Gouverneurs dans chacune de nos possessions d'outre-mer où ils sont appelés à remplir leurs fonctions si délicates et si multiples, ce serait aussi de leur donner plus d'indépendance vis-à-vis des assemblées locales, il ne faut point craindre de le dire, et de leur conférer l'autonomie avec contrôle de la Métropole (1).

Les Gouverneurs devraient certes — cela est à tous les points de vue souhaitable — se trouver, dans la colonie à la tête de laquelle ils sont placés, à l'abri de toutes les attaques locales et au-dessus des coteries politiques, et être placés au-dessus des querelles de partis si nuisibles pour les indigènes et si préjudiciables aux intérêts bien entendus de la Colonie.

Que de fois malheureusement chacun de nous n'a-t-il pas été à même de constater les déplacements continuels et quelquefois subits des gouverneurs coloniaux, avant même qu'ils n'aient eu le temps de se rendre compte des ressources si variées et si différentes selon les régions et des besoins même les plus urgents du pays ou de réaliser les réformes qu'ils ont soigneusement élaborées et qu'ils jugent utiles pour l'organisation et le développement de la colonie confiée à leur direction. Cela tient, il ne faut pas hésiter à l'avouer, à ce qu'en France, plus que partout ailleurs, la politique domine tout et qu'elle est trop souvent le mobile de toutes les actions humaines ; or, nos colonies souffrent trop souvent des agitations politiques, la plupart du temps stériles et combien néfastes !

Spécialement pour la Guyane, que de Gouverneurs se sont

---

(1) La Chambre de Commerce de Cayenne au cours de l'année 1908 a émis le vœu que l'autonomie économique fût décrétée à la Guyane.

succédés depuis ces dernières années, au grand dam de la Colonie qui, pour sa vitalité, son développement et sa prospérité, aurait besoin, plus que tout autre peut-être, d'une plus grande stabilité dans la durée des fonctions de son chef de Gouvernement (1).

Il appartient au Gouvernement de la Métropole de mettre à la tête de chacune de nos colonies des hommes dévoués, au premier chef, aux intérêts si nobles et si importants qu'ils ont mission de défendre et de les maintenir dans leur poste pour une période dé terminée suffisamment longue ; c'est alors que les Gouverneurs n'ayant plus besoin, pour rester en fonctions là où ils ont été nommés, d'avoir l'appui d'un parti local, sachant qu'un ordre de départ

---

(1) Parmi les Gouverneurs qui ont laissé le meilleur souvenir en Guyane et qui, dans la mesure de leurs moyens et des crédits affectés si parcimonieusement aux besoins de la Colonie, ont rendu les plus grands services, il faut citer notamment depuis près de trente ans après M. Chessé, M. Mouttet, qui avait une valeur de premier ordre, très apprécié en Guyane dont il connaissait tous les besoins et où il déploya, là comme ailleurs du reste, les plus grandes qualités administratives (on sait que M. Mouttet trouva tristement la mort avec les siens dans la catastrophe de l'éruption de la Montagne Pelée, de funeste mémoire, qui fit à la Martinique en l'année 1902 de si nombreuses et si malheureuses victimes et mina l'île dans une grande partie), M. François, Gouverneur habile et sage dont le séjour à la colonie fut trop bref, M. Merwart qui, en qualité de gouverneur intérimaire, fut fort dévoué aux intérêts de la colonie, M. Picanon qui, dans la courte durée de sa gestion pendant une année, en 1886-1887, fit œuvre évidente d'administrateur colonial de la grande école, manifestant sa foi la plus absolue dans l'avenir de la Guyane Française, grâce au développement de sa production aurifère, et M. Rodier, gouverneur actuel, tout dévoué à l'œuvre commencée laborieusement par ses prédécesseurs pour le relèvement et la renaissance de la Colonie.

La question de la création d'exploitations agricoles et pastorales qui doit être le but de la colonisation durable, à côté du développement des exploitations aurifères qui peut et doit dans la colonie en être un des moyens les plus puissants et les plus sûrs, a préoccupé également M. Rodier, le digne successeur de M. Picanon, dès son arrivée en Guyane. Voici le texte même de ses sages paroles au sujet de ces exploitations extraites de son discours à la séance d'ouverture de la session ordinaire du Conseil Général de la Guyane Française du 28 octobre 1907.

« J'ai confiance dans la continuation, pendant de longues années, des exploitations aurifères en Guyane et dans leur développement. Aux procédés rudimentaires de traitement de l'or, on substitue peu à peu des moyens mécaniques perfectionnés dont il est permis d'attendre des résultats de plus en plus rémunérateurs.

Quelle ne serait pas la propérité de ce pays si, aux ressources tirées de la production du précieux métal, pouvaient s'ajouter les produits d'exploitations pastorales et de certaines exploitations agricoles, commerciales et industrielles pour lesquelles le climat et le sol sont particulièrement propices ? »

Il est certain qu'à côté de ses riches gisements aurifères que recèle son sous-sol, la Guyane Française possède de vastes étendues de terrains fertiles, propres aux grandes cultures coloniales, comme le prouvent surabondamment la fécondité de la végétation et l'expérience du passé du pays lui-même, ainsi que nous en reparlerons amplement plus loin.

ne viendra pas brusquement les surprendre au milieu de leurs travaux, il leur sera possible de faire une bonne et utile besogne pour le grand bien de chaque Colonie. Puisse notre vœu, notre sentiment qui, nous en sommes sûrs, est dans le cœur de la grande majorité des Français, être entendu en haut lieu ! S'il vient un jour à être réalisé, nous sommes certain d'avance que nos Colonies n'auront qu'à gagner à la stabilité plus longue de leurs Gouverneurs respectifs.

§ 2. Sur des modifications récentes dans l'organisation administrative

Signalons quelques modifications survenues dans l'organisation administrative de la Guyane française depuis notre premier ouvrage sur ce pays.

Dans chaque colonie, dans la Guyane en particulier, le Gouverneur est assisté d'un secrétaire général à qui il délègue certaines de ses attributions.

C'est un décret du 11 juillet 1885 qui a fixé la composition du Conseil Privé de la Guyane, en mentionnant les principaux fonctionnaires de la colonie.

Les membres de la haute administration, sous les ordres du Gouverneur, sont actuellement :

1° Le secrétaire général du Gouvernement de la Guyane ;

2° Le Procureur général, chef du service judiciaire ;

3° Le Directeur de l'Administration Pénitentiaire, chef des services de la transportation et de la rélégation ;

4° Le Trésorier-Payeur, chef du service des finances, et ayant la mission de faire payer les mandats ordonnancés au compte du budget local et du budget colonial ;

5° Le chef du service de l'intendance pour ce qui concerne la troupe et la gestion des crédits du service métropolitain ;

6° Le chef du service de l'enregistrement, des domaines et du timbre ;

7° Le chef du service des douanes.

Mentionnons aussi qu'il existe à Cayenne une *Chambre de commerce* composée de douze membres élus, organe officiel du commerce de la Guyane, une *Chambre d'Agriculture*, un *Comité des Mines*, institué par M. Merwart, une *Caisse d'Epargne* et une *Banque Coloniale* à privilège, qui rend les plus grands services aux négociants de la colonie, toutes institutions créées utilement et successivement, et répondant à des besoins réels et impérieux.

En ce qui concerne l'*organisation judiciaire*, notons qu'au bourg de Mana est installée une justice de paix depuis l'année 1903, au lieu d'une suppléance, et que de nouveaux postes de gendarmerie ont été créés en divers endroits.

Pour ce qui est de l'*Instruction Publique*, la réorganisation de l'enseignement dans la colonie a été réglée par trois décrets datés du 17 septembre 1906, et promulgués en Guyane par arrêté de M. le Gouverneur Picanon du 5 novembre suivant ; mais le pays ne possède aucun établissement d'enseignement supérieur.

En ce qui touche l'*Administration Pénitentiaire*, organisée à peu près sur les mêmes bases qu'elle l'était en Nouvelle-Calédonie, mentionnons qu'elle a non seulement la charge des transportés et des rélégués, mais encore celle des déportés d'une certaine catégorie, et que depuis l'année 1897 tout envoi de condamnés aux travaux forcés a été suspendu en Nouvelle-Calédonie, à la demande du Gouverneur de cette colonie, le dernier convoi arrivé à Nouméa ayant été celui du 25 février 1897. C'est la Guyane seule qui reçoit désormais tous les condamnés à huit années et plus de travaux forcés, alors qu'antérieurement, de 1867 à 1887, les forçats européens étaient dirigés vers la Nouvelle-Calédonie, les pénitenciers de la Guyane n'étant alors affectés qu'aux condamnés arabes, noirs ou asiatiques.

Le plus important et le mieux situé des pénitenciers est celui de Saint-Laurent-du-Maroni ; il faut citer ensuite celui de Kourou où l'on a expérimenté la culture du coton et l'élevage du bétail, puis ceux des Iles du Salut, de l'île Royale et de Cayenne.

La relégation pour les femmes a été supprimée par une loi de 1907.

Les forçats sont d'ordinaire employés dans la colonie, soit aux travaux publics, soit aux défrichements et à l'assainissement, soit aux quelques rares routes que la Guyane possède, soit à des travaux d'exploitation agricole et forestière. D'autres, des permissionnaires, sont autorisés à être employés par les directeurs d'exploitations aurifères et particulières où ils apportent un appoint utile dans la main-d'œuvre.

D'après les expressions mêmes de M. le Gouverneur Rodier, « la main-d'œuvre pénale, qu'on a souvent reproché à la colonie de mal utiliser, est par son essence même de qualité médiocre. N'est-ce pas, en effet, la paresse qui le plus souvent mène au crime et peuple le bagne ? Quantitativement elle n'a pas, d'autre part, l'importance que l'on pourrait supposer ; car il y a beaucoup d'indisponibles chez ces déprimés du fait du climat, enfin et surtout les travaux pénibles au soleil, sous l'équateur, ne sont pas permis à l'Européen.

« ... Certes, l'on doit exiger de tous les condamnés le travail dans des ateliers ou sur les chantiers ; mais on ne peut le faire qu'en tenant compte du climat et des aptitudes de race ».

Est-ce là la note juste et exacte ? D'aucuns ingénieurs qui ont expérimenté l'emploi de forçats sur les chantiers aurifères prétendent qu'on peut fort bien les utiliser, surtout si on les met sur le même pied que les autres ouvriers, si on les traite humainement et si on leur donne un pécule particulier, en dehors du prix payé à l'administration pénitentiaire. Il y a, bien entendu, des forçats qui sont absolument réfractaires au travail extérieur et qu'on laisse en cellule ; mais souvent le travail que l'administration pénitentiaire demande aux forçats pour les travaux publics est insignifiant et peut être augmenté sans danger pour leur santé (1).

Quant aux forçats libérés, ils obtiennent des concessions qu'ils cultivent de leur mieux ; mais, en général, cet élément de colonisation a été faible et peu intéressant jusqu'à ce jour.

Au point de vue des *Cultes*, le clergé est placé sous les ordres, non plus d'un préfet apostolique, mais d'un supérieur ecclésiastique, curé de Cayenne, assisté de plusieurs desservants. Le catholicisme est la religion dominante.

Relativement à la défense militaire, l'*Armée* est actuellement représentée par un effectif de 120 hommes d'infanterie coloniale dont les deux tiers sont à Cayenne et le dernier tiers affecté à Saint-Laurent-du-Maroni. Un aviso de la marine est en outre détaché de la flotte et reste à l'état stationnaire le long du littoral de la colonie.

§ 3. sur la situation financière de la guyane

Il serait à souhaiter, pour le développement rapide de la Guyane et son relèvement économique, qu'elle pût disposer d'un budget beaucoup plus important que celui dont elle est dotée, de manière à pouvoir accomplir le vaste programme de travaux publics qu'avait rêvé M. Picanon et que son successeur, M. Rodier, a dû réduire considérablement dans l'état actuel de ses finances.

Ainsi que l'a fait justement remarquer M. Rodier dans son discours d'ouverture de la session ordinaire du Conseil Général du mois d'octobre 1907, ces projets grandioses ne peuvent, en effet, et ne doivent être réalisés que progressivement, et ce n'est pas l'œuvre d'un jour ; ils ne peuvent être mis à exécution que graduellement et par étapes successives ; pour parvenir à l'accomplissement des grands programmes, il faudrait, dit-il, travailler, avec esprit de suite, au relèvement économique de la colonie, doter celle-ci de finances irréprochables, en supprimant sans faiblesse toutes les

---

(1) Nous reviendrons sur cette question de l'utilisation de la main-d'œuvre pénale au cours même de cet ouvrage.

dépenses inutiles, tous les emplois non indispensables, afin de créer dans le budget, dont les recettes suivraient le mouvement du progrès économique, des disponibilités de plus en plus larges, gages d'emprunts futurs.

Tout projet serait illusoire et vain à l'heure présente, ajoutait-il non sans courage, et ne survivrait pas à la période de la discussion qui dépasserait la capacité budgétaire actuelle de la colonie ; tel serait le cas d'un emprunt de plus de cinq millions et demi de francs, nécessaire, mais suffisant pour exécuter un programme modeste, mais proportionné aux moyens financiers de la colonie pour 1908 : aménagement de la rade et du port ; prolongement de la route coloniale de Cayenne à Sinnamary et complément d'adduction d'eau potable à Cayenne ».

On peut dire du budget de la Guyane que, s'il ne s'élève pas à un chiffre plus élevé qui doublera dans un avenir prochain, nous l'espérons, grâce aux mines d'or, il s'est toujours maintenu sans défaillance dans de bonnes limites.

Si nous remontons l'histoire financière de la Guyane des quinze dernières années, nous relevons, en effet, que les recettes ordinaires du budget de la colonie ont été, en chiffres ronds, en 1893, de 1.932.000 fr., en 1894, de 2.936.000 fr., en 1895, de 2.591.000 fr., en 1896, de 3.152.000 fr., en 1897, de 2.830.000 fr., en 1898, de 2.464.000 fr., en 1899, de 2.505.000 fr., en 1900, de 2.539.000 fr., en 1901, de 3.185.000 fr., en 1902, de 3.692.000 fr., en 1903, de 3.575.000 fr., en 1904, de 2.937.000 fr., en 1905, de 3.320.000 fr., et en 1906 de 3.100.000 fr., mais avec des charges budgétaires lourdes.

Nous constatons ainsi que les chiffres les plus élevés en recettes ont toujours correspondu à des années de découvertes aurifères.

L'exercice de 1907, qui a été clos le 30 juin 1908, apparaît comme s'étant présenté à peu près égal au point de vue des résultats à celui de 1906, en raison d'une augmentation très sensible des recettes de douanes dues aux récentes mesures douanières prises dans le but de mettre fin au transport en fraude, en dehors du paiement de tous droits de l'or français en territoire hollandais.

M. Rodier a su donner de sages avis au Conseil Général de la Guyane, en engageant les membres de cette haute assemblée locale à en « bannir la politique et ses agitations stériles, pour se consacrer exclusivement à l'étude des graves problèmes économiques et financiers dont la solution peut influer de façon décisive sur l'avenir du pays ! »

TROISIÈME PARTIE

GUYANE ETHNOGRAPHIQUE

I

DÉMOGRAPHIE

D'après les chiffres officiels, les opérations du dernier recensement effectué en Guyane française du 24 au 31 décembre 1906 révèlent une population de 39.349 habitants (1) contre 32.908 accusés

---

(1) Voici les chiffres de dénombrement de la population, d'après les données officielles du recensement de 1906 :

La population civile des communes s'élevait à 23.935 habitants répartis ainsi :

Cayenne 12426. — Oyapoc 974. — Approuague 766. — Kaw 177. — Remire 817. — Mathoury 217. — Roura 574. — Tonnegrande 274. — Montsinéry 341. — Macouria 710. — Kourou 631. — Sinnamary 1855. — Iracoubo 643. — Mana 1923. — Maroni 1607, soit un total de 23.935 habitants.

Celle des militaires en activité de service comportait 959 habitants dont la répartition était la suivante :

Troupes : Génie 14, infanterie 120, gendarmerie 48, intendance 3. Aviso : le Jouffroy 47. Douanes au service actif 84. Surveillants militaires 287. Médecins et pharmaciens coloniaux 16. Infirmiers colons 8, soit ensemble 627

Marins embarqués 332

⎯⎯ 959 —

Celle des transportés et relégués en cours de peine était de .... 6.146 —

Celle des tribus indigènes comprenait 1.221 habitants dont : 496 Indiens aborigènes, 548 noirs Bonis et 177 noirs Boschs .... 1.221 —

Celle des chercheurs d'or dans les bois et non recensés individuellement, environ .... 7.088 —

Total général de la population............... 39.349 habitants.

On se rend compte d'après les chiffres qui précèdent que les Indiens aborigènes qui, en 1901, étaient au nombre de 881 ne sont plus maintenant que 496, ce qui fait une diminution considérable s'expliquant par les ravages de l'alcool dont cette race fait une consommation exagérée.

D'autre part, les Noirs Boschs et Bonis qui étaient au nombre de 1.004, en 1901, ne seraient plus que 725. Il est permis de croire que ces indigènes se sont installés sur la rive gauche du Maroni, en Guyane hollandaise, où se trouvent plusieurs tribus de leurs congénères.

par le recensement de la fin de l'année 1901. La Guyane ne compte ainsi qu'un quart d'habitant par kilomètre carré !

Dans l'intervalle des deux derniers recensements il y a eu ainsi une augmentation de 6.441 âmes, les célibataires formant toujours la grande majorité de la population et le nombre des hommes prédominant encore sur celui des femmes.

Cette augmentation est due, en majeure partie, à l'affluence de plus en plus grande des chercheurs d'or que la découverte des riches gisements miniers de l'Inini a alléchés (*auri sacra fames*, suivant l'expression vigoureuse du poète latin), attirés et retenus en Guyane ; ce qui est toujours une preuve de l'attrait particulier qu'exerce sur les esprits le précieux métal jaune !

Beaucoup de ces travailleurs sont restés dans les régions aurifères de la colonie, exploitant de ci, de là, et trouvant, au hasard de leurs recherches, assez d'or pour les dédommager de leurs peines. D'autres se sont engagés dans les grandes exploitations aurifères qui prennent de jour en jour une importance plus grande, et deviennent de plus en plus nombreuses.

D'après les relevés officiels, le nombre des chercheurs d'or qui, en 1901, était présumé être de 2.059 était, à la fin de 1906, de 7.088, soit en plus 4.579.

Mais ce chiffre doit être bien inférieur à la réalité ; car, si l'on s'en réfère aux documents fournis par M. Jean Galmot, qui, au cours de l'année 1907, fut envoyé en mission dans la Guyane par le Ministère des Colonies, il semblerait résulter tant de l'enquête à laquelle il s'est personnellement livré durant son séjour dans l'intérieur que de récentes expéditions faites par la gendarmerie sur les placers, que la seule population des chercheurs d'or dépasserait le chiffre de 70.000 individus, au lieu du chiffre officiel de 7.088 (soit dix fois moins que celui réel) accusé au recensement de fin 1906 par des statisticiens qui n'ont sans doute jamais pénétré dans la brousse ni dépassé la banlieue de Cayenne !

Au surplus, il est fort difficile d'apprécier même approximativement le nombre des chercheurs d'or, des maraudeurs en bricole, puisqu'en général ils ne sont pas stables dans les lieux où ils se livrent à leurs travaux de recherches et d'exploitations et qu'il est impossible de les suivre et de les rencontrer pour un grand nombre dans les épaisseurs de la forêt vierge.

Si cette augmentation de population dans les forêts guyannaises à la recherche de l'or est un gage certain de la richesse aurifère de la colonie, cette situation pourrait constituer peut-être une crainte et un danger pour l'avenir par la présence trop grande de bricoleurs qui restent en nombre plus considérable que de raison sur les criques riches dont ils épuisent la surface, et si des mesures de police qui s'imposaient avec la plus grande urgence n'avaient été prises par M. le Gouverneur Picanon par l'installation de postes permanents de gendarmerie sur la moyenne et la haute Mana, ainsi que sur le Maroni et l'Inini, et par la réorganisation de la ligne douanière de défense contre la fraude. Puissent toutes ces mesures avoir leur plein et entier effet.

II

DE DIVERSES RACES ABORIGÈNES ET AUTOCHTONES ET DE CERTAINS TRAITS PARTICULIERS DES GUYANAIS, DES ANTILLAIS ET DE DIVERS INDIENS EN GUYANE.

L'augmentation assez sensible de la population tant dans le monde des chercheurs d'or (1) que dans celui de la population des centres principaux est due en grande partie à l'immigration en Guyane de Français de la Guadeloupe et de la Martinique et d'un petit nombre d'Anglais d'îles voisines anglaises (Démérara, la Barbade, Trinidad, Sainte-Lucie). Il est à remarquer à ce sujet que les Anglais, tout en constituant en Guyane la presque unanimité des travailleurs étrangers, quittent d'ordinaire la Colonie qui est pour eux un simple champ d'exploitation, dès qu'ils ont recueilli un peu d'or, pour mettre en sûreté chez eux les économies qu'ils ont réalisées.

C'est surtout depuis une dizaine d'années qu'aux indigènes de la colonie est venu s'ajouter un contingent important de Martiniquais et de Guadeloupéens qui semblent ainsi avoir abandonné définitivement leur pays d'origine.

---

(1) C'est ainsi notamment que la partie de la forêt guyanaise, dans la région comprise entre le Lézard, l'Arouany et la Mana, que l'on croyait à peine explorée par les chercheurs d'or, serait surpeuplée ; c'est ainsi que deux contrôleurs des mines du service des domaines de Cayenne, MM. Meunier et Blondel qui, en janvier et février 1907, ont parcouru la crique Arouany, la crique Fourca et un grand nombre de criques non dénommées, ont visité une dizaine de « dégrads » sur lesquels ils placent une population de dix à douze mille âmes ; c'est ainsi que, d'après M. Galmot, on peut estimer que trente mille chercheurs d'or vivent sur le massif aurifère de la moyenne Mana, dont le centre est le placer Elysée, et que sur le Haut et le Moyen Approuague, sur la Comté et le Sinnamary le travail de l'or s'est beaucoup développé en ces dernières années ; c'est ainsi enfin que la relation du capitaine de gendarmerie Lorrenzini en inspection sur les rives de l'Inini en 1905 établit que près de 30.000 chercheurs d'or se trouvent installés sur le Haut Maroni, les agglomérations les plus importantes qu'il signale étant les « dégrads » Sophie, Dagobert, Eustache celui des Maraudeurs, le dégrad Cyrille, et celui de la Grève qui compte 800 cases.

Il eût été souhaitable pour l'intérêt de la Guyane qu'une sélection eût été faite parmi lés Antillais installés à demeure dans la colonie, un certain nombre de repris de justice ou de gens sans aveu s'y étant installés. Quoi qu'il en soit, les Antillais forment en Guyane une force avec laquelle il faut compter, une minorité importante qui a jeté un certain bouleversement dans le pays.

Plus entreprenant et plus instruit que le Guyanais, l'Antillais a certes puissamment contribué au développement chaque jour plus grand que prend la colonie ; mais, raisonneur et ambitieux, il a apporté également dans son pays d'adoption toute sa fougue et sa passion exagérée pour la politique et toute l'ardeur qu'il met dans la lutte électorale.

Dans un pays qui fut si paisible, où les consultations populaires avaient lieu dans le plus grand calme et au milieu de l'indifférence générale, on connaît maintenant des campagnes de presse aussi violentes que contraires à l'intérêt général de la colonie.

Entre Antillais et Guyanais, il y eut tout d'abord une vive antipathie que créait l'incompatibilité d'humeur. Le Guyanais, bon enfant, honnête, paisible, réservé, bon prospecteur, en voulait à l'Antillais qui venait l'interrompre dans sa douce quiétude et l'inciter par son exemple au travail fécond, mais exigeant un certain effort.

L'instruction répandue à flots dans les Antilles françaises était loin d'être aussi développée à la Guyane où l'on vivait sans grands désirs, sans grands besoins, confiant à une élite très restreinte d'hommes instruits le soin de participer aux affaires publiques.

L'Antillais ambitieux et assez fier par nature, voulant avoir sa place dans les assemblées locales et ayant apporté une contribution utile à la diffusion de l'enseignement, mit au service des partis politiques toute sa fougue exagérée et sa ténacité très grande.

Le temps aidant, cette antipathie que créait la divergence de vie et d'opinions disparut peu à peu ; les générations nouvelles qui ont bénéficié des avantages de l'instruction n'ont plus les mêmes raisons de détester les Antillais ; de plus, des alliances assez nombreuses ont cimenté entre les habitants les liens de famille.

A l'heure actuelle, la querelle des Antillais et des Guyanais semble s'apaiser et rester surtout une rivalité d'ordre économique. Le parti, dit parti antillais, comprend surtout les ouvriers des mines qui demandent des libertés de plus en plus grandes ; le parti guyanais a à sa tête les propriétaires des mines qui défendent les prérogatives et les droits que leur donne la loi. Dans l'un et l'autre

camp, suivant leurs sympathies ou leurs intérêts, il y a des Antillais et des Guyanais, et les étiquettes des partis n'ont qu'une valeur relative ; de même, on trouve de part et d'autre des hommes
et des femmes de toutes nuances. Noirs, mulâtres ou blancs se rencontrent dans l'un et l'autre camp, selon leur attaches ou leurs intérêts personnels.

Passant à un autre ordre d'idée, nous devons faire remarquer
que le luxe de la vie chez les Cayennais est très grand dans la
capitale et qu'il reflète bien l'état économique de la colonie. Les toi-
lettes portées par les créoles sont très élégantes et sortent des mains
de la bonne faiseuse, quand elles ne viennent pas de Paris ; leurs
voitures les plus en renom proviennent des carrossiers de luxe ; le
carrosse doré de Vitalo est connu de tout le monde ; les automobiles même se disputent les 25 kilomètres de routes existant autour
de la ville, mais tout récemment portés à 110 kilomètres couvrant
la distance comprise entre Cayenne et Sinnamary.

Le taux de la fortune moyenne est élevé à Cayenne ; on compte
que, sur 20.000 habitants, plus de trois mille familles possèdent un
revenu annuel supérieur à 4.000 francs ; d'autre part, chacun dans
la colonie veut profiter des bénéfices résultant des découvertes
aurifères, soit en étant acheteur d'or, profession facile et lucrative,
soit en fournissant des vivres et des approvisionnements aux placers ; enfin, les ouvriers, étant payés « à la part », dépensent très
largement, dès qu'ils sont de retour à Cayenne, après un séjour
plus ou moins prolongé dans les grands bois.

Quant aux Noirs (1), qu'ils soient Bosch, qu'ils soient Bonis, ils
sont de même race ; si les premiers habitent la rive gauche du
Maroni et sont sujets hollandais, les seconds, stationnant sur la rive
droite du fleuve et disséminés un peu le long des autres cours d'eau,
sont sujets français. Les Noirs, qui sont les anciens nègres mar-
rons, retournés à la vie des grands bois, conduisent les pirogues à
travers les sauts des rivières avec une hardiesse et une habileté merveilleuses et provoquent le frisson parmi les voyageurs et touristes
qui font leur première incursion dans l'intérieur des terres par voie
fluviale.

— Pour ce qui est des Indiens, au sujet desquels nous avons
donné divers détails typiques dans notre premier ouvrage sur la

---

(1) Détail curieux à noter : « faire un citron » pour les nègres travaillant à trois ou quatre dans les grands bois sur un petit chantier, c'est
récolter une quantité suffisante d'or pour l'enfermer dans une toile quelconque, le malaxer et lui donner la forme et la grosseur d'un citron ; ce
qui est considéré comme une belle récolte.

Guyane, et dont la coloration ocreuse de l'épiderme est obtenue artificiellement au moyen de la matière colorante, appelée rocou, mentionnons, à titre de complément de renseignements particuliers . que les *Galibis* ont le crâne petit, mais la mâchoire inférieure très prognathe, et le corps bien musclé ; qu'ils arrivent à une certaine vieillesse, sans que d'ailleurs ils connaissent jamais leur âge, ainsi qu'il en est chez tous les Peaux-Rouges ;

Que les *Roucouyennes* ont les cheveux noirs séparés sur le milieu de la tête et retombant sur les épaules ; qu'ils ont le visage beau, les yeux très doux, le corps recouvert seulement d'un petit pagne rouge, et qu'ils sont d'une grande sobriété, vivant de peu de chose ;

Que les *Oyacoulets*, qui ne veulent pas admettre d'étrangers sur les rives de l'Awa, affluent du Maroni, où ils habitent, et qui inspirent de la frayeur aux créoles et aux noirs indigènes, ont comme particularités inhérentes à leur type de longues oreilles.

Toute cette race d'Indiens est abatardie, en pleine décadence et en décroissance de plus en plus accentuée ; elle est certainement destinée à disparaître complètement dans un avenir plus ou moins proche.

En dehors des races blanche et noire et des Peaux-Rouges, on trouve encore en Guyane quelques centaines d'Annamites importés comme coolies, réunis dans un village sur le canal Laussat, à la porte même de Cayenne, quelques Chinois, coolies ou marchands, des Arabes, et un petit nombre d'Hindous, derniers vestiges d'immigrations étrangères. Toute cette population semble vivre en bonne intelligence en général.

Ces indications, un peu éparses en elles-mêmes à première vue, pour peu qu'on les rapproche de celles que nous avons données dans notre premier ouvrage, forment, nous le pensons du moins, un ensemble de détails ethnographiques assez intéressant à connaître, en raison des rapports que les explorateurs, ingénieurs, placériens et voyageurs peuvent avoir avec ces diverses races, vestiges du passé.

QUATRIÈME PARTIE

GUYANE CLIMATOLOGIQUE

I. — *Climatologie. — Preuves de salubrité.*

Chacun sait que, située dans la zône équatoriale, la Guyane possède un climat tout à fait tropical, chaud et humide, caractérisé par l'abondance des pluies, la faible variation de la température, la longueur à peu près égale des jours et des nuits.

S'il était encore besoin de donner une preuve certaine de la salubrité suffisante de la Guyane française, après toutes les citations que nous avons faites, après toutes les explications que nous avons données à ce sujet dans notre premier ouvrage sur ce pays, nous la trouverions dans ce fait probant résultant des statistiques officielles que cette vieille colonie est *la colonie française où la mortalité est la moins élevée ;* la mortalité de Cayenne et celle de Paris sont identiques, le climat y est généralement sain et doux, mais joignant l'humidité à la chaleur, bien préférable par exemple à celui de nombreuses autres colonies françaises, telles que l'Indo-Chine, le Tonkin, le Dahomey, le Congo, la Côte-d'Ivoire, le Sénégal et même Madagascar. Les statistiques démontrent aussi de façon irréfutable que la mortalité dans la troupe, en Guyane, est inférieure non seulement à celle des autres colonies françaises, mais même à celle des troupes de la Métropole.

Tout ce qui a été dit faussement sur l'insalubrité de la Guyane n'est assurément que l'écho maintes fois répété de l'insuccès des essais de Colonisation qui y ont été tentés à diverses époques, et en première ligne de la catastrophe de Kourou qui remonte à l'année 1763, il y a près d'un siècle et demi !

Quoiqu'on dise, quoiqu'on écrive, quoiqu'on enseigne malheureusement encore en France, dans certaines de nos écoles, la Guyane française est des trcis Guyanes de beaucoup la plus saine, sans conteste, de l'aveu de tous les explorateurs, voyageurs, touristes, ingénieurs, prospecteurs et placériens que nous avons vus et interrogés, et ainsi que le proclament les divers Gouverneurs qui ont marqué leur passage dans la Colonie : « Comment se fait-il. s'écriait en 1882 M. Chessé, l'un d'eux, qui déjà avait pris à tâche de détruire les préjugés existants sur la mauvaise réputation que l'on attribue à la Guyane française d'un climat meurtrier, alors que pour la Guyane hollandaise et la Guyane anglaise qui sont ses voisines, on ne trouve rien à dire de semblable ? Et cependant s'il y avait une différence à faire entre les trois Guyanes, ce serait tout à l'avantage de la Française qui est plus élevée, plus montagneuse et plus boisée ? »

Et dire que sur les bancs de boue de Demerara, foyer séculaire de la peste, s'est édifiée une ville, comptant maintenant 100.000 habitants, appelée aujourd'hui Georgetown, saine et luxueuse, et que 20.000 Européens y vivent dans des conditions parfaites d'hygiène et de confort (1). Cayenne par contre bâtie sur un rocher, dans une situation superbe en avancement sur l'Océan, dont les brises marines viennent constamment renouveler l'air du rivage et de la ville, ne compte que 12.500 habitants, c'est-à-dire une population huit fois moindre !

Il serait bien facile, pour démontrer davantage que le climat de la Guyane est généralement salubre et pour mettre les choses au point, de citer aussi les affirmations de M. le Professeur Léveillé (1),

---

(1) C'est d'une façon très humoristique que M. Jean Galmot, que nous avons déjà eu l'occasion de citer, a, dans une communication qu'il a faite au Directeur du journal « Le Temps » en juin 1907, au retour de son voyage de mission en Guyane, indiqué en ces termes la différence qui existe entre la Guyane anglaise et la Guyane française, singulier contraste apparent de deux pays situés à peu près sous la même longitude et dans la même position géographique, les conditions climatériques et géologiques y étant identiquement les mêmes que dans les possessions hollandaises et anglaises voisines où la colonisation a eu une parfaite réussite :

« L'agence Thos, Cook and Son distribue à Londres ce prospectus : « Voulez-vous avoir un hiver confortable ? Allez aux Antilles. La Royal Mail, par des steamers aménagés pour le tourisme élégant, vous conduira à la Barbade et à Demerara où les hôtels de premier ordre sont dignes des Palaces de la Côte-d'Azur ».

Les Anglais vont villégiaturer l'hiver à Demerara, en Guyane. Et, pour n'en plus douter, j'ai noté les noms d'une trentaine de millionnaires qui s'embarquaient sur le *Thames*, le 2 janvier 1907, à Southampton pour cette destination.

A la même époque, dans nos écoles de commerce et d'industrie, l'enseignement *officiel* révélait à nos jeunes gens que « le climat de la Guyane est meurtrier, l'humidité de l'atmosphère y est extrême, la chaleur étouffante, le thermomètre oscillant autour de 35°, la fièvre y règne à l'état endémique : l'anémie, la phtisie, les maladies du foie s'y développent avec une rapidité effrayante ; la fièvre jaune sévit particulièrement... » etc. Je cite le plus modéré des Manuels, l'Atlas Colonial, à l'usage de l'enseignement colonial, de M. G. Malleterre, professeur de géographie à l'Ecole supérieure de guerre, et M. P. Legendre, librairie Ch. Delagrave. C'est l'ouvrage de vulgarisation coloniale le plus répandu dans nos écoles ! »

Nous avons tenu à vérifier et de nos propres yeux lu la véracité de cette citation ; cela se passe de commentaires ! Est-il surprenant que, dans

chargé de mission à la Guyane française en 1885, lequel, avec le Docteur Hache, qui habitait la colonie depuis déjà huit années, a étudié la question de la climatologie du pays au point de vue médical et hygiénique, ainsi que les assertions de nombreux ingénieurs, prospecteurs, placériens et voyageurs ayant fait des séjours plus ou moins longs dans la colonie, au milieu de la brousse et sur les placers et interrogés à maintes reprises par nous-mêmes toutes les fois que l'occasion s'en présentait (1).

Bornons-nous, pour terminer ce sujet, à mentionner la fin d'un article (2) très documenté et ayant pour titre « l'Or à la Guyane Française », de M. P. d'Horel, qui ayant vécu huit ans en Guyane française ne peut être taxé ni d'exagération ni de partialité et qui écrit en ces termes :

« Le climat de la Guyane est chaud, humide sur le littoral. La température y varie de 20 à 30 degrés (3) ; la normale se tient

---

de telles conditions d'enseignement faux, archi-faux, le renom d'insalubrité de notre Guyane persiste encore et toujours et quand même dans l'esprit d'un certain public ?...

(1) M. Léveillé s'était surtout occupé, dans sa mission, des transportés et relégués qui sont dans des conditions d'état physiologique très inférieures à celles des Européens libres ; rendant compte des maladies qui peuvent occasionner une mortalité importante, il concluait que les cas de dysenterie et de fièvre paludéenne étaient devenus beaucoup plus rares en Guyane, mais que les cas d'anémie étaient au contraire plus nombreux, et il écrivait dans son rapport :

« D'où provient l'anémie qui épuise tant de transportés ? Assurément, la chaleur humide de la Guyane débilite les tempéraments ; mais, avec une nourriture tonique et azotée, les Européens libres qui peuvent se la payer, résistent bien. Les transportés blancs, qui n'obtiennent qu'une nourriture insuffisante en quantité et surtout en qualité s'affaiblissent promptement. On peut lutter contre l'anémie, en renforçant la ration des hommes...

Reste à discuter le résultat des maladies, c'est-à-dire le taux de la mortalité. Si l'on défalque des statistiques officielles de la Guyane les années d'épidémie, où ont sévi des maladies importées du dehors, on ne rencontre plus que des mortalités de 6, 7, de 4, 7, de 5, 9 ; ces chiffres nous conduisent à une moyenne générale de 6 % ; or, en France, il est des maisons centrales d'une mortalité égale et même supérieure. Cette moyenne générale de 6 % s'étend sur une longue période d'années. »

(2) Voir cet article très documenté composant tout le contenu du numéro du 28 février 1906 du journal si intéressant et si instructif au sujet de nos colonies « la Dépêche Coloniale Illustrée ».

(3) Ce sont là des limites extrêmes ; 25°, 26°, 27°, suivant les saisons : telle est la température moyenne ; durant la nuit, elle est inférieure d'ordinaire de 1° à 2° à celle du jour, et généralement plus humide.

L'état hygrométrique de l'air est en moyenne de 90° (au minimum 65° et au maximum 97°). La quantité d'eau tombée annuellement à Cayenne est d'environ 3 m. à 3 m. 50 ; elle est de 4 m. à 4 m. 50 dans les forêts de l'intérieur.

entre 24 et 26 degrés. Les parties hautes de ses terres sont tempérées et parfaitement salubres.

En ce qui concerne tout particulièrement la première zône, l'état sanitaire y est excellent, et je pourrais citer nombre d'Européens qui ont, pendant de longues années, résidé dans l'Approuague, et dont la santé s'est maintenue en très bon état.

Je crois utile d'insister sur ce point ; car, par une fortune malheureuse et *absolument injustifiée*, il n'est pas rare, aujourd'hui encore, d'entendre des gens simplement mal renseignés parler de l'insalubrité de la Guyane française.

Celui qui écrit ces lignes a habité la colonie pendant huit années ; il l'a parcourue à peu près dans tous les sens par terre, par mer, à toute heure du jour, sous le soleil et sous la pluie, et jamais il n'a subi les atteintes de la fièvre.

On conviendra qu'une telle immunité n'a que bien peu de rapports avec l'insalubrité imméritée dont on charge la Guyane, et je conclus nettement : la Guyane n'est pas plus malsaine que ses voisines antillaises, la Guadeloupe et la Martinique. » Au surplus, les statistiques officielles ont fait justice de la réputation d'insalubrité gratuitement et faussement accordée à la colonie.

A vrai dire, le critérium de l'exacte vérité est celui-ci : La Guyane étant un climat tropical d'une température très égale, comme les jours égaux aux nuits sous l'Equateur, l'hygiène s'y impose tout particulièrement ainsi que dans toutes les colonies.

La salubrité de la Guyane a été principalement attaquée, parce que surtout elle est une colonie pénitentiaire ; en dehors des gens de parti pris, la colonie n'est guère calomniée que par certains fonctionnaires — et le nombre des fonctionnaires en est malheureusement trop grand — pour lesquels la résidence de Cayenne ou celle de Saint-Laurent du Maroni semble dépourvue d'agréments ; par contre, tous les Européens qui depuis douze ou quinze ans ont séjourné plus ou moins longtemps et ont vécu dans cette colonie et dans les territoires ayant formé les contestés franco-brésilien et franco-hollandais, après être rentrés en France se reposer quelque temps, y sont retournés en grand nombre ou sont désireux d'y retourner au plus tôt. Cela ne constitue-t-il pas le meilleur et le plus certain des démentis aux contempteurs de la Guyane ?

Ce qu'il est exact de déclarer, c'est que dans les Guyanes comme dans tous les pays tropicaux, la constance de la chaleur et de l'humidité tend à fatiguer l'Européen qui y arrive et exige par suite, de sa part, en tout temps, certaines précautions de tempérance et d'hygiène, mais rien de plus qu'ailleurs.

II. — *Résumé de l'hygiène et des précautions sanitaires à observer.*

Comme dans tous les climats tropicaux, la Guyane nécessite une hygiène spéciale. Il n'est pas de question plus urgente pour le colonial que celle de sa santé et des moyens permettant de la *conserver* et de la *préserver*.

Avec un peu de prudence, affirment des Français qui ont passé à Cayenne plusieurs années ou même une grande partie de leur existence, les Européens peuvent non seulement habiter la Guyane, mais même faire valoir avec leurs bras, non sans succès, et dans une certaine mesure le sol fécond de cette colonie sud-américaine.

De l'avis des meilleurs médecins — et il y en a d'excellents à Cayenne et à Saint-Laurent-du-Maroni — il résulte que, pour avoir le plus de chances possibles d'échapper aux maladies équatoriales, il est utile de suivre les prescriptions suivantes :

1° S'abstenir de tous excès ; car, de quelque genre qu'ils soient, les excès prédisposent toujours le sujet dans les colonies à contracter la fièvre ;

2° Boire du vin aux deux principaux repas, et de temps en temps, un peu de rhum (le mieux est d'importer du vin de France, celui qu'on peut se procurer sur place étant parfois, selon les arrivages, d'assez médiocre qualité) ; quant au rhum, il se fabrique dans le pays même ;

3° Ne pas trop fumer, la nicotine étant très altérante, et portant l'homme à absorber une certaine quantité de boissons nuisibles à la santé ; ne jamais boire d'eau pure, mais couper toujours l'eau d'un peu de rhum, même après filtrage au travers d'un filtre de charbon dont il est utile de se prémunir et qu'il faut avoir soin de tenir constamment propre, en renouvelant fréquemment le charbon ;

4° Ne s'exposer jamais à avoir froid après une de ces pluies souvent torrentielles, mais de courte durée chaque jour (un vêtement imperméable en caoutchouc léger est nécessaire et doit toujours, en campagne ou dans la brousse, être gardé à portée de la main) ;

5° Ne point s'exposer à la rosée ni au serein, et attendre pour sortir le matin que le soleil ait dissipé la brume, et même alors ne sortir jamais à jeun (une tasse de café noir, additionné d'un peu de rhum, suffit à la rigueur) ;

6° Eviter avec soin les refroidissements, très faciles à prendre, sous la double influence d'une transpiration abondante et continuelle et de variations de température aussi fréquentes que brusques ;

7° Eviter autant que possible de s'exposer aux rayons directs ou même réfléchis du soleil, surtout entre midi et trois heures, et dans tous les cas bien se couvrir la tête, la nuque et le cou (un vêtement en flanelle ou en laine blanche assez épaisse pour arrêter complètement les rayons solaires donne d'excellents résultats) ; porter en marchant des lunettes bleues, jaunes ou en verre fumé.

Il convient aussi de faire le matin, en forme de douches, des ablutions générales à l'eau fraîche, additionnée autant que possible d'un antiseptique (phénol, acide phénique, lusoforme, etc.), et de pratiquer de vigoureuses frictions au rhum blanc, le soir, après une journée de fatigue et de surcroît de transpiration, en particulier sur la tête, le cou et le thorax, de ne pas veiller tard, même dans l'intérieur des maisons ; enfin, il est essentiel d'avoir en tout temps les intestins libres, point fort important.

Le quinquina et la quinine sont, on le sait, d'excellents préservatifs de la fièvre sous les climats tropicaux.

Nous n'insisterons pas davantage à cet égard ; les indications que nous avons données dans notre premier ouvrage et qui sont complétées ci-dessus sont suffisantes pour la ligne de conduite à suivre par l'Européen qui pourra au surplus consulter avec fruit divers ouvrages savamment faits d'hygiène et de climatologie coloniales.

Il faut de la tempérance, une bonne nourriture et de l'hygiène : voilà le principal pour le blanc, qui, après un séjour plus ou moins long sur les placers, a besoin de changement d'air et de repos, pour éviter d'être déprimé.

C'est cette opinion que le savant ingénieur Viala, qui a résidé assez longtemps en Guyane pour pouvoir traiter cette question avec expérience, résumait d'ailleurs dans les termes suivants :

« Au point de vue du climat, la mauvaise réputation faite à la Guyane est loin d'être justifiée ; le déboisage autour des établissements et une bonne alimentation combattent fort heureusement les seules maladies auxquelles on soit exposé dans les bois : la fièvre intermittente et l'anémie. Nous avons expérimenté personnellement dans de très longs séjours aux placers que l'Européen peut très bien s'y acclimater avec un régime et une hygiène qu'il est toujours facile de suivre. »

Il y a dans certains endroits quelques tendances fièvreuses à conjurer, cela est certain : mais on n'a jamais constaté en Guyane française ni bronchites, ni fluxions de poitrine, jamais de grosses épidémies comme aux îles anglaises de la Trinidad ou de Sainte-

Lucie, jamais de dysenterie comparable à celle de l'Indo-Chine, et avec certaines précautions nécessaires, mais suffisantes pour les prémunir contre les maladies, les Européens résistent en Guyane souvent mieux que les nègres indigènes de la Colonie.

Est-il permis, comme on a tendance à le faire, de comparer, au point de vue de la santé et de la résistance, l'Européen au forçat transporté ou relégué qui par tares héréditaires ou autres maladies, par l'alcoolisme et les excès de toutes sortes, est souvent la proie de la maladie ; mais qu'est le pénitencier de Saint-Laurent du Maroni comparativement à l'étendue de la Guyane ?

Quoiqu'il en soit, ce qui est désirable, ce qui est réclamé à la colonie avec la plus vive insistance et avec juste raison par tous les placériens, c'est la création qui s'impose de trois ou quatre hôpitaux ou sanatoria (à Saint-Laurent du Maroni, à Mana, à Sinnamary, à Approuague, par exemple), dans lesquels les mineurs qui, après un séjour de six ou sept mois sur les placers, ont besoin pour rétablir leur santé et « se refaire », de remonter au littoral, pourraient séjourner deux ou trois mois, à des conditions de prix raisonnables ; ce qui leur éviterait les folles dépenses auxquelles ils se livrent d'ordinaire à Cayenne dans les plaisirs faciles, mais combien énervants ! ainsi que la perte du fruit de leur travail dans les mines et de leurs économies qu'ils auraient par suite occasion de placer ; c'est une œuvre utilitaire et sociale à laquelle le Gouvernement de la Colonie ne saurait se soustraire plus longtemps, dans l'intérêt même de la main-d'œuvre civile, l'hôpital de Saint-Laurent-du-Maroni n'étant pas ouvert à l'élément civil.

CINQUIÈME PARTIE

GUYANE
ÉCONOMIQUE ET MINIÈRE

« La Guyane, par ses richesses naturelles et sa prodigieuse fertilité, pourrait être la plus belle des Colonies Françaises ». (Extrait de l'un des considérants d'un vœu de la Chambre d'Agriculture de la Guyanne Française émis en 1907, et tendant à la modification des réglements sur l'emploi de la main-d'œuvre pénale par les particuliers pour l'agriculture.)

« La Guyane a le grand tort d'être une vieille colonie ! Vieille colonie, oui, puisqu'elle a quatre siècles d'âge, mais jeune de vie, vierge encore, comme le témoignent ses forêts, ses mines, ses pâturages, mais ne demandant qu'à offrir ses trésors à tous ceux qui viendront à elle». (Dr DEVEZ, ex-professeur d'Agriculture, à Cayenne, 1900).

PREMIÈRE SECTION

Du mouvement agricole, commercial et industriel de la Guyane

I

Situation économique générale.

Malgré son budget prospère, et en dépit de trois siècles de colonisation, la Guyane Française est encore une colonie à peine adolescente sous le rapport industriel, son histoire économique pouvant se résumer en deux mots : *pays d'or ;* aussi paraît-il nécessaire de mettre en œuvre sans retard tous les éléments de développement rapide de la Colonie dans tous les domaines et de favoriser dans toute la mesure compatible avec les besoins budgétaires la marche en avant du pays, en ayant pour premier objectif le retour à un courant régulier d'immigration étrangère à cause de l'insuffisance notoire de la main-d'œuvre civile, ainsi qu'un meilleur emploi de la main-d'œuvre pénale pour tirer enfin parti de toutes les richesses que recèlent sont sol et son sous-sol.

C'est encore et toujours autour de l'industrie aurifère presque exclusivement que gravite jusqu'à présent l'ensemble de l'activité économique de la Colonie ; de l'exploitation plus ou moins intense des riches gisements qu'elle renferme dépend le développement plus ou moins grand de la Guyane ; si elle ne se confine pas uniquement dans les procédés rudimentaires employés jusqu'en ces dernières années, si la tendance de sortir de la routine primitive qui paraît heureusement se manifester s'accentue d'année en année, et si cette exploitation devient méthodique et rationnelle par l'emploi d'appareils mécaniques bien étudiés, le développement progressif de la Guyane deviendra prodigieux ; l'exploitation intensive des placers donnera lieu, par ses résultats féconds et merveilleux comme rendement, à un développement parallèle dans les autres domaines économiques, dans l'agriculture, comme dans l'élevage, dans les exploitations forestières, ainsi que dans toutes les autres industries dont est susceptible le pays. « C'est bien à tort en effet qu'on range la Guyane au nombre de nos vieilles colonies ; comme on l'a dit avec juste raison ; il n'en est pas peut-être qui soit aussi peu avancée dans la vie et dont les solitudes aient été moins explorées ».

II

Situation actuelle de la Guyane
au point de vue agricole, pastoral, forestier et industriel.

La situation de la Guyane Française, au point de vue agricole, pastoral, forestier et industriel, reste toujours stationnaire, sans grand mouvement en avant, malgré le vaste champ ouvert à chacune de ces branches économiques, et malgré les efforts persévérants de la chambre d'agriculture de Cayenne. Elle est certainement inférieure de beaucoup à ce qu'elle pourrait, à ce qu'elle devrait être. Un certain nombre de cultures vivrières, quelques rares cultures agricoles coloniales, des exploitations forestières peu importantes et nullement en rapport avec les ressources immenses qu'offre ce pays, quelques scieries mécaniques, quelques briqueteries et quelques distilleries : voilà, en résumé, le bilan assez maigre que la Guyane présente, en dehors de l'industrie aurifère, qui, on peut le dire hautement, fait tout le succès de la Colonie.

Comment en serait-il autrement dans un pays où, à l'exportation, sur dix millions de produits du sol, l'or entre pour plus de 9 millions 700.000 francs ? Et encore peut-on dire que cette richesse minière, l'or, quoique immense, est encore presque inexploitée !

C'est ainsi que la constatation faite par M. Léveillé, lors de sa mission de 1886, est toujours rigoureusement exacte : « Quoi qu'il en soit de l'avenir, disait-il dans son rapport, je ne saurais trop souligner ce fait significatif : dans notre colonie, l'homme ne remue la terre, il ne fouille plus le sol que pour y chercher de l'or. C'est, à la lettre, l'unique agriculture et l'unique industrie du pays. *La Guyane n'est plus qu'un placer* ». Et cependant que de terrains immenses et fertiles pourraient être utilisés tant pour les grandes plantations coloniales (riz, maïs, cacao, caoutchouc, café, etc.), que pour l'élevage du bétail dans cette merveilleuse Colonie !

Nous ne saurions mieux faire que de compléter par un tableau d'ensemble les renseignements que nous avons donnés dans notre première édition sur les richesses guyanaises en citant *in extenso* le passage si exact de l'important et magnifique discours de M. le Gouverneur Picanon, à la séance d'ouverture du Conseil général de la Guyane, le 5 décembre 1906, résumant avec une netteté et une précision remarquables les ressources fécondes du pays :

« Avec une libéralité prodigieuse la nature a généreusement dispensé à la colonie les richesses végétales. La liste est longue des plantes utiles qui poussent spontanément en quantités inépuisables sur tout son territoire.

D'année en année, cette liste s'allonge ; car on découvre sans cesse des propriétés nouvelles aux végétaux de nos forêts ; et l'on peut dire qu'elle n'est pas sur le point d'être close !

Que de trésors insoupçonnés l'épais manteau d'arbres, de lianes et de plantes herbacées dont notre sol est partout recouvert ne recèle-t-il pas en effet ?

A nous en tenir aux seuls végétaux reconnus et classés, nos bois de construction ne sont-ils pas au nombre des meilleurs ?

Nos bois d'ébénisterie ne peuvent-ils pas être avantageusement comparés à tous ceux que produisent les régions les plus favorisées du globe ?

Ne possédons-nous pas, comme plantes tinctoriales, comme plantes médicinales, comme plantes alimentaires, de telles richesses naturelles que nous trouverions en elles seules, si nous savions convenablement les exploiter, les éléments d'une florissante industrie ?

Toutes les cultures coloniales ne peuvent-elles pas d'autre part être fructueusement pratiquées à la Guyane ? La canne à sucre, le cacaoyer, le caféier, le cotonnier, pour ne parler que des plus importantes, parmi les plantes tropicales industriellement cultivables, ne poussent-ils pas à merveille dans nos terrains et sous notre climat ?

Et le bétail, ne pouvons-nous pas l'élever en grand nombre et à des conditions excellentes dans les vastes savanes aux abondants fourrages qui s'étendent le long d'une partie de nos côtes ?

Si, passant au sol lui-même et allant jusqu'au sous-sol, nous cherchons à inventorier notre trésor minéral, nous nous trouvons en présence d'une aussi merveilleuse accumulation de richesses, et nous ne pouvons plus conserver aucun doute sur le *brillant avenir économique* qui nous est réservé.

« Je ne veux pas seulement parler de l'*or*, si largement exploité à la Guyane depuis trente ans, de l'or dont nous avons tant à attendre, car les gisements alluvionnaires fussent-ils épuisés — et ils ne semblent pas de longtemps devoir l'être — nous aurions encore à tirer parti des filons de quartz partout répandus sous la couche superficielle constituant le terrain des placers, filons dont la désagrégation sur place ou à faible distance a certainement produit, au cours des siècles, nos sables aurifères ; je vise encore les autres minéraux exploitables qui se rencontrent partout, nombreux et abondants dans le sous-sol guyanais, et qui peuvent devenir dans un avenir prochain peut-être, une nouvelle et précieuse ressource pour notre commerce et pour notre industrie. » (1).

III

Mouvement et régime commercial. — Importations et exportations.

C'est la situation économique, et presque exclusivement celle de l'industrie aurifère, qui reflète la situation budgétaire de la Colonie ; car c'est du produit de ses riches *placers* que le budget tire le plus clair de ses revenus.

En consultant les statistiques commerciales officielles de la Guyane, il est facile de se rendre compte que le commerce de la

---

(I) La question de la création d'exploitations agricoles et pastorales, qui doit être le but de la colonisation durable, à côté du développement des exploitations aurifères qui peut et doit dans la Colonie en être un des moyens les plus puissants et les plus sûrs, a préoccupé également M. Rodier, le digne successeur de M. Picanon, dès son arrivée en Guyane. Voici le texte de ses sages paroles elles-mêmes au sujet de ces exploitations, dans son discours à la séance d'ouverture de la session ordinaire du Conseil général de la Guyane Française du 28 octobre 1907 :

« J'ai confiance dans la continuation, pendant de longues années, des exploitations aurifères en Guyane et dans leur développement. Aux procédés rudimentaires du traitement de l'or, on substitue peu à peu des moyens mécaniques perfectionnés dont il est permis d'attendre des résultats de plus en plus rémunérateurs.

Quelle ne serait pas la prospérité de ce pays si, aux ressources tirées de la production du précieux métal, pouvaient s'ajouter les produits d'exploitations pastorales et de certaines exploitations agricoles commerciales et industrielles pour lesquelles le climat et le sol sont particulièrement propices ? »

Il est certain qu'à côté de ses riches gisements aurifères que recèle le sous-sol, la Guyane Française possède de vastes étendues de terrains fertiles, propres aux grandes cultures coloniales, comme le prouvent surabondamment la fécondité de la végétation et l'expérience du passé du pays lui-même.

colonie a augmenté dans une proportion moyenne de 1.076.000 fr.
à l'importation et de 3.481.000 francs à l'exportation, durant une
période de cinq années, de 1900 à 1905 inclus, chiffre qui s'est
encore accru pendant les années 1906, 1907 et 1908, et il paraît susceptible d'une nouvelle marche ascendante certaine au fur et à mesure du développement plus grand du pays.

L'augmentation relativement importante que l'on trouve à l'exportation s'explique par le succès croissant d'année en année dans
l'exploitation aurifère : dans le chiffre des exportations, en effet, l'or
figure pour 97 % ; le développement de l'industrie aurifère a été très
sensible depuis une dizaine d'années. Il ne faut pas oublier qu'en
1902 la découverte de riches gisements du précieux métal dans les
régions jusqu'alors peu explorées de l'Inini donna à l'industrie aurifère une nouvelle activité : des travailleurs et chercheurs d'or vin-
rent de tous les points de la Colonie, des possessions étrangères
voisines, des îles françaises des Antilles, tous attirés par l'appât
d'une fortune à réaliser à bref délai. S'il y eut, comme toujours,
bien des espoirs déçus, il y eut aussi des fortunes rapidement ga-
gnées, et une grande quantité d'or fut extraite dans ce centre minier,
ainsi que le prouve le chiffre des exportations faites au cours des
années 1902 et 1903.

De même, le mouvement ascendant des importations s'explique naturellement par l'augmentation de la population flottante
de la Colonie (1), conséquence des gisements aurifères de l'Inini ;
en effet, cette immigration augmenta la consommation locale ; de
plus, les nombreux placers de la Guyane constituant un débouché
considérable pour les marchandises et leur importance grandis-

---

(1) Au sujet de cette population flottante, nous empruntons à M. Galmot les renseignements suivants dont il convient de lui laisser toute la
responsabilité, le contrôle des chiffres étant presque impossible en
Guyane :

« La population augmente dans des proportions qu'ignore l'Administration.

« La population de la Guyane, y compris la population pénale, s'élève
à 32.908 âmes » dit la statistique officielle.

De l'enquête que je rapporte, après mon séjour dans l'intérieur et les
récentes expéditions de la gendarmerie sur les placers, il semble résulter
que la seule population des chercheurs d'or dépasse le chiffre de 70.000 individus. »

Il serait à souhaiter, dans l'intérêt général de la Colonie, que l'administration coloniale pût arriver par les services du parquet des douanes et
de la gendarmerie à connaître dans la mesure du possible les entrées et
sorties des chercheurs d'or irréguliers et à exiger des pièces d'identité
avec extrait du casier judiciaire, tout au moins pour accorder des primes,
de manière à protéger les travailleurs réguliers et à purger la colonie
de repris de justice et gens sans aveu.

sante suffisent à expliquer en grande partie le chiffre plus élevé du mouvement d'importation.

Dans notre premier ouvrage, nous avons résumé en un tableau synoptique le mouvement commercial de la Guyane, tant à l'importation qu'à l'exportation, à différentes époques, pour en faire apprécier l'augmentation successive, à peu près sans arrêt, et notamment le mouvement commercial annuel depuis 1897.

Nous présentons ici, d'après les chiffres relevés jusqu'à ce jour par les statistiques, le tableau des importations et exportations de la Guyane française depuis 1903 :

ANNÉES	IMPORTATIONS	EXPORTATIONS	COMMERCE TOTAL
1903	10.468.081 fr.	12 330.391 fr.	22.798.472 fr.
1904	11.691.750	10.653.210	22.344.960
1905	11.439.375	9.939.491	21.378.866
19.6	14.548.756	10.498.795	25.047.551
1907	14.013.078	12.321.702	26.344.780

On peut se rendre compte par la comparaison des chiffres du mouvement du commerce général de la Guyane française (importation et exportation réunies de marchandises de toutes sortes), qu'en 1906 on constate une augmentation de 3.668.685 francs sur l'année précédente et de 3.556.403 francs sur la moyenne quinquennale 1901-1905. Il est à remarquer que, si les importations ont été en 1906 supérieures de 3.109.381 francs à celles de l'année précédente et de 3.726.799 francs à la moyenne quinquennale, par contre les exportations, qui ont été en augmentation de 559.000.304 francs sur l'année 1905, ont été en diminution de 170.396 francs sur la moyenne quinquennale.

Pour 1907, l'*Office Colonial* a communiqué les renseignements suivants :

Le mouvement du commerce général s'est élevé à 26.344.780 francs ; c'est une augmentation de 12.972.229 francs sur l'année précédente et de 3.767.833 francs sur la moyenne quinquennale 1902-1906. Les importations ont été inférieures de 535.678 francs à celles de 1906 et supérieures de 2.546.682 francs à la moyenne quinquennale. Les exportations ont été en augmentation de 1.832.997 francs sur 1906 et de 1.221.151 francs sur la moyenne des cinq dernières années.

Les progrès marqués de la Guyane en ces dernières années et particulièrement, après 1902 et 1903, en 1906 et 1907, sont dus, à n'en point douter, au développement des exploitations aurifères, développement qui apparaîtra encore plus considérable, d'une part, quand les dragages des alluvions, entrepris déjà sur divers placers, et en voie d'être prochainement mis en œuvre dans le bassin du Sinnamary et dans celui du bas Maroni, auront réalisé les espérances les plus sérieuses et, les plus légitimes qu'on en attend, et d'autre part lorsque toutes les mesures contre la fraude sur l'or à la frontière de la Guyane hollandaise auront donné leur entier effet ; car c'est évidemment la fraude qui a expliqué en 1906 la diminution des exportations, diminution qui était pour ladite année de 170.000 francs sur la moyenne quinquennale ; en 1907, il y avait eu augmentation due presque totalement à l'or et à l'installation de postes de douane ayant empêché la fraude dans une certaine mesure, mais ne correspondant nullement à la réalité des faits, la taxe de 8 % *ad valorem* appliquée depuis 1880 pour le droit de sortie de l'or étant manifestement trop élevée et faisant perdre au budget local de 6 à 700.000 francs annuellement, en moyenne, par le fait des exportations clandestines ; nous aurons au surplus l'occasion de reprendre cette question si brûlante pour l'avenir économique de la Guyane, à propos de l'examen des nouvelles taxes et redevances minières sous l'un des paragraphes de la deuxième section de cette cinquième partie. C'est ainsi que nous consacrerons dans la même section une place importante aux questions du régime commercial, des droits d'octroi de mer, des droits et taxes de consommation et des droits de douane, à cause des projets de réglementation nouvelle votés par le Conseil général de la Colonie, sur le rapport de l'ancien Gouverneur, M. Picanon, et soumis à l'heure actuelle à l'examen du Conseil d'Etat.

---

(1) Pour donner quelques chiffres, signalons que les denrées et produits du crû exportés ont été les suivants :

	1º Pour la France ou ses Colonies	2º Pour les Pays étrangers
En 1903 ....Fr.	11.482.368	848.023
En 1904	9.767.569	885.641
En 1905	8.649.764	1.289.727
En 1906	8.477.332	2.021.463
En 1907	9.666.047	2.628.474

La part de la France dans le mouvement commercial total de 1906 a été de 18.781.290, dont 10.303.965 à l'importation et 8.477.332 à l'exportation, représentant 75,8 % du commerce total, 70,8 % des marchandises importées et 80,8 % des marchandises exportées. Le commerce avec les autres colonies françaises représente 326.773 fr., dont 305.818 fr. pour l'importation et 20.955 fr. pour l'exportation, soit 4,6 % du commerce total, 9 % de l'importation et 0,2 % de l'exportation.

Ce qu'il faut regretter surtout au point de vue commercial, c'est l'insuffisance absolue de main-d'œuvre dans la colonie, proportionnellement à son vaste territoire, et n'étant pas en rapport avec le mouvement commercial actuel qui pourrait se développer dans des conditions beaucoup plus vastes et plus désirables ; c'est aussi la cherté excessive des transports non seulement dans l'intérieur du pays, en raison du manque de communications, mais même sur le littoral, pour aborder à Cayenne ; ce qui est l'une des causes les plus nuisibles aux transactions et aux échanges commerciaux entre la Guyane française et nos riches colonies, ainsi que la Métropole.

IV

De l'avenir agricole, pastoral, forestier et industriel de la Guyane.

Nous nous proposons d'examiner sous six paragraphes spéciaux ce qui devrait être fait en Guyane sous le rapport agricole, pastoral, forestier et industriel, en envisageant ces différentes questions au point de vue utilitaire et pratique pour guider les colons dans leurs entreprises, espérant rendre ainsi quelque service à la cause coloniale, aider les jeunes gens dans le choix de leur établissement et leur éviter des déceptions et des mécomptes en faisant

---

Les échanges avec les pays étrangers se sont élevés à 5.939.481 fr., dont 3.938.973 à l'importation et 2.000.508 à l'exportation, soit 19,6 % du commerce total, 20,2 % de l'importation et 19 % de l'exportation.

La part de la France dans le mouvement commercial de 1907 a été de 19.710.735 francs, dont 10.044.688 francs à l'importation et 9.666.047 francs à l'exportation, représentant 75,1 % du commerce total, 71,6 % des marchandises importées et 78,5 % des marchandises exportées. Le commerce total entre les colonies françaises représente 314.359 francs dont 306.511 francs pour l'importation et 7.848 francs pour l'exportation, soit 1,3 % du commerce total, 2,4 % de l'importation et 0,2 % de l'exportation.

Les échanges avec les pays étrangers se sont élevés à 6.290.353 francs, dont 3.661.879 francs à l'importation et 2 millions 628.474 francs à l'exportation, soit 23,6 % du commerce total, 26 % de l'importation et 21,3 °/. de l'exportation.

Voici les chiffres détaillés des principales denrées et marchandises du crû de la Colonie exportées en 1903, 1904 et 1905, avec leur valeur en francs tant en France qu'à l'étranger.

NATURE DES PRODUITS PRINCIPAUX	1903	1904	1905
Produits et dépouilles d'animaux Fr.	51.572	75.100	42.015
Produits des pêches	6.568	12.818	9.877
Denrées coloniales de consommation..	32.075	20.978	19.419
Huiles et sucs végétaux...............	158.688	230.482	139.023
Marbres, pierres, terres, combustibles, minéraux	316.700	222.942	267.661
Métaux	11.709.974	9.948.771	9.351.669

des essais prématurés ou en risquant des capitaux, au lieu de les faire utilement fructifier. Puissions-nous avoir atteint le but tout désintéressé que nous poursuivons dans l'intérêt supérieur de la colonisation en Guyane, nos documentations ayant été puisées aux sources les plus sérieuses et les plus expérimentées, fruit d'un labeur de plusieurs années !

§ 1er. — *Guide général du colon : départ de France, traversée, arrivée et séjour à Cayenne, — Renseignements pratiques pour l'organisation d'une exploitation soit agricole, soit pastorale,*

Le colon français qui désire entreprendre des cultures et plantations coloniales ou des exploitations forestières, faire de l'éle-

---

Le tableau synoptique suivant émanant des bureaux des douanes de Cayenne, en date du 20 janvier 1908, indique le détail des produits exportés pendant l'année 1907, avec une distinction établie pour la France, pour les colonies françaises et pour l'étranger :

DÉSIGNATION des PRODUITS EXPORTÉS	ESPÈCE des UNITÉS	Total des exportations de l'année 1907			TOTAUX
		Pour la France	Pour les Colonies françaises	Pour l'Étranger	
Quartz aurifères.....	Kilog.	203	»	»	203
Cacao en feves.......	—	7.315	300	»	7.615
Café en fèves........	—	439 410	2	250	691 410
Vanille..............	—	23 344	»	»	23 344
Fèves de gaïac.......	—	»	»	»	»
Plumes de parure non apprêtées..........	—	27 793	»	»	27 793
Tafia et rhum.......	Litre.	1 891 128	380	437	2.708 128
Vessies natatoires des séchées...........	Kilog.	2.690	»	»	2.690
Bois d'ébénisterie....	—	7 800	»	»	7 800
Bois de roses........	—	38.734	»	»	38.734
Peaux de bœufs......	Peaux.	45	»	3.625	3.670
Peaux autres........	—	11	»	42	53
Ecailles de tortues et carapace..........	Kilog.	31 205	»	»	31 205
Fécules exotiques....	—	575 918	51	»	626 918
Or natif { fondu......	—	0 026	»	0 123	0 149
Or natif { non fondu..	Gram.	3.199.784 464	0.035	857 225 64	4.057 045 28
Gomme de balata et caoutchouc........	Kilog.	20.269	»	»	20.269
Roches phosphatées..	Tonne	2.337 138	»	8.228 930	10 566 068
Essence de bois de rose	Kilog.	4.182	»	»	4.182
Cornes de bétail......	—	»	»	2.895	2.895
Balata en feuilles....	—	»	»	»	»
Crin de bœuf........	—	»	»	»	»

vage, ou se livrer au travail des mines en Guyane Française, doit être jeune, actif, énergique, et avoir des capitaux à sa disposition, plus ou moins nombreux suivant la valeur des entreprises qu'il a l'intention d'aborder.

Il s'embarque à Saint-Nazaire, sur un paquebot de la Compagnie générale transatlantique le 9 ou le 11 de chaque mois suivant la vitesse du paquebot. S'il a le choix du moment du départ, le colon doit de préférence s'embarquer au mois de février, mars, avril ou mai, et se garder d'arriver dans la colonie pour la première fois pendant la saison la plus sèche (août, septembre et octobre), à cause de l'évaporation plus intense des miasmes à cette époque de l'année. La durée de la traversée sur l'Océan Atlantique de Saint-Nazaire à Cayenne est de vingt jours (1) : les paquebots, après avoir touché Pointe-à-Pitre et Basse-Terre, à la Guadeloupe, font escale à la Martinique, à Fort-de-France, où, après une descente à terre de 24 ou 48 heures, les passagers prennent un bateau annexe de la Compagnie qui fait le service vers la Guyane.

A bord le prix des passagers est à peu près ainsi fixé : 1.000 francs en première classe, première catégorie, 900 francs en première, deuxième catégorie, 800 francs en première classe, troisième catégorie, et 400 francs en troisième classe (l'entrepont).

La quantité de bagages allouée aux passagers est au poids de

Notons que la valeur d'exportation du total des produits forestiers et d'élevage, de récolte ou de culture pour 1907, résultant du tableau qui précède, comporte, en négligeant les centimes :

Pour le cacao en fèves	7.615 fr.
Pour le café en fèves	2.419 »
Pour la vanille	233 »
Pour le tafia et le rhum	1.083 »
Pour le bois de rose	2.905 »
Pour les fécules exotiques	376 »
Pour la gomme de balata	80.807 »
Pour l'essence de bois de rose	104.550 »

Que pèsent dans le total des exportations s'élevant pour l'année 1907 à plus de 12.320.000 fr. la plupart de ces produits, en dehors de la valeur de la gomme de balata et de l'essence de bois de rose, à côté de la valeur de l'or exporté qui comporte plus des 999 millièmes de l'ensemble de l'exportation ? Rien n'est plus éloquent que les chiffres comparés.

(1) Depuis peu de temps, la Compagnie Nantaise vient, nous signale-t-on, de créer un service de transport, faisant la traversée de France en Guyane en 13 jours, pour les prix suivants : 600 francs en Ire classe, 500 francs en 2e classe, 400 francs en 3e classe et 300 francs à l'entrepont.

Une Société anonyme française de navigation vient d'être formée récemment, ayant notamment pour objet l'établissement de tous services de transports maritimes et fluviaux des marchandises et des voyageurs aux Guyanes, au Brésil, entre ces pays, les Antilles, l'Europe, l'Afrique, etc., sous le nom de « Compagnie du Nord-Amazone ».

60 kilos et au volume de 0 m. c. 200, au choix de la Compagnie ; le calcul est d'ordinaire fait au volume.

Les émigrants, en s'adressant au service de la Colonisation, pouvaient jusqu'à ces derniers temps, et à certaines conditions, obtenir la gratuité du passage en qualité de *passagers de pont*, les femmes et les enfants voyageant toutefois à l'entrepont ; mais, l'immigration, en ce qu'elle avait d'officiel, étant maintenant supprimée, il n'est plus accordé de passage gratuit à personne dans le but d'aller travailler aux colonies, aucun crédit n'étant plus inscrit au budget de l'Etat pour assurer des voyages gratuits.

Notons qu'à partir de Fort-de-France le voyage est une suite ininterrompue de visions enchanteresses : l'île Sainte-Lucie avec ses jolies villas, l'île de la Trinité avec ses rochers abrupts et ses cocotiers chevelus, donnent déjà l'idée des terres tropicales. Après avoir passé la grande ville si animée de Georgetown, le bateau fait encore escale à Paramaribo se trouvant assez loin de la rivière qu'il faut remonter avant d'accoster ; mais depuis l'embouchure les rives du fleuve sont garnies de jolies maisons de plaisance et de belles plantations qui donnent un aspect riant à cette partie du pays ; le grand nombre de canots et d'embarcations de toutes sortes couvrant le fleuve offrent l'aspect d'une grande activité : des balles de coton, des sacs de sucre, de café et de cacao, qui constituent l'exportation principale de la Guyane hollandaise, sont chargés sur des bateaux pour des destinations lointaines. Une fois les îles du Salut cotoyées, le paquebot arrive en vue des côtes de la Guyane Française. Tout d'abord, des collines assez élevées empêchent d'apercevoir Cayenne ; au sommet de l'une d'elles se dresse le vieux fort Cépérou, désaffecté aujourd'hui. Dès que la barre est franchie, la ville de Cayenne, bâtie sur un rocher, près du morne Cépérou, s'offre complètement à la vue des passagers. Le paquebot accoste à des appontements en bois, en mauvais état, en face des bâtiments de la douane.

Au débarquement, le passager qui aborde Cayenne pour la première fois est surpris d'entendre tous les dialectes qui se confondent pêle-mêle (ce qui n'est point étonnant, la population cosmopolite de la capitale étant composée de créoles, blancs, nègres, indiens, chinois, arabes), de croiser une foule d'hommes à moitié nus porteurs créoles ou nègres ayant toutes les teintes de la peau et faisant un brouhaha extraordinaire et étourdissant, venus en canots et accourus à force de rames au devant du bateau qui amène les passagers ; aussi la descente à terre a-t-elle généralement lieu dans un désordre et un tumulte indescriptibles.

A Cayenne, il est bon que le colon fasse un séjour de plusieurs semaines tant pour prendre contact avec les divers services administratifs, la Banque de Cayenne, les habitants, les commerçants et industriels et vivre de la vie coloniale des villes, que pour se préparer à celles des exploitations coloniales qui le tentent davantage, qu'elles soient agricoles, pastorales, forestières ou minières.

Il s'acclimatera d'autant mieux au pays qu'avant de s'enfoncer dans la brousse il fera successivement des incursions de plus en plus profondes dans l'intérieur du pays. Il aura le loisir de faire ses achats, de se munir du hamac, de la couverture et des armes nécessaires, ainsi que des instruments et vêtements dont il a besoin ; il se couvrira la tête du casque colonial, achètera des chaussures montantes et légères, bottes à tige haute avec de fortes semelles bien débordantes, il fera choix de produits pharmaceutiques dont il aura grand besoin dans l'intérieur des terres (consulter à cet égard notre premier ouvrage), il achètera une boussole, des lunettes, une moustiquaire, des objets de campement, des vivres, etc., et il aura soin de s'abriter contre les ardeurs du soleil, de même qu'il devra bien se couvrir pendant les nuits qui sont souvent fraîches et humides, surtout dans les bois.

L'Européen doit éviter de se livrer personnellement à de longs et durs travaux corporels et il doit prendre une nourriture toujours saine et fortifiante dont il fera usage de façon modérée, et surtout éviter les alcools et les excès de toutes sortes. Telle doit être sa principale ligne de conduite, en observant aussi les précautions hygiéniques dont nous avons parlé dans la partie climatologique de nos ouvrages.

S'il s'installe dans les savanes, où toutes les cultures sont possibles, le colon doit à son arrivée s'occuper de la construction de sa maison ; il choisira à cet effet un emplacement convenable, autant que possible au centre de la partie de la savane qu'il voudra mettre en exploitation, dans un endroit assez élevé et abrité. La forêt lui fournira les matériaux nécessaires pour la construction ; la tôle ondulée lui servira de toit, à moins qu'il n'emploie les bardeaux et feuilles de palmiers ou d'autres arbres.

Il fera bien de planter autour de son habitation un certain nombre de pieds d'Eucalyptus, ces arbres de l'Australie qui poussent facilement en Guyane et doivent rendre au colon de réels services ; la présence de l'Eucalyptus, dont les odeurs balsamiques sont des plus agréables, aura pour effet d'éloigner les moustiques, de préserver de la fièvre, de fournir une ombre qui n'est pas épaisse.

le soleil tamise doucement à travers les feuilles ; le dôme de feuillage n'étant pas trop serré et se trouvant à une grande hauteur, l'air circule facilement. Cet arbre vient rapidement et peut atteindre à deux ans la hauteur de huit à dix mètres, et son bois a une réelle valeur : que le colon en fasse son profit !

Il lui sera utile d'entourer ses bâtiments d'exploitation (où il logera les bestiaux de travail, les hangars et granges qui devront recevoir les récoltes futures) d'un jardin assez vaste où il lui sera loisible de cultiver les légumes et les plantes d'Europe et de faire des plantations d'arbres fruitiers. Les haricots, pois et aubergines réussissent parfaitement ; toutes les variétés de salades sont acclimatées ; on peut avoir des haricots verts au bout de quinze jours. Les choux, navets, raves, radis, oignons, les céleris, le persil, en un mot toutes les cultures maraîchères, sauf la pomme de terre, sont parfaitement cultivables et peuvent devenir la ressource de revenus importants. Les melons sont facilement supérieurs à ceux d'Europe ; les artichauts sont excellents dans les terres hautes. Les potirons, citrouilles, concombres, courges, atteignent des proportions énormes ; les piments sont de natures les plus variées.

Les fruits aussi sont nombreux ; mais pour être bons ils demandent à être cultivés (ananas, mangues, goyaves, sapotille, citrons, abricots, avocats, oranges, pommes de Cythère, cerises, poires, grenades, figues, etc.) ; de tous ces fruits on tire des liqueurs, des alcools, des vins.

Ces travaux de première installation achevés, le futur propriétaire fera de la volaille chez lui et partagera son domaine en plusieurs sections, dont chacune aura sa destination spéciale.

Avant de cultiver, le colon fera procéder au défrichement et au déboisement nécessaires.

Quand les terres auront été aménagées, ameublies par l'incinération et le labourage, le colon pourra à son gré se livrer aux diverses cultures possibles en Guyane : cultures alimentaires, oléagineuses, médicinales, aromatiques, tinctoriales, textiles, cultures diverses et spéciales. Le sol est riche, il n'a jamais été épuisé, et il se prête non seulement aux produits indigènes, mais aussi aux produits d'acclimatation.

Non loin de son habitation, au bout du jardin, il agira sagement en consacrant un hectare ou deux de terrain à la plantation d'une cacaoyère (en moyenne 500 pieds à l'hectare), environ un hectare à la plantation de canne à sucre qu'il pourra transformer en tafia ; une autre section sera destinée au tabac, une autre au café, d'autres au manioc, au maïs, au riz, au millet.

Il pourra faire planter en premier lieu la patate et l'igname, qui remplacent la pomme de terre et sont très rapidement productifs, ainsi qu'un grand nombre d'autres tubercules, puis le manioc, la plante alimentaire par excellence des peuples de l'Amérique équatoriale. S'il est près de la mer, il plantera en grand nombre des cocotiers dont le rendement est très important.

En Europe, les habitants ont souvent soin de clôturer les propriétés avec des haies d'aubépine, de lilas, de chèvrefeuilles, de sureau ou d'acacias ; en Guyane, le colon fera planter aux abords de son habitation des girofliers, des muscadiers, qui ne demandent pas de soins, des vanilliers, des arbres à épices, tous produits qui se vendront plus tard facilement sur les marchés de la colonie, des bananiers et des ananas, plantes dont les fruits savoureux peuvent être employés de diverses façons (on en fait des confitures, une boisson très agréable, une eau-de-vie excellente), produits qui sont susceptibles de devenir des objets d'exportation.

Un peu plus loin, au-delà des terres mises en culture, où s'étend la savane herbeuse, paîtront les troupeaux du colon : bœufs, chevaux, mulets, moutons, brebis, chèvres. Tous ces animaux s'élèvent en Guyane avec plus de facilité qu'en Europe, parce que le climat étant plus uniforme leur convient mieux : c'est ainsi qu'autrefois des hommes intelligents ont fait là des essais qui leur ont parfaitement réussi et leur ont donné une fortune rapide.

A Cayenne et dans les bourgs, le colon trouvera facilement et à bon prix l'écoulement de ses produits : le débouché est certain, puisque les Guyanais ne cultivent presque rien pour la consommation locale.

S'il s'occupe sérieusement de l'élevage du bétail, le colon y trouvera une grande source de richesses ; quant à l'écoulement, il n'aura que l'embarras du choix dans la colonie pour l'approvisionnement des villes, des placers et de l'Administration Pénitentiaire, qui ont recours aux bœufs du Vénézuéla, aux bestiaux de Puerto-Rico et de la région comprise entre les rives de l'Orénoque et de l'Amazone, puis, si la production est grande, dans les Antilles françaises et ailleurs. Il ne faudra pas laisser paître le bétail au gré de ses désirs, mais le cantonner et le parquer dans certains cas pour le faire revenir plus tard à son point de départ, quand les herbages seront reconstitués ; il devra faire rentrer le bétail la nuit sous des hangars secs, bien entretenus, et dans une situation assez élevée.

Il convient toujours d'éviter de gaspiller le pâturage ; d'autre part, si le bétail est abandonné à lui-même, il court le risque de revenir à l'état sauvage et de se perdre dans les bois, en ravageant les plantations.

La savane s'améliore, quand les bestiaux ont séjourné longtemps dans un même endroit ; alors que les mauvaises herbes disparaissent, parce qu'elles sont foulées aux pieds par les animaux qui ne les broutent pas, les bonnes herbes au contraire se multiplient, et au bout de quelques années, au lieu d'une savane à végétation mélangée, on a une prairie garnie de graminées et de légumineuses.

D'ailleurs, l'exploitation sauvage est, cela est utile à dire, semée de périls ; les soins ne peuvent pas toujours être donnés quand ils sont nécessaires ; de là, une mortalité plus grande dans le troupeau ; les animaux carnassiers, les mouches même, les tigres surtout, qui sont à l'exploitation pastorale ce que la fourni-manioc est à l'exploitation agricole, c'est-à-dire leur fléau, deviennent plus hardis ; ne sentant pas l'odeur de la poudre des carabines des gardiens, ils harcèlent le troupeau et lui font subir en dévorant des bestiaux des pertes sérieuses ; ce qui n'existerait pas avec de la surveillance et des précautions nécessaires.

Il faut aussi songer à faire provision de fourrages pour la saison sèche ; comme, durant les mois d'été, les pâturages se dessèchent et s'épuisent, le troupeau souffre de la faim et finalement il tombe dans la prairie où il sert de pâture aux oiseaux de proie. Le colon intelligent s'arrangera de façon à avoir à sa portée de quoi nourrir son troupeau dans la mauvaise comme dans la bonne saison ; il sèmera de l'herbe de Para très fournie et très nourrissante ou de l'herbe de Guinée ; il fauchera ces herbes et les emmagasinera, ce qui pour les mauvais jours lui constituera une réserve.

Il pourra également donner au bétail les jeunes pousses du bambou, du maïs, récolté avant la formation du grain, les fruits du goyavier, de l'arbre à pain, du manguier, l'igname, les patates, le riz, les tourteaux et résidus obtenus par la préparation des graines oléagineuses ; bref, les éléments de nourriture ne manquent pas, loin de là !

Même pendant l'été, les savanes basses donneront toujours un peu de nourriture ; quelques fossés dans les savanes humides constitueront dans la saison sèche un aménagement excellent, en facilitant l'écoulement régulier des eaux, et en transformant le terrain qui, n'étant plus une sorte de marais, produira des herbes excellentes devenant une grande ressource, quand les savanes hautes seront brûlées par l'ardent soleil des tropiques. On pourrait même utiliser les eaux superflues de certains terrains trop secs.

Les bœufs se multiplieront rapidement si toutes les précautions sont bien prises ; le colon fera bien d'introduire dans son domaine un ou plusieurs taureaux de nos bonnes races françaises. Les chevaux et les mulets ne devront pas être négligés, étant très utiles dans un pays où, les centres de population étant éloignés les uns des autres, il est de toute nécessité d'avoir des bêtes de trait et de course, permettant d'aller rapidement d'un point à un autre. Les ânes vivent partout, étant des animaux rustiques qui prospèrent dans les pays les plus pauvres et les plus déshérités ; leur multiplication n'est pas difficile à obtenir ; il y a peu de précautions à prendre à leur sujet ; ils seront surtout utiles pour créer des mulets, animaux au pied sûr, au jarret d'acier, et d'un entretien facile et précieux à tous les points de vue.

Si les moutons ne sont utiles que pour l'alimentation (1), car dans les pays voisins des tropiques ils n'ont pas de laine dont on pourra tirer profit, les porcs pourront être nourris et engraissés très facilement, avec le maïs.

Poules, canards, dindes, agamis, oies, hoccos : tous ces animaux de basse-cour s'élèvent à merveille et fournissent les œufs (2).

Les animaux doivent être surtout considérés au point de vue de l'alimentation du colon qui vendra la plus grande partie de son troupeau tout en distrayant la portion nécessaire pour l'entretien de sa maison, la nourriture azotée étant nécessaire à l'Européen.

Si le colon veut se livrer aux exploitations forestières, il devra choisir ses concessions dans les régions les plus rapprochées des

---

(1) Un essai d'acclimatation de chèvres laitières de race maltaise vient d'être entrepris tout récemment à Cayenne en vue de la production d'un lait pur et nutritif pour l'alimentation des enfants.

(2) Le colon qui s'adonnerait en grand à l'élevage des animaux de basse-cour, en important dans la colonie des sujets de races pures achetées en France et en mettant en usage les procédés de couvaison artificielle dont dispose l'industrie, ferait une entreprise très rémunératrice. Il améliorerait aussi la race des produits et ferait œuvre utile pour le pays. Le Conseil général de la Guyane qui ne demande pas mieux que d'encourager toutes les initiatives privées accorderait sans aucun doute des concessions de terrains très facilement et à un taux réduit en perspective de ce genre d'entreprise.

Il ne faut pas perdre de vue que, dans la Colonie, une bonne volaille vaut de 6 à 8 fr. la pièce, que le lait, très rare et très cher, se vend environ 1 fr. 50 le litre, que les légumes coûtent au demi-kilo, savoir : les pommes de terre et le conac ou farine de manioc 0 fr. 50, le riz, les oignons, la farine de froment 0 fr. 40, que le pain vaut 0 fr. 40 le beurre, de 2 fr. à 2 fr. 50, que la viande salée et le lard salé sont payés à raison de 0 fr. 50 le demi kilogramme. On juge par cette nomenclature de la cherté relative actuelle de la plupart des vivres de consommation courante, presque tous venant du dehors.

Par contre, certains tubercules, divers fruits exotiques, le gibier et le poisson, qui sont en abondance, ne sont pas d'un coût élevé.

centres d'approvisionnement, des bourgs et villages ; tant qu'il ne pourra pas se servir largement des cours d'eau, de routes à créer, mais d'un coût de construction et d'un entretien élevés, de chemins de fer, en un mot de voies de communications pour la facilité des transports, il ne pourra pas entreprendre facilement de grosses exploitations, qui au surplus exigent de gros capitaux.

Le simple transport des bois *lourds* à la côte guyanaise est déjà une entreprise ardue et coûteuse ; à plus forte raison, le transport de ces bois en Europe, par grande quantité, nécessite de vastes navires aménagés *ad hoc* et par suite fort coûteux. Quand ces conditions seront remplies, les bois de Guyane seront très recherchés et constitueront une entreprise des plus rémunératrices.

Jusque-là, ce sera pour le colon une sorte de supplice de Tantale, puisque les richesses forestières de la Guyane sont immenses, colossales même : bois de construction, bois d'ébénisterie, bois précieux de couleur, bois odorants, bois communs ; les produits sont nombreux, réguliers et certains : gommes, résines, bananes, huiles, plantes médicinales, textiles, tinctoriales, alimentaires, aromatiques et autres productions que fournissent continuellement les arbres sans amendements, sans entretien ; ce n'est pas à dire qu'u faille abandonner ces arbres à eux-mêmes ; il est certain que quelques soins ne nuisent jamais, bien loin de là. Partout, en quelque lieu que ce soit, si l'on met en parallèle un arbre négligé et un autre bien émondé, taillé, entretenu et débarrassé des herbes parasites qui peuvent lui nuire, les bons soins ne seront pas perdus, la production sera augmentée, la qualité du fruit sera meilleure.

— Tout le monde sait que la culture des arbres est moins absorbante que celle du tabac, du café, du thé, de la canne à sucre, etc. ; par suite, le colon, tout en s'occupant de son exploitation agricole ou pastorale, pourra, sans augmenter beaucoup ses frais, profiter des ressources offertes par la forêt guyanaise.

En résumé, la culture des produits alimentaires, des grandes plantations agricoles, l'élevage du bétail, l'exploitation des arbres et des produits de la forêt offriront au colon l'un des moyens les plus sûrs d'arriver au bien-être et souvent même à la fortune. C'est là en réalité le but véritable de la Colonisation, le travail des mines, qui peut assurer des bénéfices beaucoup plus rapides, mais entraîner des chûtes quelquefois irréparables, et qui nécessite toujours de gros capitaux, étant sujet à des aléas de toute nature que chacun ne veut pas souvent encourir ; il y a, dans tous les cas, en Guyane française, un vaste champ ouvert à l'activité des Européens et principalement, formons-en l'espoir, à celle de jeunes gens français de la

Guyane même ou de la Métropole, actifs et sérieux, pour qui un travail assidu et une grande persévérance triompheront des difficultés à vaincre. Il est donc vrai de dire que la grande et la petite culture peuvent marcher de front avec l'industrie aurifère, mais cela avec de la main-d'œuvre et des capitaux, les deux leviers nécessaires pour l'extension économique de la Guyane française.

§ 2. — *Etude générale sur divers produits de la forêt guyanaise et particulière sur l'exploitation du balata et du caoutchouc*

La forêt guyanaise qui recouvre la majeure partie de la surface totale du pays (ce qui se comprend, puisque son sous-sol est formé de terrains anciens), est riche par ses bois de construction et par ses bois précieux de couleur ainsi que par les produits : huiles, résines et gommes, dont nous nous occuperons plus loin.

Quelles variétés, quelle luxuriance, quelles richesses dans les arbres gigantesques et centenaires des grands bois envahis par les lianes ou les herbes grimpantes s'entremêlant et s'entrecroisant de toutes parts !

Quelles magnifiques et précieuses essences d'arbres dans ces vastes forêts coloniales qui couvrent plus des deux tiers de la surface du pays, sans rivale dans le monde entier ! Et dire que toutes ces richesses forestières sont inexploitées, faute de bras et faute de moyens de transport !

Quelle réserve pour l'avenir — un avenir qui serait proche, si des voies de communication rapides étaient créées dans l'intérieur du pays — dans ces essences d'arbres rares et précieuses réservées par la patiente économie des siècles à l'ébénisterie, à la marqueterie, à la carrosserie de luxe, aux meubles *modern-style*, à la construction navale, au charronnage, à la charpente et à tous les usages civils !

Quelles ressources également dans les produits alimentaires, oléagineux, médicinaux, aromatiques, tinctoriaux, textiles et résineux, que renferme en abondance la forêt guyanaise ! Les produits des grands bois, qui sont spontanés, réguliers et certains, sont ainsi aussi riches que variés ; la richesse et la fécondité du sol sont telles que la production a lieu une ou plusieurs fois par an, de sorte qu'on peut utiliser la forêt, sans la détruire, point essentiellement important.

L'étude des richesses forestières de la Guyane française ayant été magistralement faite par le docteur Sagot, nous ne voulons pas faire œuvre de compilation et nous nous bornons à renvoyer à ses ouvrages pour la documentation sur cette matière. M. Bassières qui a emprunté au docteur Sagot la plupart des indications qu'il donne sur les principaux bois d'œuvre de Guyane, en fait une courte description dans sa brochure «. *Notice sur la Guyane* » parue en 1900, avec la classification suivante :

1° Bois durs et incorruptibles :

Wacapou, cœur-dehors, gaïac, mora excelsa, balata franc, ébène verte, ébène soufrée, bois violet, wapa gras, angélique, courbaril, rose mâle, bagasse, schawari, parcouri et laugoussi ;

2° Bois durs, mais de conservation médiocre à la Guyane :

Bois de fer, canari macaque, bois macaque, coupi et bois rouges tisanes ;

3° Bois de consistance moyenne, de troisième dureté, propres au sciage ;

Grignon, couaïe ou grignon fou, cèdre, rose femelle, taoub, acajou, carapa ;

4° Bois d'ébénisterie ou de couleurs :

Bois de lettres, satiné ou bois de féroles, boco, bois Bagot, bois violet, moutouchi, panacoco, acajou, courbaril, ébène vert, patawa.

— Nous nous proposons de borner notre étude aux huiles, résines et gommes et de nous étendre avec quelques développements sur l'aouara, le balata et le caoutchouc.

Parmi les arbres à huile, citons les palmiers à huile, très nombreux, dont une quarantaine de variétés sont exploitables ; ceux qui sont les plus proches du littoral et qui par suite sont les plus faciles à exploiter sont les palmiers épineux connus sous le nom de *aouaras*, que l'on trouve depuis Cayenne jusqu'au Sinnamary.

L'arbre est également commun dans les forêts de la colonie ; sans beaucoup de frais, les produits de l'aouara peuvent faire l'objet d'une grande et fructueuse exploitation (1). Les porcs se nourrissent beaucoup d'aouaras. Déjà, à l'état sauvage, on en trouve environ 80 à 100 pieds à l'hectare ; mais, par la plantation, il est facile d'en obtenir plus de six cents à l'hectare, à raison de quatre mètres d'intervalle entre les pieds ; or, chaque pied rapporte annuellement quatre régimes dont chacun est susceptible de rendre un litre d'huile. Une plantation régulière pourrait ainsi donner 2.500 litres par hectare.

L'huile de pulpe provenant de l'aouara, obtenue en faisant bouillir et ensuite en pressant la pâte, est grasse, épaisse et d'un jaune doré ; mais, décolorée par les procédés du raffinage, elle de-

---

(1) A la Côte d'Ivoire, le noyau d'aouaras est en grand produit d'exportation ; il pourrait évidemment en être de même en Guyane Française.

vient claire et limpide, de couleur légèrement dorée, comme l'huile d'olive ; le beurre, qui constitue la partie solide, est de couleur brune ou un peu jaunâtre ; on s'en sert beaucoup dans la médecine créole et dans la cuisine locale.

Au nombre des produits forestiers à résines et à gommes de la Guyane française, figurent principalement le caoutchouc et le balata qui, avec les ficus et lianes de diverses variétés, constituent les plantes à caoutchouc dont l'exploitation rationnelle et méthodique doit certainement former l'un des éléments de richesses qui seront les plus appréciés de la Colonie ; aussi, nous a-t-il paru intéressant de revenir sur l'étude de ces produits résineux au sujet de laquelle nous avons déjà donné dans nos « Notes, Essais et Etudes sur la Guyane française... » quelques courtes explications qu'il nous paraît utile de compléter.

Ce serait une erreur de croire que le latex à caoutchouc n'est produit que par une seule espèce de plantes : le caoutchoutier ou caoutchouquier ; en effet, un très grand nombre d'arbres et même de lianes en sont productrices, puisque ces végétaux appartiennent, nous apprennent les savants botanistes, à quatre grandes familles qui sont : les euphorbiacées, les apocynées, les artocarnées et les aslépiadées (1).

---

(1) Nous savons que MM. Levat et Léon Guignet ont fait à Lyon, en mai 1908, avec un plein succès, des essais publics de traitement mécanique des écorces et rhizômes caoutchoutifères au moyen d'appareils portatifs de leur invention. Des lianes et rhizômes caoutchoutifères coupés depuis 18 mois et mis préalablement dans l'eau, en macération prolongée, pour en faciliter le décortiquage, ont été portés à la machine, après pesage des écorces ; il a été constaté que ces écorces ont été transformées en caoutchouc à raison de 10 kilogrammes d'écorces par trois minutes et demie ; ce qui correspond à une puissance de travail de 174 kilogrammes par heure, chiffre qui peut être considéré comme un minimum, étant donné le temps perdu dans des essais fractionnés comme ceux qui ont été exécutés. Voici une description sommaire de ce procédé qui réalise un grand progrès : le broyage préalable s'opère dans un appareil à plateaux coupants qui envoie la bouillie aux *toupies*, sortes d'agglomérateurs à axe horizontal, à l'extrémité desquels le caoutchouc, complètement épuré et séparé du bois de l'écorce, sort à l'état de gros filaments élastiques, de 10 à 15 m/m de diamètre, qui passent sur un tamis de lavage, et de là dans une seconde toupie d'affinage pour donner un produit complètement fini, mis sous une forme très facile à sécher.

Cet appareil très léger tient à la fois de l'agglomérateur et du déchiqueteur : il opère, en effet, avec la même efficacité soit pour épurer des caoutchoucs indigènes très chargés de matières étrangères, soit sur des racines brutes. La machine est complétée par une chaudière à vapeur, de modèle spécial, donnant sous un faible poids (environ 1.000 kgr.), un poids de vapeur de 350 kgr. à l'heure, à la pression de 20 atmosphères ; ce qui permet de suffire à la consommation d'une machine à vapeur de 20 HP largement suffisante pour la production. Pour que toutes les conditions de la brousse soient réunis, la chaudière est chauffée au bois, et toutes les pièces sont transportables à dos d'homme.

Parmi les variétés de ces quatre grandes familles qui sont les plus connues pour leur production laticifère, il y a lieu de citer, en dehors du coumier ou poirier blanc, qui fait partie de la famille des apocynées et donne un fruit de la grosseur d'une noix, à peau fine et rougeâtre et un latex âcre, très abondant, dont le Docteur Heim étudie l'utilisation industrielle avec une compétence toute spéciale, le balata (*mimusops balata*), l'arbre à lait, et les *hevea*, de la famille des Euphorbiacées, qui sont cultivés dans l'Amérique du Sud et dont une espèce, l'*hevea Brasiliensis*, produit le fameux caoutchouc de Para, contenant 32 % de caoutchouc pur. Cet *hevea Brasiliensis* peut facilement être transplanté en Guyane où il réussit à merveille ; mais la colonie renferme aussi son hevea propre, dit *hevea Guyanensis*, dont le latex est également très apprécié, moins connu, mais de qualité équivalente à l'hevea brasiliensis de Para, dont il est voisin.

On constate que les forêts contenant en assez grande quantité le balata sont nombreuses dans la Colonie ; on remarque également que, si l'hevea, plus rare que le balata, se rencontre surtout dans certaines régions des communes de la Section du Vent, entre Cayenne et Oyapoc, c'est principalement dans les régions des communes de la section Sous-le-Vent, entre Cayenne et Saint-Laurent-du-Maroni, que croît de préférence le balata, à l'état sauvage. Aussi, est-ce sur divers points du territoire des communes de Montsinéry, Kourou, Sinnamary, Iracoubo, et principalement dans les bassins de la Basse-Mana et du Maroni que la plupart des demandes de concessions de terrains pour l'exploitation des balatas sont faites à l'administration des domaines.

Tandis que l'hevea est un arbre souvent assez noueux, aux feuilles plutôt arrondies, le balata est un grand arbre à tige généralement droite et lisse, aux feuilles lancéolées, atteignant souvent une hauteur de 20 à 30 mètres, sans être embarrassé d'une seule branche ; il constitue ainsi l'une des plus belles et des plus grandes essences de la forêt guyanaise. A sa base, le tronc de l'arbre atteint parfois un diamètre de 1 m. 25 à 1 m. 50.

Trois variétés de balata sont connues dans la colonie guyanaise : balata rouge, blanc et indien.

Le *balata rouge* ou *balata saignant*, balata franc (de la famille des sopotacées), qui est la variété la plus connue et la plus estimée, s'équarrissant avec facilité, inattaquable par les insectes, résistant fort longtemps à l'humidité, et ayant une durée incalculable s'il est employé à couvert pour la construction navale ; la couleur rougeâtre du bois devient grisâtre avec le temps ;

Le *balata blanc*, qui possède à peu près les mêmes qualités, utilisable de préférence pour la construction navale ;

Et le *balata indien*, qui est beaucoup plus gros que les deux autres variétés, mais dont la tige est souvent noueuse, tout en étant propre également à la construction navale.

Le balata, c'est l'arbre producteur lui-même ; la balata, c'est le fruit de l'arbre, fruit ayant la grosseur d'une prune avec un goût de pêche très accentué ; il est un peu sec, friable, mais savoureux et très agréable ; il a un gros noyau à l'intérieur ; comme le végétal atteint de grandes proportions et que les fruits ne poussent que sur les hautes branches, il est souvent difficile de les cueillir.

Il résulte de ces indications que les produits de balata sont multiples :

1° Les fruits sont comestibles ;

2° Le bois de balata est recherché tant par l'ébénisterie, à cause de sa belle couleur rougeâtre, que par la charpente, utilisable aussi pour les traverses de chemins de fer ; de toutes les essences connues, il présente le plus d'élasticité et de résistance à la rupture ; sous ce rapport, il est trois fois supérieur au chêne.

3° Enfin et surtout, la sève, le latex, donne une gomme très estimée, intermédiaire entre le caoutchouc et la gutta percha, plus plastique que le premier, plus élastique que la seconde, et dont elle possède toutes les qualités spéciales, pouvant ainsi remplacer la gutta dans la plupart de ses applications.

La gomme gutte que produit le balata, obtenue par la coagulation de la sève de cet arbre, sorte de lait blanc rosé épais, d'aspect rougeâtre, ressemblant assez à du cuir souple, est une matière première qui n'a pris place sur le marché européen que depuis une douzaine d'années ; elle est très appréciée dans le commerce et beaucoup recherchée par l'industrie, de préférence même à la gutta-percha, dont la rareté et la cherté sont de jour en jour plus grandes ; on la dénomme d'ailleurs déjà la gutta d'Amérique.

Elle devient chaque jour de plus en plus indispensable dans toutes les applications de l'électricité et notamment dans l'industrie si importante des câbles transatlantiques ; elle trouve son utilisation de plus en plus marquée dans l'industrie de l'automobile pour la fabrication de courroies de transmission des plus recherchées (1), la fabrication de tissus imperméables, de chaussures et de

---

(1) Notons à cet égard que, d'après le savant ouvrage de M. le professeur H. Jumelle sur les Plantes à Caoutchouc, c'est la balata en feuilles

vêtements en caoutchouc qui tendent à se vulgariser de plus en plus, grâce à leurs avantages pratiques, à la fabrication d'appareils scientifiques, d'instruments de chirurgie, de galvanoplastie, sans compter les essais de dallage en caoutchouc comprimé dans les cours et même dans les rues, d'emploi de matelas caoutchoutés dans les planchers pour assourdir les bruits, etc., et comme la pénurie de gutta-percha est encore inférieure à la consommation, la surproduction n'est pas à craindre de longtemps.

L'exploitation du balata en elle-même est sans contredit l'une des plus simples et des plus séduisantes qui puissent exister ; elle est généralement entreprise dans la Colonie par des Noirs hollandais. Comme c'est l'une des richesses forestières naturelles que le seul travail des siècles accumulés a produites en Guyane, grâce à la généreuse fertilité de son sol équatorial, aucune plantation importante n'ayant encore été faite jusqu'à ce jour, il suffit de faire rechercher dans les forêts guyanaises les endroits où les balatas se trouvent assez agglomérés parmi les diverses essences d'arbres, vivant autant que possible en colonie, et se trouvant quelquefois disséminés par bouquets de 30 à 50 arbres, et, quand ces recherches sont fructueuses, de demander la concession de l'exploitation du balata.

Le balata existant dans la plupart des forêts de la Guyane, en plus ou moins grande quantité, mais surtout dans les régions com-

---

obtenue par leur distillation qui sert surtout pour la fabrication des courroies de transmission, les prix de la balata en feuilles des Guyanes étant en général de 25 à 30 % plus élevés que ceux de la balata en blocs, provenant du Vénézuéla, et que la balata en blocs est plutôt employée en mélange avec le caoutchouc ou la gutta-percha.

D'après ce même auteur, c'est vers la température de 50° que le latex, dont la densité est très variable, suivant l'heure de la récolte, l'âge et l'état de l'arbre à balata, l'endroit où il a poussé, la date depuis laquelle il a été recueilli, mais qui est en moyenne de 1,05, se ramollit suffisamment pour conserver toutes les empreintes et toutes les formes qu'on désire lui donner. Cependant ce ramollissement, sous l'influence de la chaleur, n'étant pas aussi grand ni aussi rapide que celui de la gutta-percha, ce serait une des raisons pour lesquelles, en dehors de son pouvoir isolant assez faible, son emploi pour la fabrication des câbles télégraphiques serait difficile sans l'adjonction de gutta-percha.

« La gomme de balata, si elle est complètement insoluble dans l'eau, se dissout entièrement à chaud dans l'essence de térébenthine, la benzine, le chloroforme, l'éther et le sulfure de carbone. Vis-à-vis des acides et des bases, elle se comporte à peu près comme la gutta. Elle est inattaquable par les alcalis caustiques et l'acide chlorhydrique concentré ; l'acide azotique fumant la transforme en acide formique et acide cyanhydrique. Comme la gutta-percha d'ailleurs, cette balata du commerce, telle qu'on l'obtient par coagulation du latex et telle qu'on l'emploie, n'est pas un composé unique, mais la réunion de plusieurs corps : une gutta et des résines. »

prises entre la rivière de Cayenne et le fleuve Maroni, se rencontre souvent en abondance, et parfois à raison de 30, 40, 50 et même 60 arbres à l'hectare.

C'est l'Administration Pénitentiaire qui la première a donné à l'exploitation du balata une grande extension à la suite de découvertes importantes faites en 1898 sur les criques du Bas-Maroni, par M. Hayes, agent général des cultures ; elle a ouvert la voie à l'industrie privée pour l'extension de cette exploitation rémunératrice.

Il semble intéressant d'indiquer ici la marche suivie par l'Administration Pénitentiaire et la méthode qu'elle a employée ; ce qui peut servir d'exemple pour les entreprises privées.

A la suite de prospections heureuses faites sur son initiative, dès le cours de l'année 1898 et poursuivies en 1899 pendant la saison favorable, le camp de Coswine a été installé dans le bas Maroni, sur la crique du même nom, au milieu de l'année 1900.

La première exploitation n'a pu se faire que vers le commencement de 1901, à cause du temps qu'ont nécessité et l'installation des chantiers et l'établissement des chemins et sentiers ; elle a porté au début dans l'ouest du camp de Coswine, c'est-à-dire dans les parties marécageuses qui s'étendent vers le fleuve Maroni dans la direction des Hattes. Les difficultés par suite ont été assez sérieuses, et la première récolte s'en est ressentie, en ce sens qu'elle n'a pas dépassé quatre tonnes ; il est vrai de dire que l'inexpérience des condamnés employés au travail et se livrant pour la première fois à une exploitation à laquelle ils n'avaient pas été préparés a été la cause du peu d'abondance de la première production.

Pendant la période de prospection de l'année 1901, les forêts situées au nord du camp de Coswine ont été explorées à leur tour. L'exploitation en a été entreprise en 1902 avec un effectif moyen de vingt-et-un condamnés et a produit 6.116 kilogrammes de gomme.

Les prospections ont ensuite porté sur les régions situées à l'est et au sud du camp : seize hommes ont été affectés à l'exploitation de ces régions qui ont donné en 1903 une production de 5.300 kilogrammes de balata.

Voici des indications émanant de l'Administration Pénitentiaire et démontrant que, toutes proportions gardées, la production de la gomme en 1903 a été beaucoup plus abondante avec un chiffre inférieur de travailleurs et avec une quantité de latex bien moindre : l'effectif moyen qui en 1902 avait été de vingt et un hommes, avec un nombre de 4.516 journées de travail, une production de trois litres vingt centilitres par jour et par homme, un rendement de 0 kil. 4218 de latex par litre, et avait ainsi fourni dans l'année 14.498 kil. de latex, et donné 6.118 kilogr. de gomme, n'avait été en 1903 que de seize hommes, avec un nombre de 3.149 journées seulement de travail, une production de deux litres soixante-dix-neuf centilitres par jour, un rendement de 0 'kil. 6031 de latex par litre, ayant ainsi fourni 8.787 kil. de latex pour une livraison de 5.300 kilogrammes de gomme.

Ce résultat de rendement plus important est dû à l'initiative intelligente du surveillant chargé de l'exploitation qui a su s'astreindre à l'analyse du latex recueilli par chaque homme et s'est trouvé par suite en mesure de surprendre en faute ceux des travailleurs qui, pour arriver à produire plus promptement la tâche journalière, n'avaient pas hésité à additionner d'eau le latex recueilli par eux (1).

Le camp de Coswine a été évacué au commencement de l'année 1904, en vue de l'exploitation de la région avoisinant les Hattes constituée par les dunes vallonneuses qui séparent les savanes du Bord de la mer et où les prospections effectuées ont permis de constater la présence d'importants groupes de balatas. Ces régions délaissées momentanément sont à la veille d'être exploitées de nouveau, car il faut toujours compter un laps de temps de quatre ans environ d'interruption pour permettre aux balatas saignés de reconstituer leur richesse en latex.

Mentionnons à présent les conditions dans lesquelles l'Administration Pénitentiaire se livre à l'exploitation du balata.

Des campements provisoires sont établis, autant que possible, au centre de l'exploitation envisagée et sur le bord d'une crique, devant faciliter les communications avec le camp central. Si cette dernière condition ne peut pas être remplie, des chemins sont créés aussi bien pour la circulation dans la zône à exploiter que pour rendre commodes et pratiques les allées et venues indispensables entre le camp central et les campements provisoires.

Dans ces campements sont installés les condamnés chargés de

---

(1) Le procédé très simple employé consiste à mélanger dans un récipient quelconque, un verre par exemple, trois ou quatre gouttes d'une solution assez concentrée de savon ordinaire à quelques centimètres cubes de latex ; en agitant le mélange, on voit la coagulation s'effectuer immédiatement, et après l'enlèvement de la masse coagulée il ne reste plus au fond du récipient que le liquide qui a pu être ajouté au latex.

Ce procédé, dont l'action est due à la potasse, doit permettre à tout exploiteur de balata s'occupant lui-même de la préparation du produit de s'assurer si les latex qui lui sont fournis sont ou non additionnés, la masse aqueuse ne devant pas dépasser 50 % ; encore est-ce là un maximum que n'atteignent que bien rarement les latex purs.

recueillir le latex. Chaque travailleur est muni d'une outre en toile qui est rendue imperméable au premier contact du lait, et d'une musette dans laquelle il tient les outils : marteau, sabre d'abattis, hachette, raclette et gouge indispensables pour les saignées à pratiquer.

Les arbres sont d'abord nettoyés sur la surface à inciser, c'est-à-dire qu'ils sont, au moyen de la raclette, dégagés des mousses et des parasites qui pourraient compromettre la pureté du latex.

Les incisions sont alors faites dans les conditions et suivant les procédés usités dans la colonie comme dans les pays voisins.

Ce sont des entailles faites obliquement en forme de V en nombre indéterminé, suivant la grosseur et le développement de l'arbre, opposées les unes aux autres et reliées par une incision médiane plus large perpendiculaire à l'axe du tronc ; les entailles sont distantes entre elles de trente centimètres environ l'une de l'autre et dans leur ensemble atteignent au plus la moitié de la circonférence du tronc de l'arbre, de laquelle sortira le latex. Au bas de cette incision on incruste une lamelle mince de bois ou de métal formant gouttière et permettant au latex de s'écouler directement dans un récipient que le travailleur a placé au préalable au pied de l'arbre.

Comme les incisions doivent être faites à une certaine hauteur, les hommes sont munis d'une échelle qu'ils confectionnent sur place, de grosses branches droites leur servant de montants et des lianes souples tirées de la forêt constituant les échelons ainsi reliés par elles aux montants.

Il est bien entendu que les saignées ne doivent pas être trop profondes, de manière à ne pas atteindre l'aubier de l'arbre ; si cette précaution n'était pas observée, elles risqueraient de rendre impossible la cicatrisation des plaies ainsi faites, ce qui amènerait une dégénérescence des arbres et pourrait compromettre définitivement la végétation et partant la réexploitation ; ce qui avait eu lieu en Guyane avant la réglementation du 18 janvier 1895 modifiée par celle du 31 décembre 1896, rendue exécutoire dans la colonie, pour l'exploitation du balata.

Quand le récipient placé au pied de l'arbre est plein, le latex est recueilli dans des outres, l'opération se répétant ainsi dans les conditions ci-dessus indiquées jusqu'au remplissage complet des outres.

Chaque soir, les travailleurs rapportent au campement le latex récolté et le vident dans une barrique que le chef de camp fait prendre chaque jour par une pirogue et ramener au camp central. Là, le latex est déposé dans de grands récipients dans lesquels il doit rester jusqu'à complète disparition de toute fermentation, soit soixante à soixante-quinze jours. Pendant toute la durée de cette fermentation, il faut remuer fréquemment le latex pour en faire évacuer les bulles d'air qui, lors de la coagulation, formeraient des vides dans la masse de gomme.

La fermentation terminée, le latex propre à la coagulation est transvasé dans des auges en bois profondes de huit à dix centimètres environ et d'un développement de soixante-dix à soixante-quinze centimètres de côté.

Ces auges sont placées au dehors, à l'air, sur des bâtis disposés à cet effet ; elles sont munies chacune d'un couvercle en tôle de fer ou de zinc en forme de toit ; ce qui permet ainsi de garantir le latex de la pluie ou des rayons d'un soleil trop ardent.

Les surfaces exposées se coagulent assez promptement après vingt-quatre ou quarante-huit heures au maximum. Les parties solidifiées sont alors découpées en suivant les bords de l'auge ; elles sont ensuite posées avec précaution sur des plateaux qui reposent également sur les bâtis, le côté encore liquide du latex se trouvant à son tour exposé à l'air en vue de subir les mêmes influences.

La coagulation successive sur les deux faces de la masse du latex, enlevée des auges, constitue des plaques de gomme de belle apparence, d'une épaisseur moyenne de huit à douze millimètres livrées au commerce.

Cette opération de la coagulation du latex se répète jusqu'à épuisement complet des auges.

Comme il reste toujours des parcelles de gomme adhérentes aux bords des auges ou aux parois des récipients qui ont contenu le latex en fermentation, celles-ci sont enlevées et ramollies au bain-marie et façonnées en plaques, en pains ou en boules qui pourraient paraître de qualité inférieure, à cause de la différence de couleur du produit ; mais il n'en est rien, et en réalité la façon dont il est présenté ne peut pas influer sur la valeur même de la gomme.

Tel est le mode rationnel employé avec succès par l'Administration Pénitentiaire et pouvant servir d'exemple pour l'exploitation du balata dans des concessions particulières (1).

---

(1) Quoi qu'il en soit, nombre d'économistes, de publicistes et de coloniaux critiquent vivement l'œuvre inféconde de l'Administration Pénitentiaire dans sa façon générale de procéder ; son rôle serait d'être, cela est vrai, un puissant adjuvant de colonisation : elle devrait employer les condamnés autres que les irréductibles moins à de vaines besognes de domes-

L'exploitation des arbres à balata et à caoutchouc par incision de l'écorce, absolument la même pour le balata et l'hevea, doit se faire pendant la saison des pluies, de Janvier à fin Juillet, la quantité de latex étant plus grande durant la période des pluies, car le lait devient très épais, à la saison sèche, et ne coule plus, dès que survient la sécheresse.

La main-d'œuvre est aisément recrutée à Paramaribo où les ouvriers balatiers appelés aussi *seringueros* abondent ; on la trouve également parmi les libérés ; mais ce sont en général des noirs hollandais qui font l'exploitation du balata.

L'usage du pays auquel on a tout intérêt à se conformer, du moins pour les débuts d'une exploitation, consiste à engager les ouvriers pour la durée de la campagne, c'est-à-dire pour les huit mois environ de la saison des pluies ; à la signature du contrat passé devant les autorités locales, l'ouvrier reçoit une avance d'une cinquantaine ou d'une centaine de francs à valoir sur les premières gommes qu'il livrera ; on forme deux ou trois équipes, de vingt à

---

ticité pour les fonctionnaires et beaucoup plus aux travaux d'intérêt général pour la Guyane. Or, dans la Colonie, l'effectif des condamnés qui a varié entre 1.000 à 3.000 individus a limité ses travaux à bien peu de choses : constructions de cases et de bâtiments, entretien des pénitenciers et construction de moins de 80 kilomètres de routes ou chemins faits en l'espace de huit ou dix ans. Qu'on ajoute à cela quelques plantations de café, de balata, de cannes, quelques travaux de cultures et essais d'élevage et d'entreprise de bois, sortes de travaux qui ne devaient certainement pas entrer dans le programme qu'avait conçu l'esprit du législateur de 1854, et aussi l'installation pour les besoins de l'administration elle-même d'un petit chemin de fer Decauville à voie étroite de 0 m. 60 de largeur pour relier Saint-Jean et Saint-Laurent de Maroni, de 16 kilomètres de largeur, sans valeur économique, et dont la construction a duré cinq années, soit environ trois kilomètres par an ; ce qui a fait dire à M. Bourat, en 1905, dans un rapport documenté sur les chemins de fer coloniaux qu'avec sa main-d'œuvre considérable l'Administration Pénitentiaire, d'ailleurs très fière de son œuvre, détenait le véritable record de lenteur dans la construction des voies ferrées. Pour utiliser comme il convient la main-d'œuvre pénale qui de toute évidence est bien inférieure à la main-d'œuvre libre, mais peut et doit rendre de réels et sérieux services à la Colonie qui manque de bras, il y aurait lieu de diminuer le nombre de fonctionnaires inutiles, de confier la direction à un personnel moins administratif et plus technicien, ayant la compétence nécessaire pour les travaux publics à entreprendre, de mettre à la tête de cette Administration qui est trop jalouse de ses prérogatives de son indépendance et de son autonomie, un directeur faisant œuvre d'ingénieur, à la fois technicien et énergique, et susceptible de rester longtemps en fonctions. Pour obtenir des résultats certains et féconds, il conviendrait aussi de rompre avec les errements anciens et de confier la direction des camps et des pénitenciers à des agents techniques choisis avec soin et ayant des connaissances spéciales et sachant faire rendre à la main-d'œuvre forcée le maximum d'effet utile, et enfin de réduire à son extrême minimum la proportion qui serait, d'après des statistiques officielles, de 66 % des condamnés qui peuplent les bureaux et les cantines ou qui composent la domesticité des fonctionnaires.

trente ouvriers chacune (inciseurs, charpentiers, ouvriers chargés de la manipulation de la gomme et de travaux accessoires), qui sont dirigées sur les concessions à exploiter sous la surveillance d'un contre-maître intéressé dans la production et mis à la tête de chaque équipe, avec tout le matériel nécessaire (maison démontable, outils, cuves, forge, médicaments, canot et pirogues), et les vivres et approvisionnements indispensables pour un mois environ. C'est généralement vers le milieu de décembre que l'embauchement des ouvriers se fait, avec des avances de vivres et d'argent, et c'est vers le 10 janvier, après les fêtes du nouvel an, que l'expédition se met en route. Un chef de l'expédition a la direction générale de l'exploitation qui, n'exigeant ni travaux préparatoires ni culture, est des plus certaines, ne comportant pas d'aléa et devant être très rémunératrice, puisque la gomme est payée aux ouvriers à raison de deux francs le kilogramme ; après défalcation des frais de transport et de nourriture la plupart du temps (car dans certains cas on vend les vivres aux ouvriers), toute la différence entre le prix de revient et les cours de vente pratiqués sur les marchés européens constitue le bénéfice.

On estime qu'un arbre hevea ou balata peut être saigné tous les quatre ans sur les deux tiers de sa circonférence et qu'il donne en moyenne quatre litres de lait, représentant deux kilogrammes de gomme coagulée.

D'après des indications sérieuses, un bon ouvrier qui se met au travail de très bonne heure, le plus souvent avant même le lever du soleil, peut inciser, suivant la distance des arbres entre eux, six à huit arbres dans sa journée qui se termine vers trois heures de l'après-midi, la chaleur étant alors trop forte et empêchant le latex qui devient plus épais de couler facilement ; ce qui lui permet de rentrer au campement, son bidon d'une capacité de vingt-deux litres rempli avec sa charge sur la tête, satisfait et content, ces vingt-deux litres de lait desséché donnant un peu plus de onze kilogrammes de gomme de balata. D'ordinaire, à la fin de l'après-midi, l'ouvrier se met en quête de la recherche des arbres qu'il incisera le lendemain, en se rendant compte de la richesse de leurs troncs en latex par une légère incision oblique faite avec son outil, appelé *machete* (sorte de sabre dont la lame à extrémité carrée a soixante centimètres de longueur et six à huit centimètres de largeur) ; car, si le latex en jaillit franchement en un mince filet, l'arbre est bon à être exploité ; si au contraire l'écoulement se fait goutte à goutte, l'arbre est réservé pour n'être saigné que plus tard.

Avant de demander une concession de terrains pour l'exploi-

tation des balatas dans la forêt guyanaise, il est nécessaire, pour
éviter tous mécomptes, de faire faire, de septembre à novembre,
quelques mois avant le départ de l'expédition dans la brousse des
équipes d'ouvriers devant faire l'exploitation, une sérieuse prospection par un groupe de cinq à dix hommes, sous la direction d'un
chef (ce que l'on appelle *expédition d'exploration*), dans les régions
contenant à l'hectare un certain nombre de balatas et arbres à
caoutchouc vivant pour ainsi dire en colonie, en groupement de
dix à vingt en moyenne, et c'est d'après les indications que rapporte cette colonne de reconnaissance préalable des lieux de peuplement que les concessions sont généralement demandées.

La saignée de l'hevea se fait comme celle du balata, dans les
mêmes conditions et de la même manière ; tout ce que nous venons
de dire du balata s'applique donc à l'hevea.

On sait que le caoutchouc naturel est impropre aux usages
auxquels il est aujourd'hui destiné le plus communément. Tout
d'abord, il possède la propriété de s'accoler à lui-même ; de plus,
dès que la température excède 30° C, le caoutchouc naturel se
ramollit et devient collant ; par contre, au dessous de 10° C, il perd
peu à peu toute élasticité, et dès qu'il est à 0°, il est complètement
rigide.

C'est au moyen de la *Vulcanisation* qu'on obvie à ces inconvénients ; le caoutchouc vulcanisé ou soufré est moins fusible et
moins sensible aux variations thermométriques en même temps
plus élastique que le caoutchouc naturel, et perd sa porosité. C'est
dans l'union du soufre à la gomme que consiste la vulcanisation
s'obtenant par divers procédés ; parmi eux, l'un des plus récents
pour la vulcanisation à froid est l'emploi d'un produit vendu dans
le commerce sous le nom de « sulfumate de camphre », qui présente des avantages incontestables sur les solutions de chlorure de
soufre dans le sulfure de carbone.

En dehors de l'hevea et du balata, à l'état sauvage, ces arbres
à gomme produits naturellement par la forêt et dont l'exploitation
est avantageuse, il y a bien des terrains qui défrichés seraient favorables à la plantation de pieds d'*hevea brasiliensis* ou *guyanensis*
et de *balata ;* c'est l'exploitation rationnelle et méthodique de ces
cultures forestières qu'il conviendrait d'encourager à cause de leur
rapport fructueux et certain ; mais il faut engager des capitaux
assez importants dans ces cultures tant à cause des soins qu'elles
exigent que du laps de temps assez long (une dizaine d'années),
nécessaire à un rendement très rémunérateur qui, il est vrai, ré-
compenserait largement les colons de leurs efforts et de leurs tra-

vaux en créant des pépinières. Un hectare de plantation régulière pouvant porter cent arbres en hevea ou balata, il y a là une magnifique champ d'exploitation (1) ouvert à l'activité des jeunes gens, disposant d'un avoir suffisant, les frais généraux pouvant au surplus être répartis sur diverses autres cultures d'un rendement plus immédiat susceptibles d'être entreprises en même temps que celle des arbres à résines et à gommes : notamment on peut fort bien associer à la culture de l'hevea celle du céara ou celle du cacaoyer, les deux cultures semblant avoir été créées l'une pour l'autre et se prêtant une mutuelle protection.

Quoi qu'il en soit, il est probable que, tant que la forêt offrira en abondance à l'exploitation les caoutchoutiers, les balatas et autres ficus, on ne s'occupera pas assez de faire des pépinières qui seraient une réserve précieuse pour l'avenir, tant est vaste le champ d'utilisation du caoutchouc et du balata dans le commerce et l'industrie. En Europe, tous les industriels qui s'occupent de l'emploi du caoutchouc sont unanimes pour déplorer la disette de ce produit sur le marché ; si la production était plus considérable, nul doute que son emploi en serait plus étendu bien qu'il soit déjà important soit pour les vêtements imperméables, soit pour les chaussures, soit pour l'industrie des jouets, soit pour les tuyaux, pour les joints de vapeur, les rondelles et tampons dans les chemins de fer, les courroies pour la mécanique, les fermetures hermétiques, les objets de toilette, etc., etc. Si l'on force la proportion du soufre, le caoutchouc devient noir, dur, élastique comme la corne et la baleine ; il se laisse alors travailler au tour, comme les meilleurs bois : c'est le *caoutchouc durci* ou *ébonite*, dont on fait des peignes, des pommes de cannes, des buscs de corset, des boutons, des bijoux même, etc.

---

(1) On sait que la consommation du caoutchouc a pris depuis une dizaine d'années un développement considérable. Quelques chiffres suffiront à en fixer l'importance : en 1897, la production mondiale n'atteignait que 45.000 tonnes, et la consommation se trouvait amplement pourvue ; en 1900, elle était passée à 60.000 tonnes ; en 1906 et en 1907, elle s'est élevée à plus de 75.000 tonnes. Les besoins permanents du caoutchouc absorbent facilement cette production, et c'est une des raisons pour lesquelles le prix du latex a suivi depuis dix ans une marche presque constamment ascendante, due à la multiplication de ses emplois industriels.

On étudie, en Europe, en Asie et en Amérique, l'utilisation des grandes chûtes d'eau dont l'énergie, transformée en électricité, serait transmise dans les régions voisines par des milliers de kilomètres de câbles recouverts de gutta. Il existe aussi nombre d'industries où l'on emploie des matières isolantes ou plastiques, et qui n'attendent, pour adopter l'usage permanent du caoutchouc, que des cours un peu plus stables et la certitude d'un approvisionnement régulier. C'est dire assez combien la consommation peut se développer.

L'exploitation de la gomme de balata qui avait été primitivement exonérée de toute redevance, tant que cette industrie n'avait pas fait ses preuves et donné de sérieux bénéfices, avait été frappée par arrêté du Gouverneur de la Guyane, en date du 27 septembre 1903, d'une redevance annuelle fixée ainsi à l'hectare : cinq centimes la première année, dix centimes la deuxième, quinze centimes la troisième, vingt centimes la quatrième, vingt-cinq centimes la cinquième année et celles suivantes, le tout payable d'avance ; mais cet arrêté a été rapporté et la redevance supprimée par un autre arrêté du 13 mai 1904 ; il n'existe sur le balata actuellement que le droit de sortie de 10 % *ad valorem*, établi d'après les prix de la mercuriale semestrielle officielle et calculé sur le poids brut du produit exporté.

§ 3. — *Indications générales sur les principaux centres d'exploitations agricoles, pastorales et forestières.*

Ceux qui ne connaissent la Guyane française que comme colonie pénitentiaire — et le nombre en est encore trop grand, même en France — qui, partant, ignorent que c'est un pays producteur de l'or, mais aussi un pays où la végétation est luxuriante, féconde et très fertile, pourront seuls taxer d'exagération inconsidérée l'affirmation aussi juste que réelle suivante, à savoir :

Que le sol de ce pays à température constante, chaude et humide tout à la fois, est éminemment propice à toutes les cultures et plantations tropicales ;

Que, par ses immenses savanes, les unes sèches, les autres noyées, la colonie est en maints endroits une terre privilégiée pour l'élevage du bétail, gros et menu ;

Qu'elle peut rivaliser, par l'exploitation de son épaisse et merveilleuse forêt-vierge, qui couvre dans l'intérieur des terres les 7/10 de sa surface, et par sa sécurité absolue contre les tempêtes, le cyclone n'existant pas dans ce pays, avec n'importe quelle région tropicale, si privilégiée qu'elle soit, tant est grande sa richesse inépuisable en bois d'industrie et en bois précieux, sans même parler de ses productions secondaires ;

En un mot, que la Guyane pourrait redevenir ce qu'elle fut avant l'abolition de la main-d'œuvre servile : une féconde colonie de plantation.

Cette affirmation, si extraordinaire qu'elle puisse paraître, est absolument prouvée. Interrogez à cet égard les voyageurs, explorateurs, placériens, ingénieurs qui ont fait un séjour un peu prolongé en Guyane française ; leur réponse sera unanimement la même : c'est un pays colossalement riche !

Pourquoi toutes ces richesses agricoles, pastorales et forestières ne sont-elles pour ainsi dire pas exploitées depuis longtemps ? Les causes en sont multiples : manque de bras et de main-d'œuvre, manque de voies de communication, insuffisance de moyens de transports, absence de capitaux, insouciance et incurie, et, il faut le dire aussi, cette légende, malheureusement encore peu déracinée de l'esprit du public, de l'insalubrité du climat ! Avec des efforts persévérants, des routes et des chemins de fer, des capitaux et une volonté persistante, il sera facile de mettre en valeur les immenses et incalculables richesses de la Guyane française.

Dans notre premier ouvrage, nous avons fait connaître les principales cultures vivrières et les plantations de première nécessité de la colonie : manioc, ignames, patates, maïs, riz, arrow-root, bananiers (1), cocotiers, en dehors de divers légumes qui réussissent bien (pois, haricots, fèves, salades), dont le rapport est presque immédiat pour le colon, de même que nous avons fait connaître celles de plantations riches à la culture desquelles il pourrait se livrer, avec chance de succès, suivant les capitaux dont il dispose, telles que le caoutchoutier, le cacaoyer, le caféier, le vanillier et autres plantations rémunératrices ; de plus, dans des notes annexes, nous avons donné des indications générales sur le mode d'obtention de concessions de terres du domaine pour leur exploitation, sur divers systèmes de culture, en mentionnant les dangers

---

(1) Dans le journal *la Presse Médicale*, du 29 août 1908, M. Henri Labbé, chef de laboratoire à la Clinique médicale Laënnec, a publié un article très scientifique sur la Banane et sur sa valeur alimentaire, vantant les précieuses qualités de cet excellent fruit exotique et ses ressources, en tant qu'aliment substantiel et actif pour le régime nutritif des personnes bien portantes ou malades. Il considère que, vu sa valeur alimentaire et sa grande digestibilité, la banane doit avoir sa place marquée à la fois dans les menus et indicateurs d'alimentation rationnelle et économique et dans les répertoires d'aliments à introduire avantageusement dans le régime des malades, de l'avis des professeurs Landouzy et M. Labbé. Multiples, en effet, sont les formes sous lesquelles la banane peut être consommée. Qu'elle soit à l'état de fruit frais et cru, ou qu'elle soit à l'état de farine, ou bien encore qu'elle soit cuite, sous forme de compote ou de marmelade, avec un sirop de sucre en quantité suffisante, en passant au tamis fin les parties filandreuses du fruit, la banane présente, à ces différents états gastronomiques, des qualités différentes, mais également dignes d'être mises à contribution dans les formules diététiques usuelles.

Après avoir montré que la banane, à ses divers degrés de maturité, sous les formes variées qui en permettent l'ingestion, mérite d'être un élément régulier de régimes ordonnances pour gens bien portants ou malades. M. Labbé ajoute, pour conclure, que, parmi les différents légumes et fruits, la banane est l'un de ceux qui offrent au plus bas prix l'énergie calorifique qu'ils contiennent.

de la *monoculture* en Guyane, et nous avons fourni sous trois paragraphes les détails les plus importants à connaître sur les différentes cultures du pays, en traitant successivement :

1° Des principales plantations, dites de première nécessité : manioc, arrow-root, igname, patate, maïs, choucaraïbe, arbre à pain, épices (cannelle, girofle, poivre, muscade, gingembre), etc. ;

2° Des grandes cultures forestières : balata, gutta et caoutchouc ;

3° Des grandes cultures agricoles et industrielles : tabac, riz, manioc, maïs, cacao, cannes à sucre, café, vanille, etc. ;

4° Et des plantes textiles, principalement le coton, et autres, telles que l'aloès, la ramie, le pite ou agave, l'ananas, le caraba, le cocotier, le voaquois, le moucou-moucou, qui pousse à l'état sauvage le long des rivières, l'abaque ou bananier à cordes, le fromager, etc.

Nous avons de plus indiqué les capitaux approximatifs nécessaires pour l'entreprise de la plupart de ces exploitations, ayant d'autre part fait connaître les ressources diverses de l'alimentation, dont le choix est très varié, surtout comme gibiers, poissons et fruits. Nous ne reviendrons donc pas sur la plupart de toutes ces questions déjà traitées et ayant au surplus fait l'objet de savants ouvrages, sinon pour donner quelques indications utiles sur les principaux centres de la colonie où sont et peuvent être aménagées la plupart de ces exploitations, dont quelques-unes existent, mais peu importantes en comparaison de ce qu'elles devraient être, à l'aide de capitaux et de groupements par sociétés.

Sur le territoire de la commune de l'Oyapoc, les principales denrées qui sont cultivées sont le café, le rocou, le manioc et d'autres cultures vivrières ; le caoutchoutier s'y rencontre également.

Sur le territoire de la commune d'Approuague qui, antérieurement à 1848, était la plus importante de la Colonie par le nombre de ses exploitations de cannes à sucre, le sol convient à toutes les plantations tropicales, spécialement à celles de la canne et du cotonnier ; les nombreuses îles boisées qui se trouvent à l'embouchure du fleuve de ce nom sont propices à la culture très facile du coton et des autres textiles. Les rives de l'Approuague sont sur le littoral couvertes sur une grande étendue de palétuviers dont l'écorce est employée pour le tannage des cuirs et d'une énorme quantité de palmiers baches susceptibles de donner plusieurs centaines de tonnes de produits oléagineux. Le caoutchoutier pousse également dans cette région.

Entre le bourg de Kaw et celui de Roura, où s'étendent des

savanes tremblantes, il existe de vastes espaces formés par l'assemblage d'herbes aquatiques sur fonds de vase molle, dont les pâturages sont très favorables à l'élevage des bestiaux.

Sur le territoire de la commune de Roura, se trouvent d'importants chantiers de bois. Le long des rivières, le vanillier pousse à l'état sauvage. La culture de la girofle, du café, du cacao, du rocou, du manioc, des ignames, des bananes, des noix de coco, etc., pour l'approvisionnement de Cayenne, y est effectuée. On y trouve aussi des caoutchoutiers.

Près du bourg de Montsinéry, existent de grandes prairies dans lesquelles on trouve en abondance le kaolin qui, débarrassé du mica contenu dans cette terre au moyen d'un tamisage soigné, pourrait alimenter une usine.

Aux environs de Cayenne, qui sont marécageux, se rencontrent le cocotier, les palmiers, le caoutchoutier, en dehors d'arbres fruitiers (citronniers, orangers, manguiers, avocatiers, calebassiers, palmiers, dattiers, pommes de Cythère, etc.). Les quelques cultures maraîchères dont les procédés d'exploitation sont primitifs et demandent à être remplacés par l'application de méthodes européennes pourraient être étendues ; ce qui serait pour des colons actifs une certitude de succès et de bons profits, la plupart des légumes de France prospérant dans la colonie et les nombreuses racines du pays étant d'un excellent rapport. A 18 kilomètres de Cayenne, au lieu dit le dégrad des Cannes, se trouve la plus importante des plantations de cacao, celle de la maison Félix Potin, universellement connue.

Les terres de la commune de Macouria, au-delà de la ville de Cayenne, en avant de la grande forêt, sont plates et peuvent se diviser en quelque sorte en trois bandes, d'une largeur de deux à trois kilomètres chacune : la première, qui longe la mer, est formée de terres d'alluvions, les plus propices de la colonie à la culture du cotonnier ; la deuxième consiste en une terre sableuse très fertile où poussent avec une végétation surprenante le rocouyer, le caféier, la canne à sucre, le sésame, la banane, les arachides et les arbres fruitiers ; la troisième est composée de savanes sèches formées d'une terre argilo-silicaire n'ayant aucune fertilité.

Le territoire de la commune de Kourou contient des savanes les unes sèches, les autres noyées, sur le littoral ; dans les savanes sont établies des *ménageries* importantes pour l'élevage du bétail : en dehors des cultures vivrières du pays, on y plante le café, le rocou et le coton ; parmi les produits naturels il convient de citer les graines oléagineuses, les bois propres à la construction, les caoutchoutiers. L'Administration Pénitentiaire, qui a établi un pénitencier à l'embouchure du fleuve Kourou, y possède un chantier d'exploitation forestière.

Sur l'étendue de la commune de Sinnamary, le sol est plat, sablonneux avec des savanes sèches et noyées dans la partie située entre la mer et les premiers placers. Il s'y trouve quelques plantations de caféiers, de rocouyers et de cotonniers, divers chantiers de bois et des ménageries établies dans les savanes tremblantes. Entre Cayenne et Sinnamary, on trouve beaucoup de palmiers épineux, dits *aouaras*.

Dans les régions d'Iracoubo et d'Organabo, où la principale industrie est celle du balata, il y a aussi d'immenses savanes constituant de vastes prairies naturelles très propices à l'élevage du bétail qui est du reste la grande ressource du pays.

Comme les savanes sèches et noyées de cette région sont traversées par de nombreuses criques et que les savanes basses, les plus proches du littoral, contiennent des pâturages salés, de grandes *hatteries* pourraient être établies pour y élever et nourrir un grand nombre de têtes de bétail ; il suffirait, pour arriver à ce résultat, de quelques aménagements faciles, de divers travaux d'irrigation et de drainage, de semis de bonnes herbes et de troupeaux de choix importés du dehors.

Entre la commune d'Organabo et le bourg de Mana se trouvent de longues lignes de palétuviers le long du littoral ; l'écorce de l'arbre étant employée, nous l'avons dit, dans la tannerie, l'exploitation rationnelle pourrait être l'objet d'exploitations fructueuses, étant donné que le chêne qui procure le tan a une tendance marquée à devenir de plus en plus rare en France.

Le sol de la commune de Mana qui s'étend depuis la rivière d'Organabo jusqu'à la rive droite du fleuve Maroni, sur une profondeur de 40 à 50 kilomètres à partir du bord de la mer, est plat et formé d'alluvions de bancs de sable boisés et de savanes noyées ; se trouvent ensuite les grands bois qui s'étendent à perte de vue dans l'intérieur. Il y existe des ménageries, des hatteries où se fait l'élève du bétail, beaucoup d'exploitations de balata donnant de beaux résultats ; la pêche est très productrice ; les produits principaux du territoire du bourg sont le rhum, le café, le riz et la farine de manioc. C'est à Mana que les sœurs de Saint-Joseph-de-Cluny entretiennent des plantations de cannes à sucre et font la fabrication d'un rhum et d'un tafia très renommés : le couac.

Si la population était plus dense dans cette région, les bois de construction et d'ébénisterie, les graines oléagineuses, la gomme de balata, entre autres exploitations, seraient susceptibles d'un grand profit.

Saint-Laurent-du-Maroni, dont le vaste territoire est érigé en commune pénitentiaire avec un grand établissement, siège de l'Administration, bien construit, largement aéré, servant de sanatorium au personnel attaché aux exploitations aurifères du Haut-Maroni, est un centre commercial assez important, dû à l'exploitation de divers chantiers forestiers, à l'élevage du bétail, à la culture des denrées vivrières, du caféier, du cacaoyer, ainsi qu'à l'exploitation du balata et à des plantations de cannes, avec une belle usine à sucre à Saint-Maurice.

En face de Saint-Jean, relié à Saint-Laurent par une voie ferrée établie par le service de l'Administration Pénitentiaire se trouve un long îlot, dit îlot Portal, ou îlet Bar, d'une longueur de quatorze kilomètres sur une largeur moyenne de trois kilomètres, qui, par sa position privilégiée, à quelques portées de fusil de Saint-Jean, à une heure de distance de Saint-Laurent, au milieu du large et beau fleuve qu'est le Maroni, peut et doit devenir un centre commercial très appréciable. Couverte en grande partie de belles forêts facilement exploitables, propice aux exploitations industrielles coloniales et à l'élevage du bétail, possédant de grandes prairies plantées en herbe importée du Brésil, et propre à la culture raisonnée du manioc, à la plantation du caoutchoutier, du cocotier, du citronnier, du cacaoyer et d'arbres fruitiers de toute nature, cette île est susceptible d'une très riche production, et en outre elle peut être un dépôt précieux de vivres et d'outils pour les approvisionnements de mineurs exploitant les placers de la moyenne Mana, du haut Maroni et de l'Awa.

Il résulte des indications qui précèdent que toutes les régions de la Guyane ne sont pas au même degré propices à toutes les cultures coloniales ; telles conviennent à l'agriculture et aux plantes tropicales, telles aux cultures alimentaires, telles autres se prêtent plutôt à l'élevage : c'est au colon de s'informer des diverses productions et plantations s'adaptant le mieux aux concessions de terre qui lui sont accordées et d'étudier au préalable la nature et la composition du sol dont il veut entreprendre l'exploitation rationnelle.

§ 4. — *Conseils utiles aux colons au sujet de l'agriculture et de l'élevage en Guyane.*

Sans prétendre servir de guide absolu aux jeunes colons, il nous paraît utile de leur indiquer brièvement les éléments que doit posséder une exploitation agricole pour en obtenir le revenu le plus élevé possible, but qu'ils recherchent naturellement avant tout.

En principe, à l'instar de toutes les plantes, une culture quelconque est limitée par des conditions de sol et de climat.

On est en droit de dire d'une manière générale qu'une région ayant à sa disposition le soleil, l'eau et un terrain convenablement constitué, peut être mise en culture de façon continue et donner par suite des produits excellents pendant un laps de temps plus ou moins long, et que, si l'on opère sur des terrains vierges, dont l'humus n'a encore été fatigué ou épuisé par aucune culture, les résultats obtenus par un travail méthodique et rationnel seront encore plus satisfaisants. Et cependant telle ou telle culture convient mieux à tel ou tel sol suivant sa composition, son exposition, son degré de chaleur, la facilité plus ou moins grande d'écoulement des produits, et les zônes de la situation où elle doit être entreprise.

Le climat, d'autre part, joue un rôle important dans les diverses cultures et dans les rendements des exploitations. Suivant telles ou telles espèces de plantes, plus ou moins susceptibles, plus ou moins acclimatées, les variations très brusques de température peuvent leur être trè nuisibles ; il en est ainsi par suite d'une sécheresse trop prolongée comme d'une humidité excessive.

Comme généralités, nous mentionnerons également que, depuis les temps les plus reculés, l'expérience a démontré que le soleil et l'eau sont avec l'air les agents indispensables de l'élaboration des substances organiques et minérales en sève ; le sol, par sa composition, doit permettre de mettre à profit ces agents de développement.

Si, dans les zônes tempérées, l'action du soleil est intermittente et si la durée de l'activité de la végétation est d'autant plus courte que le climat est plus froid, il est à remarquer que, dans les pays chauds, c'est au contraire l'action de l'eau qui n'est pas continue et que la végétation cesse par le dessèchement. Pour rendre l'action de ces deux facteurs pour ainsi dire permanente, on a recours aux arrosages et aux irrigations qui ont ainsi une efficacité plus grande dans les régions chaudes.

Quand, dans des contrées très chaudes, des terres sont soumises à des submersions nuisibles et prolongées, à la suite de la saison des pluies, et à de grandes sécheresses à l'époque des chaleurs — cas qui est fréquent principalement en Guyane — l'amélioration du sol doit consister simultanément dans une combinaison de son dessèchement et de son arrosage en temps opportun.

Ceci dit, quelle est la nature du sol guyanais ?

La constitution géologique du pays est très simple ; c'est un terrain ancien, de formation primitive, contenant en abondance des roches cristallines et du quartz ; une roche argileuse, riche en peroxyde de fer hydraté, se rencontre un peu partout et offre plusieurs variétés d'aspect et de composition. A Cayenne où elle existe comme d'ailleurs dans toute la Colonie, on la désigne sous le nom de *roche à ravet*. On constate en Guyane une absence totale de calcaires et de terrains secondaires et tertiaires.

On trouve ainsi en Guyane selon les régions, des terres rouges et limonites aurifères où l'or est disséminé inégalement, roches vertes ou *diorites*, roches à ravets et filons, conglomérats ferrugineux de dureté généralement assez faible, de formation récente, quartz blancs, quelquefois d'un gris bleu, peu coulés, recouverts le plus souvent par des alluvions quaternaires d'argile pure grise ou jaune, et ayant une épaisseur variant de quelques centimètres à deux mètres et au-delà, mais parfois même affleurant directement à la surface; la couche alluvionnaire du quartz repose tant dans les régions où elle est aurifère que dans celles où elle est stérile sur une couche de glaise, d'une couleur et d'un aspect particuliers, au-dessous de laquelle elle ne se prolonge pas, et formant le bedrock où l'argile est mélangée de cailloux de nature différente.

Comme, dans notre premier ouvrage, nous avons exposé aussi sommairement qu'il convenait l'origine et la constitution des gisements aurifères dont la connaissance était utile pour les chercheurs d'or, nous n'entrerons que dans quelques détails indispensables au sujet des terres arables qui, au point de vue chimique, n'ont encore été, à notre connaissance, l'objet d'aucune étude sérieuse, et cependant on sait de quelle importance serait l'examen approfondi de la composition physique et chimique des principaux types de terrains que l'on rencontre en Guyane.

On peut toutefois induire de l'expérimentation des cultures exercées sur le sol guyanais depuis les origines de la Colonisation qu'au point de vue de leur composition générale les terres sont pour la grande généralité excessivement fertiles ; que, même sans engrais, sans labours, sans préparation préalable, elles sont susceptibles, vu la luxuriance de la végétation, de produire pendant de longues années des récoltes magnifiques en toutes denrées vivrières quelconques, tout en faisant cette restriction qu'étant pour la plupart des sols neufs et vierges de culture ces terres ne peuvent pas offrir une composition parfaite : elles manquent généralement de l'élément calcaire. Il faut de toute nécessité que le colon s'attende à mettre dans les terres des amendements et des engrais pour se livrer, comme il est de son intérêt, à une culture quelque peu intensive et variée ; au surplus, en ce qui concerne en particulier les cultures arbustives tropicales, le sol ne demande pas de grandes quantités de matières fertilisantes, et il est vrai de prétendre, sans exagération, avec M. Bassières, que, dans leur état d'origine actuelle, les terres présentent des qualités remarquables qui, telles qu'elles sont, répondent de l'immense développement réservé en Guyane à la production agricole.

Les terres composant le sol guyanais peuvent se diviser suivant leur altitude en *terres basses* et en *terres hautes*. .

Parmi les terres basses, on peut faire une distinction entre celles avoisinant immédiatement le littoral et celles constituant les savanes.

Les terres du littoral, d'origine alluviale dont une partie est cultivée et dont l'autre forme les savanes sèches ou noyées, sont couvertes, comme les rives des principales rivières, d'un terreau noirâtre pour ainsi dire inépuisable ; sous ce terreau, à une faible profondeur, se trouve une espèce de vase homogène, d'une couleur gris bleu ; c'est cette vase qui contient surtout les principes nécessaires à la végétation.

Il est à remarquer que les terres basses exigeant une culture plus soignée sont celles dont la vase recouverte par le terreau est nuancée de diverses couleurs.

Les terres basses, qui ne sont jamais froissées, ne s'épuisent que lentement par la culture.

Les savanes comprennent d'immenses terrains découverts qui s'étendent depuis le littoral jusqu'aux premiers sauts des rivières, à 60 ou 80 kilomètres au plus de la mer. Elles ont pour base une couche granitique ; elles forment une chaîne d'ondulations plus ou moins longues, recouvertes d'une couche de terre végétale, sorte de détritus de plantes qui, entraînés par les pluies, se sont solidifiés, fixés au continent et graduellement élevés au-dessus des eaux ; les dépôts résultant des marées et dans lesquels ont poussé les graines de palétuviers qu'elles y ont apportées ont aussi contribué à l'exhaussement du sol.

Ces terres basses sont éminemment fertiles et propres à recevoir toute espèce de cultures ; une partie est en savanes tantôt sèches, tantôt noyées, l'autre est couverte d'épaisses forêts de mangliers et de palétuviers. Certaines savanes qu'on dénomme *savanes tremblantes* présentent une couche de terreau d'environ deux pieds d'épaisseur reposant sur une vase molle, épaisse de cinq à six

pieds, et recouverte de touffes d'herbes aquatiques très ver-
doyantes ; ce sont de vastes espaces formés par l'assemblage
d'herbes aquatiques se trouvant entre les rivières de Kaw et de
Mahury, ainsi que sur quelques parties du territoire de la commune de Sinnamary.

Dans les terres basses se rencontrent aussi de vastes marais
qui prennent le nom de *pripris* quand ils sont inondés, ou de *pino-
lières*, quand, desséchés par diverses circonstances, ils ont formé
d'immenses prairies où les palmiers pinots ont à la longue rem-
placé les mangliers.

Ces pinotières, complètement desséchées soit par le temps, soit
par la main des hommes, sont susceptibles de devenir de fort riches
pâturages avec des capitaux assez importants, nécessaires tant pour
la main-d'œuvre que pour les constructions, l'achat des animaux,
l'établissement de routes, etc.

Au-delà des premiers sauts, s'étendent les terres hautes s'élevant progressivement en gradins du nord au sud, coupées d'une
chaîne de montagnes granitiques à peu près parallèles entre elles,
courant de l'est à l'ouest et se dirigeant vers la chaîne principale des
monts Tumuc Humac. Par suite de leur mode de formation, les terres hautes sont d'ordinaire assez élevées au-dessus du niveau de la
mer et hors de la portée des débordements de rivières. Elles sont
exclusivement constituées, suivant les localités, d'argiles granitiques ou schisteuses, de sables granitiques siliceux et de terres
humifères, tous terrains formés sur place par la désagrégation des
roches sous-jacentes.

Si les terres hautes de plaines constituent des savanes
immenses, spécialement propres à être transformées par un aménagement spécial en de riches et vastes pâturages, étant couvertes
d'une herbe fine et abondante durant la saison des pluies où elles
reçoivent à satiété l'eau qui leur fait défaut l'été et s'étendent sur
plus de 150 kilomètres de Kourou à Iracoubo et Organabo, les
terres hautes de montagnes sont encore couvertes pour la plupart
de hautes futaies et sont spécialement propres à la culture du cacaoyer, du caféier et des arbres à épices (giroflier, muscadier, can-
nellier, etc.).

Ces terres hautes que, jusqu'à l'heure actuelle on n'amende
pas, sont considérées comme moins fertiles, parce qu'elles ne produisent presque plus après la troisième ou la quatrième récolte ;
mais il n'en serait plus de même avec une culture rationnelle, un
travail suivi et des amendements spéciaux.

Bien qu'il existe en Guyane des milliers d'hectares favorables

les uns à la culture, les autres à l'élevage, et que des défrichements
importants de parties boisées pourraient être entrepris avec avantage pour y substituer des plantations de diverses natures, il est
malheureusement vrai de constater que 3.500 hectares au plus sont
actuellement en culture, au lieu de 5.000 hectares cultivés encore en
1861 sur les dix à douze millions d'hectares qui composent la superficie de la Guyane, ses immenses forêts comprises, et ces 3.500 hectares sont répartis entre 1.500 exploitations rurales approximativement, d'étendues très variées, mais plutôt peu importantes, consacrées uniquement à la petite culture vivrière, les grands domaines
ayant presque tous été abandonnés (1).

Il ressort, en effet, des statistiques officielles que l'importance
des diverses cultures est en décroissance sensible depuis l'époque
de la découverte de l'or en Guyane : c'est ainsi que la surface plantée en cannes à sucre qui occupait plus de 1.300 hectares en 1841
compte moins de cinquante hectares, le sirop et la mélasse ayant
suivi la même progression décroissante que le sucre ; c'est ainsi
que le *rocouyer*, qui figurait encore en 1879 pour une surface plantée de près de 900 hectares n'occupait plus que 420 hectares en
1883, 335 en 1885, et moins de 200 actuellement ; c'est ainsi que le
caféier qui, en 1870, comptait 535 hectares plantés, n'était plus cul-
tivé que sur 400 hectares en 1880, sur 350 hectares en 1885, pour
s'abaisser encore depuis cette époque. Ces quelques chiffres démontrent péremptoirement combien l'agriculture qui avait été si florissante jadis a, depuis la découverte des mines d'or qui accaparent
tous les bras, été malheureusement négligée et presque délaissée.

Bien que plus de la moitié des terrains de la Guyane se prêtent
merveilleusement à toutes les productions des régions tropicales,
bien qu'un grand nombre de plantes de l'Europe et des colonies y
aient été acclimatées avec succès, est-ce à dire qu'il faudrait conseil-

---

(1) Les Guyanes anglaise et hollandaise, à l'encontre de la Guyane
française, sont des colonies essentiellement agricoles, tout en possédant
aussi des mines d'or. C'est ainsi que la Guyane anglaise, sur une superficie d'environ dix-huit millions d'hectares, possède, en cannes à sucre
seulement, plus de 32.000 hectares plantés, produisant plus de 130.000 tonnes de sucre et une centaine de fermes consacrées à l'élevage du bétail,
et que la Guyane hollandaise, un peu moins étendue, a des cacaoyères importantes, des bananeraies nombreuses et fait sur une vaste échelle la
culture vivrière. Cela est dû à ce que, dans ces colonies, il a été exécuté
d'importants travaux de dessèchement, d'endiguement et de drainage, rendant ainsi possible la culture. Qu'attendons-nous pour imiter les Guyanes
voisines ? Cessons de faire de la colonisation officielle, cessons de créer à
grands frais, dans le but d'amender des forçats, de grandes exploitations
agricoles, des usines, des scieries ; car ces entreprises toutes coûtent fort
cher et ne produisent pas de bénéfices !

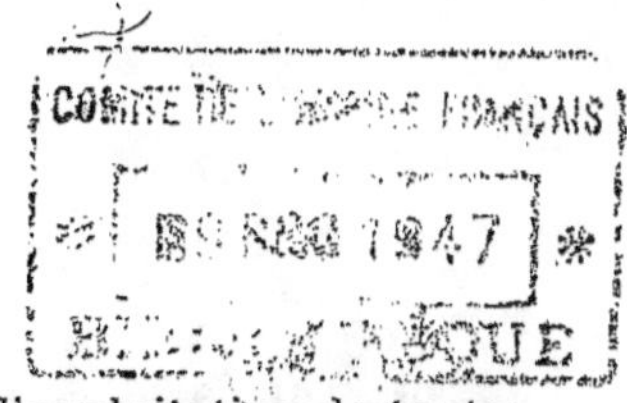

ller aux colons d'y entreprendre sans hésiter l'exploitation de toutes les grandes cultures coloniales ? Que non pas ; ce serait une grave erreur. C'est ainsi, par exemple, qu'il serait dangereux de recommander les grandes plantations de cannes à sucre, dont la surface plantée en Guyane il y a quelques quatre-vingts ans était de près de seize cents hectares, réduits aujourd'hui à moins de cinquante hectares, et cela en raison non seulement de l'importance de l'outillage, du matériel et du train d'exploitation que nécessite la fabrication du sucre, mais encore et surtout de la concurrence énorme faite au sucre de mélasse par le sucre de betteraves et par le sucre des Antilles. Il en serait de même pour de grandes plantations de rocouyer, malgré les deux récoltes qu'il donne par an et le rapport de six cents kilogrammes de grains par hectare et malgré sa longue durée, le pied de rocou produisant pendant près de quinze ans, encore bien que le rocouyer ait occupé vers l'année 1875 une surface plantée de près de mille hectares ; cela tient au grand nombre d'autres plantes tinctoriales qui existent dans la colonie et à la substitution, qui se généralise de plus en plus, de ces plantes indigènes par les produits chimiques employés pour les teintures.

Par contre, on ne saurait trop recommander, avec des capitaux suffisants et l'emploi de méthodes rationnelles de culture qui sont à la fois les plus économiques et les plus favorables à la qualité des produits, au nombre des grandes plantations convenant admirablement à la Colonie :

1° Celle du *cacaoyer*, qui, de l'avis des plus grands maîtres en matière de cultures coloniales, doit être l'une des entreprises agricoles de nos colonies des Antilles présentant le plus brillant avenir, en raison tant de la consommation de jour en jour plus importante du chocolat et des préparations diverses de cacao en France que de la production presque insignifiante jusqu'ici de nos possessions d'outre-mer, l'industrie du chocolat dans la métropole étant tributaire de l'étranger pour les neuf dixièmes du cacao dont elle a besoin et se chiffrant par plus de 20 millions annuellement.

2° Celle du *caféier*, dont nos possessions françaises des Antilles ont avec l'île de la Réunion et la Nouvelle-Calédonie presque le monopole parmi nos colonies, bien que la production ne puisse jamais atteindre qu'une faible partie de celle du café du Brésil ;

3° **Celle du** *vanillier*, le coût d'une plantation de pieds de vanilles étant évalué de 1 franc à 1 fr. 50 le pied jusqu'à la première récolte qui après 3 ou 4 ans paie tous les frais de plantation et d'entretien, mille pieds pouvant donner 75 kilogrammes devant, même au minimum de 20 francs le kilo, rapporter 1.500 francs ;

3° Celle du *cocotier*, dans les terrains sablonneux et salés, tout dans cette plantation étant utilisable, depuis le lait de sa noix de coco, son amande, son huile, ses feuilles, jusqu'à ses déchets même ;

4° Celle du *bananier*, dont les fruits pourraient être exportés en grandes quantités, d'autant que la consommation qui était il y a dix ans à peu près insignifiante en France est devenue très importante et doit s'accroître encore, cela ne fait aucun doute, et qu'une farine très fine peut en être avantageusement extraite ;

5° Celles non moins productives, si elles sont bien dirigées, des plantes condimentaires, des arbres fruitiers, des plantes textiles, surtout du coton, du tabac, du mûrier, du bois de rose (1), du fourrage vert, sans compter bien entendu la culture du manioc, du maïs et du riz et encore celle du caoutchouc et du balata qui doivent devenir certainement parmi les plus rémunératrices dans la colonie, l'*hevea brasiliensis* ayant une faculté remarquable d'acclimatation et l'*hevea guyanensis* indigène de la colonie même étant très apprécié, d'autant que cet arbre est susceptible de croître dans des terrains très divers, sous des expositions très variables et dans des conditions de température et de climat très différentes.

Une remarque à faire qui a son importance, c'est qu'il ne faut pas se borner à la *monoculture* même en grand et que les diverses cultures du cacaoyer, du caféier, du vanillier, du bananier, du caoutchoutier et autres s'allient fort bien entre elles.

Dès que le colon a pris possession de son domaine qui lui a été concédé dans les conditions prévues par la législation des terres

---

(1) Il existe en Guyane trois usines seulement pour la distillation du *bois de rose* : deux à Cayenne, et une à Sinnamary. Cette industrie, très productrice et susceptible d'un grand développement, ne peut être que sérieusement encouragée ; il suffit de disposer d'un capital de 50 à 80.000 francs au maximum, et c'est une industrie de grand avenir.

1.000 kilogr. de bois de rose donnent 10 kilogr. d'essence. Le prix du bois de rose était de 80 francs les 1.000 kilogr. et celui de l'essence de 28 fr. le kilogr., on voit qu'une tonne de matières premières donne 280 fr. de produit. Or, les immenses forêts guyanaises renferment des quantités considérables de bois de rose ; les nombreux cours d'eau éthériques qui sillonnent le pays de toutes parts pourraient servir au transport, par pirogues, de ce bois de rose aux usines qui seraient établies près des fleuves ; le palétuvier rouge, qui a une grande puissance calorique, assure le combustible à pied d'œuvre en quantité illimitée.

Les centres de Sinnamary, Montsinéry, Tonnégrande, situés sur des cours d'eau et dans des régions où le bois de rose est abondant, sont tout. désignés pour l'installation de distilleries.

L'exportation de l'essence de rose s'est élevée en 1900 à 52.360 francs en 1901, à 83.176 francs, en 1902 à 93.506 francs, en 1903 à 121.604 francs, en 1904 à 193.640 francs, etc., suivant ainsi une progression ascendante.

domaniales ou qu'il a acquis de divers propriétaires — puisque les grands domaines autrefois nombreux ont disparu — pendant qu'il fait construire les bâtiments et hangars nécessaires à ses diverses exploitations et fait les défrichements nécessaires, son premier soin doit être de faire planter des bananiers qui en peu de temps peuvent fournir la plus grande partie de la nourriture journalière, des patates qui produisent aussi très rapidement et donnent deux à trois récoltes annuelles, des légumes, des ignames, des choux caraïbes, des *indigotiers* qui donnent une première coupe au bout de deux mois, les suivantes pouvant être faites de quarante en quarante jours, surtout si l'exploitation est située dans les plaines sablonneuses de Macouria, Kourou et Sinnamary. Il doit aussi s'attacher à faire de la culture maraîchère et l'élevage des volailles. Il va sans dire qu'il doit également planter : du *manioc* (1) qu'il récolte après quinze, dix-huit à vingt mois, mais qui épuise énormément le sol, ainsi que du *maïs*, susceptible de fournir annuellement à l'hectare trois récoltes annuelles, quatre-vingts hectolitres de grains et cinq mille kilogrammes de paille, ainsi que du *riz*, cette céréale donnant en cinq mois une récolte de 2.000 kilogrammes de grains en paille à l'hectare, pour le riz blanc, et de 1.000 kilogrammes pour le riz rouge.

Les abords de son habitation pourraient être plantés en cocotiers, surtout si elle confine au rivage de la mer, en palmiers soumis à l'action des brises salines et humectés par l'eau de mer donnant un rendement d'autant plus considérable qu'ils peuvent être plantés très drus ; un hectare de terrain peut contenir six cents cocotiers.

Le colon ne doit pas négliger non plus la plantation de palmiers, d'espèces choisies pour l'ombre et pour l'huile, celle d'ananas, celle d'arbres fruitiers, manguiers, orangers, citronniers, bergamotiers, etc., ni celle des vanilliers, culture qui n'exige ni grande main-d'œuvre, ni forte dépense et qui n'en est pas moins très rémunératrice, il ne doit pas oublier non plus que les épices (gingembre, cannelle, muscade, poivre, girofle) ont fait autrefois l'objet d'un commerce important en Guyane et que les terres de certaines régions, notamment les quartiers de Roura et de la Comté, sont très propices à leur production.

Quelle que soit la variété du choix de cultures qui s'offrent à lui, le colon ne peut les entreprendre toutes pas plus qu'il ne peut

---

(1) Un arrêté de M. le Gouverneur de la Guyane Française, en date du 25 septembre 1908, a promulgué dans la Colonie la loi du 10 août 1908, établissant un droit de douane sur le manioc brut ou desséché assujetti au tarif général de 7 francs par 100 kilogrammes.

prétendre faire en grand toutes les plantations coloniales ; il choisira pour ses grandes plantations, suivant le sol et suivant ses capitaux et ses goûts, soit le tabac, dont l'exploitation est certainement très rémunératrice dans des terrains bien préparés et suffisamment fumés, l'hectare pouvant recevoir de 35 à 45.000 pieds comme à la Havane, et le produit étant très estimé, soit le caféier qui ne rapporte bien qu'au bout de cinq ans, mais qui peut produire pendant plus de vingt ans avec des soins et de l'entretien, soit le cacaoyer, dont la plantation est aussi très coûteuse, la production bénéficiaire demandant six années de dépenses et de sacrifices, mais dont la culture est simple et peu onéreuse, soit le coton, dont la culture est très facile et dont le rapport pourrait être excellent dans les terres basses, voisines de la mer, notamment dans les régions de Kourou, de Macouria, de l'Approuague (1).

En ce qui concerne l'élevage des bestiaux, qui est une annexe de l'agriculture, rappelons que les pâturages des nombreuses savanes qui existent en Guyane, surtout dans nombre de régions du nord-ouest, entre Macouria et Organabo, sont très favorables à cette industrie qui est appelée à contribuer pour une large part au relèvement de la colonie, le jour où la reprise de l'immigration procurera la main-d'œuvre qui fait défaut ; grâce à la facilité de transport à grande distance des viandes en parfait état de conservation, les débouchés seraient importants : Les Antilles françaises, qui s'approvisionnent de bestiaux à Puerto-Rico, la Guyane qui ne parvient pas à élever les animaux nécessaires à sa propre consommation et les fait venir du Vénézuéla ou du Brésil, et la France elle-même en assureraient l'écoulement.

Si l'agriculture a été pendant le xviiie siècle et la première moitié du xixe siècle florissante en Guyane, il ne faut pas oublier qu'elle a eu aussi une époque de prospérité due à l'élevage du bétail. C'est ainsi que de 1768 à 1791, plus de 16.000 bêtes à cornes étaient élevées dans le pays.

Des permis pour l'élève du gros et du menu bétail sur les terres du domaine sont accordés à titre gratuit par la colonie. Jusqu'à présent le périmètre n'en est pas limité ; les hatteries et ménageries doivent seulement être établies à une distance d'au moins un kilomètre les unes des autres : bien entendu, les permis n'entraînent pas la transmission de la propriété du sol, les terrains destinés aux hatteries devant faire retour au domaine aussitôt après l'abandon fait par les permissionnaires.

---

(1) Dans la région de l'Approuague, le cacaoyer commence déjà à rapporter dès la troisième année de plantation.

Quoi qu'il en soit, le nombre des ménageries établies dans la colonie est dérisoire relativement à l'immensité des terrains propices à l'élevage ; mais il est vrai de dire que jusqu'à présent les principaux obstacles au progrès de l'industrie pastorale, ont été, en dehors de la pénurie de la main-d'œuvre, l'absence de routes praticables reliant à Cayenne les diverses communes et l'insuffisance notoire des moyens de communication dans l'intérieur. Et cependant, il est exact de dire que des ménageries qui seraient établies dans des localités où de vastes savanes sont susceptibles de fournir un pâturage abondant seraient d'un excellent rapport. Les quelques milliers de têtes de race bovine qui existent encore à l'état errant, dans de mauvaises conditions, à travers les savanes de Kourou, Sinnamary, Iracoubo, Organabo, c'est-à-dire dans la partie dite *Sous-le-Vent*, témoignent de ce qu'il serait possible de faire avec des soins intelligents ; d'autre part, il ne faut pas oublier — point important — que si les terrains favorables à l'élevage sont pour ainsi dire illimités dans la colonie qui est arrosée par tant de petites criques, il est utile de consacrer des sommes élevées pour cette entreprise digne de tenter des associations de jeunes gens aptes à devenir là-bas de grands *gentlemen farmer*.

L'élevage du bétail, qui en Guyane semble appelé à prendre une importance considérable, devrait constituer une grande source de richesses. Les 200.000 hectares de savanes qui existent dans le nord-ouest de la colonie pourraient facilement nourrir 250 à 300.000 têtes de gros bétail ; il suffirait d'y faire diverses améliorations, en se préoccupant avec soin de la qualité et du choix des pâturages, et de remplacer progressivement les herbes de qualité inférieure par des plantes propres à assurer aux animaux une nourriture plus fine, plus substantielle et surtout plus constante.

L'élevage de la *race porcine*, qui est douée d'une grande force de résistance et prospère bien à la Guyane, ne demande pas beaucoup de capitaux ; celui de la *race ovine* qui a presque totalement été abandonné de la colonie serait également fructueux avec des soins et des pâturages secs ; celui de la *race bovine* est susceptible de rapporter de sérieux bénéfices ; celui de la *race chevaline* est certes le plus rémunérateur, mais c'est l'exploitation qui est la plus délicate et qui nécessite les plus grands capitaux ; l'importation des chevaux d'Afrique, habitués à la température chaude et à la nourriture herbacée, conviendrait parfaitement au pays.

L'élevage des vers à soie pouvant se faire en Guyane sous un simple hangar ouvert, en plein air, à cause de la température, la sériciculture est encore l'une des branches de l'industrie guyanaise qui mérite d'être encouragée et d'attirer l'attention des jeunes colons.

C'est le naturaliste Perrotet qui, en 1840, dans une mission dont l'avait chargé le Gouvernement français, introduisit en Guyane et y acclimata le mûrier ; mais c'est le créole cayennais Michely, qui en 1858 établit dans la colonie les bases techniques de l'industrie séricicole. Il résulte de ses essais et expériences qu'un hectare de plantation de mûriers peut donner, avec 4 récoltes annuelles de feuilles, 35.000 kilogrammes au moins de cocons ; Michely envoya à l'Exposition universelle de 1867 des cocons qui furent l'objet de l'admiration générale, étant toutefois supérieures par la qualité de leur matière soyeuse.

Il suffit, pour se rendre compte de l'importance que la sériciculture peut avoir en Guyane, d'envisager que la France importe annuellement pour une valeur de 15 millions de kilogrammes environ de soie brute et bourre de soie, dont les colonies françaises arrivent à peine à fournir 120.000 kilogrammes.

Mais, quel que soit le mode d'élevage auquel il s'adonne, le colon doit avant tout avoir pour ligne de conduite de faire avec le plus grand soin le choix des animaux reproducteurs, de créer pour l'abri de la nuit des hangars bien couverts, construits sur la pente d'un coteau où l'écoulement des eaux est facile, sur des terrains élevés, de manière à assurer le bien-être et la santé des animaux et à éviter les maladies et épizooties. Avec de bonnes méthodes de reproduction, avec une surveillance suffisante, avec une alimentation rationnelle et judicieuse, nul doute que la reproduction ne s'accroîtrait en peu de temps. L'industrie de l'élevage mérite d'autant mieux d'attirer l'attention des jeunes colons qu'elle n'exige, avec une première mise de fonds suffisante, qu'une main-d'œuvre peu importante, point qui est à considérer surtout dans cette colonie.

§ 5. — *Ce qui existe et ce qu'il est possible de faire en Guyane au point de vue industriel.*

Au point de vue industriel, on peut affirmer sans conteste qu'en dehors de l'exploitation des terrains d'alluvions et des quartz aurifères, qui occupe tous les bras valides des indigènes à la colonie et ceux des étrangers, l'industrie proprement dite n'existe pour ainsi dire pas en Guyane française, à part quelques briqueteries et rocoueries, plusieurs distilleries et fabriques de tafia, quelques usines d'essence de rocou et de bois de rose, et diverses exploitations forestières et scieries mécaniques. Et cependant, nombreuses sont les industries qui pourraient réussir dans la colonie avec de la main-d'œuvre, des engins mécaniques, des voies de communication et de la persévérance et offrir à l'exportation d'excellents produits pouvant se chiffrer par une somme considérable !

En premier lieu, quand le développement des communications sera assuré, les exploitations forestières devront prendre une ampleur et un mouvement considérables qu'il est difficile d'apprécier à l'heure actuelle, tant est riche en bois de construction et d'ébénisterie et en bois précieux l'immense forêt guyanaise.

Puis, l'industrie de la porcelaine, dont le transport est très coûteux, en raison de sa fragilité, pourrait prendre une grande extension, le kaolin existant en abondance, principalement dans les prairies de Montsinery ; celle des carafes et ustensiles en terre, celle des poteries, tuyaux de drainage, etc., seraient susceptibles de faire l'objet d'une fabrication rémunératrice en Guyane, où la terre est à pied-d'œuvre et où l'argile constitue le sous-sol. L'industrie textile peut aussi arriver à un grand développement, tant les plantes textiles sont abondantes et variées.

Que dire de l'industrie des huiles et des savons ? Elle pourrait être l'une des plus lucratives. Point ne serait nécessaire de procéder en grand. A côté de son champ de manioc, le petit colon pourrait avoir une plantation de plantes oléagineuses quelconques, si abondantes dans la colonie ; des usines centrales à construire achèteraient sa récolte. L'expédition seule des huiles lourdes ferait marcher les usines. L'*arachide* ne fournit-elle pas une huile comestible excellente ? l'*aouara* ne donne-t-elle pas l'huile de palme ? Le *comou* n'est-il pas aussi très commun dans la colonie, poussant très vite et donnant de 15 à 20 % d'une huile limpide ?

Citons encore le *carapa*, qui couvre d'immenses territoires et serait suffisant pour approvisionner toutes les savonneries de Marseille, le *coco*, le *maripa*, le *palmiste*, le *ricin*, le *badamier*, le *pois coubri* qui donnent aussi entre autres plantes des produits huileux, pouvant être employés dans la fabrication des savons et en parfumerie.

Au point de vue des distilleries, les résultats de l'usine de la distillerie de rhum à Saint-Maurice-du-Maroni, appartenant à la colonie pénitentiaire du Maroni, ne prouvent-ils pas que cette industrie pourrait être considérablement développée en Guyane pour la distillation des fruits, la fabrication des alcools de mélasses, du tafia et du rhum, et celle des eaux-de-vie de fruits et des conserves de fruits, etc.

Est-il besoin de signaler l'essence de rose ou de bois de rose, industrie très lucrative, mais qui ne se développe guère par suite du manque de bras, et de la difficulté des transports, mettant ainsi obstacle à la fourniture des bois destinés à la distillation ?

Au nombre des parfums et essences à traiter, dont le choix est très varié, notons le *vétiver*, racine qui, chacun le sait, préserve le linge et les étoffes des insectes et a une odeur très forte, assez parfumée ; le *gaiac*, appelé aussi la *fève de bouka*, qui a un parfum très doux et une essence fort agréable. L'alcool de *bois rouge*, tous les *jasmins* traités par la paraffine, donnent des parfums recherchés. L'*encens*, qui se trouve en abondance dans la forêt, serait d'un bon rapport, pourvu qu'il fût exploité avec prudence.

Les gommes et les résines ne sont-elles pas aussi en nombre très important ? la gomme de balata, dont nous avons parlé amplement, la gomme du *courbaril* (1), semblable à la résine copal ; le vernis indélébile noir que donne le *coumaté ;* le brai que produit en abondance le *mani* (2) ; les gommes de l'acajou, du *manguier*, de l'*acacia*, de l'*anacardier* (3), de l'*houmiri*, bois rouge dont le baume peut remplacer la colophane et le baume du Pérou, etc., trouveront un jour une utilisation très importante dans l'industrie ; la *résine andira*, qui a son emploi dans les usages pharmaceutiques ; la *résine antiar*, dont le suc végétal est vénéneux et sert aux indigènes pour empoisonner leurs flèches ; le baume de *copahu* qui dégage une odeur agréable de bois d'aloès, la résine extensible rappelant la gutta-percha, et produite par le *mancenillier* ou figuier sauvage dont le fruit est un poison violent, etc., etc.

Les propriétés précises et l'utilisation positive de certaines gommes, baumes et résines telles que le *wapa*, le *satiné rubané*, le *poirier de Guyane*, etc., n'ont pu encore être bien déterminées jusqu'à ce jour.

---

(1) Le *courbaril* est un bois d'œuvre dont l'élasticité est quatre fois supérieure à celle du chêne et deux fois plus grande que celle du teck de première qualité ; il se travaille bien et offre en tous sens une résistance suffisante.

(2) Le *mani* donne par incision un suc jaune qui en se desséchant devient noir et est utilisé par les indigènes pour calfater les pirogues, fixer les fers de leurs flèches, et rendre imputrescibles les cordages et le fil à voiles.

Comme cet arbre est très commun en Guyane, la résine qu'il produit rendrait à l'industrie et à la pharmacie les mêmes services que le goudron et le brai du commerce.

(3) L'*anacardier* donne une gomme jaune rougeâtre, soluble dans l'eau et jouissant de propriétés analogues à celles de la gomme arabique. Cette gomme pourrait sans aucun doute faire l'objet d'un commerce important d'exportation, si l'on considère que la côte de Guinée en exporte pour plus de 20 millions de francs par an.

Avec des facilités de transport et de la main-d'œuvre, l'industrie métallurgique pourrait de son côté être très étendue par la création de hauts-fourneaux qui seraient alimentés facilement par une énorme quantité de minerais riches.

Enfin, un grand nombre de végétaux indigènes peuvent fournir à l'industrie une grande variété de matières colorantes, tinctoriales et tannantes (génipa, jamblon, balourou, bois violet, lucée, simira, goyavier, bougouni, gomme-gutte, palétuvier, grignon, bois de campèche, bois du Brésil, etc.). Il n'y a que l'embarras du choix : les chimistes, les pharmaciens droguistes et les industriels ont un vaste champ ouvert à leurs études ; mais, on ne saurait trop le recommander, il faut là-bas des professionnels sérieux et capables.

L'industrie aurifère en Guyane est tellement prédominante qu'elle ferait oublier une autre industrie minière qui doit intéresser au plus haut point les minéralogistes ; ce sont les mines de fer qui abondent dans la Colonie, plus qu'en aucune contrée de l'univers ; par sa richesse, la mine de fer limoneuse est digne de fixer l'attention ; or, c'est précisément cette vase où abonde le fer qu'on nomme dans le pays *roche à ravets*. Que d'usines métallurgiques pourraient être établies en Guyane pour les besoins de nos colonies d'Amérique, si le pays était plus peuplé, s'il était doté de voies de transports faciles !

§ 6. — *Conclusions se dégageant des considérations précédemment envisagées.*

Il serait temps de relever l'agriculture de la décadence dans laquelle elle est tombée depuis plus d'un demi-siècle en Guyane ; car la Colonie peut, elle doit même redevenir florissante ; mais, à notre avis, à moins d'une affluence spontanée de colons ou d'une immigration importante, œuvre de la Colonisation, c'est l'industrie aurifère intensive seule qui, avec la construction de routes et de chemins de fer, la fera renaître de sa langueur, en attirant dans la colonie une foule de travailleurs qu'il faudra approvisionner et qui ne resteront pas tous employés aux mines. L'appât de l'or séduit en effet les travailleurs de toutes les parties de l'univers, et le monde attire le monde.

Il faut en Guyane se livrer à des cultures mixtes, c'est-à-dire partie industrielles, partie alimentaires, les unes pour la production des denrées commerciales, les autres pour la production des cultures vivrières. « On ne peut concevoir, en effet, dans nos colonies, comme l'exprimait avec raison M. Bassières, un grand domaine agricole qui ne produirait pas les vivres nécessaires à l'alimentation de son personnel. D'autre part, les cultures exclusivement vivrières ne sauraient convenir qu'aux petites exploitations, à la petite culture, en raison de la nécessité de leur développement dans le voisinage plus ou moins immédiat des centres habités. »

Si la culture vivrière est facile et ne demande pas de grandes connaissances, l'expérience et la routine étant souvent le guide naturel du colon, il n'en est pas de même de la grande culture coloniale qui exige de longues et sérieuses études. C'est dans ce but qu'a été fondée en 1902, l'école d'agriculture coloniale de Nogent-sur-Marne, qui est si prospère, grâce aux intelligents travaux de M. Dybowski, son éminent Directeur, et de ses dévoués et savants collaborateurs (1).

---

(1) Nous empruntons à une publication de M. Gustave Regelsperger les renseignements précieux qui suivent et que les jeunes gens se destinant à aller cultiver dans nos colonies pourront méditer avec profit :

« L'avenir de notre vaste domaine colonial ne peut être assuré que par l'Agriculture. Les premières entreprises coloniales s'étaient bornées à exploiter les produits naturels du sol ; mais on a compris depuis qu'un tel système devait aboutir fatalement à l'épuisement de richesses qui ne pouvaient être indéfinies. En Afrique, les lianes à caoutchouc ont été, sur beaucoup de points, exploitées d'une façon si intensive qu'elles ont été détruites sans que le repeuplement ait été assuré. Il en a été de même des forêts ; au Gabon, il faut s'avancer de plus en plus à l'intérieur pour trouver de l'ébène ou de l'acajou.

Il fallait donc instruire et guider le colon, et à une exploitation immodérée et imprévoyante substituer une mise en valeur rationnelle qui, loin de compromettre l'avenir, assurât le développement de richesses nouvelles. C'est l'agriculture qui devait devenir pour nos colonies l'élément le plus certain de prospérité. Former des agriculteurs coloniaux : tel devait être le but à poursuivre ! Il ne suffit pas, pour faire un bon colon, d'être un homme actif, entreprenant, courageux ; il faut surtout bien connaître les produits du pays où l'on va, savoir comment on doit les cultiver ou les exploiter, et être prévenu d'avance des difficultés que l'on est exposé à rencontrer et contre lesquelles il faudra lutter.

L'agriculture est basée sur des méthodes rigoureuses et sur de scrupuleuses observations. En France, au moins, le paysan a pour lui une longue pratique et des traditions transmises de père en fils. Aux colonies, il n'y a rien de semblable. La tradition de l'indigène est détestable ; quand le noir saigne la liane à caoutchouc, il la tue. L'agriculture coloniale ne s'improvise donc pas sur place. Il faut que les nouveaux colons aient acquis, avant de prendre possession de leur domaine, les connaissances nécessaires pour le faire valoir.

A ce besoin répond l'Ecole Nationale Supérieure d'Agriculture Coloniale, créée le 29 mars 1902 et installée dans le Jardin Colonial plus encore que l'Institut agronomique.

M. Dybowski, qui a si remarquablement conçu tout le plan d'organisation du Jardin Colonial et qui en a fait un établissement rendant aujourd'hui d'inestimables services, avait très justement pensé qu'il devait avoir pour complément nécessaire la création d'un enseignement supérieur d'agriculture coloniale. Son idée a triomphé, et l'institution du Jardin colonial, qui est son œuvre, a reçu ainsi son entier développement.

Aussi, aux jeunes gens de famille qui, disposant de certains capitaux, désirent les utiliser fructueusement dans nos riches possessions d'outre-mer et devenir des agriculteurs coloniaux, nous ne saurions trop recommander de compléter leur bagage scolaire avant d'aborder les luttes de la vie en passant par l'Ecole nationale supérieure d'agriculture de Nogent ou bien à l'Institut Agronomique, ou encore dans d'autres écoles spéciales d'agriculture dont est dotée notre belle France, pour aller porter le fruit de leurs études et de leurs travaux dans les riches terres de Guyane où, avec de la méthode et du savoir-faire, ils recueilleront de merveilleux bénéfices. En contribuant à la production coloniale, ils travailleront utilement pour eux-mêmes et pour leur pays. Aussi répéterons-nous ici, comme à la fin de notre premier ouvrage : « En avant pour la colonisation en Guyane ! » Nos colonies ont, en effet, passé l'âge de fer, celui de la conquête ; elles sont dans l'âge d'or, celui de l'agriculture et du pâturage, précieux fleurons du vaste domaine colonial de la France. Du sol et du sous-sol des colonies françaises, qu'il appartient aux jeunes générations de faire fructifier,

---

... A l'Ecole de Nogent, on fait d'abord connaître les plantes coloniales utiles pour en étudier les caractères botaniques, en distinguer les espèces, savoir quelles sont leurs propriétés et quels produits on peut en tirer ; puis on apprend à les cultiver ; des travaux pratiques de culture viennent à l'appui de l'enseignement. On étudie ensuite les procédés et les appareils qui permettent d'utiliser les produits que fournit l'agriculture et de les livrer à l'industrie et au commerce.

Les cultures les plus importantes sont l'objet d'études séparées, soit qu'elles donnent des produits alimentaires, tels que café, thé, cacao, canne à sucre, vanille, soit qu'elles fournissent des produits industriels, gommes et résines, matières grasses, colorantes ou textiles, plantes à parfum, substances pharmaceutiques.

Mais l'agriculture a une annexe nécessaire dans l'élevage. En même temps que l'on met les terres en culture, le besoin de bétail s'impose. Il y a aussi des animaux propres aux pays chauds qu'il faut savoir élever et dresser, chameaux, zèbres, éléphants, autruches par exemple qui peuvent rendre à l'homme de grands services ou lui fournir de riches objets d'exploitation.

Enfin, le colon doit pouvoir se tirer d'affaire tout seul. Souvent éloigné de tout centre européen, il doit pouvoir se passer d'architecte, de vétérinaire, de médecin. Vrai Robinson, il doit savoir construire sa maison avec toutes ses dépendances, en utilisant les ressources naturelles du pays ; il fera des routes et des ponts, s'il le faut ; il devra savoir creuser des puits, capter les sources et les canaliser. Le colon devra préserver ses cultures des maladies qui atteignent les plantes coloniales, soigner lui-même les animaux qu'il élève. Enfin les règles de la plus parfaite hygiène coloniale devront être connues de lui ; car de toutes les conditions pour coloniser, la plus essentielle est de rester vigoureux et d'être indemne des maladies qui terrassent les volontés les plus opiniâtres. »

sortiront d'inépuisables richesses comme il en sort du sol de la Métropole (1).

Il est temps également d'utiliser toutes les autres ressources et richesses si variées de la Guyane française, dont nous avons donné un aperçu encore incomplet ; mais en tout force nous est de nous borner : *Est modus in rebus !* Notre but n'est d'ailleurs que d'être un indicateur modeste de ce qu'avec des bras, des voies de communication et de l'argent, il est possible de faire dans cette belle Colonie de la Guyane Française.

Pour terminer cette section, empruntons à M. le Gouverneur Rodier les expressions mêmes dont il se servait avec justesse dans son discours prononcé au Conseil général de la Guyane le 28 octobre 1907, en souhaitant, avec le développement de la richesse de la colonie pour permettre entre autres choses l'extension du programme des grands travaux, « le retour à une existence plus normale, la création d'exploitations agricoles et pastorales », au lieu de s'occuper exclusivement de la recherche de l'or qui, s'il peut être un moyen, ne saurait être un but pour la Colonisation. Il ajoutait :

« Quelle ne serait pas la prospérité de ce pays si aux ressources tirées de la production du précieux métal pouvaient s'ajouter les produits d'exploitations pastorales et de certaines exploitations agricoles, commerciales et industrielles pour lesquelles le climat et le sol sont particulièrement propices ? »

---

(1) Ouvrages à consulter à cet égard, en dehors de ceux indiqués dans les renseignements bibliographiques de notre premier ouvrage sur la Guyane :

Traité pratique de cultures tropicales, par J. Dybowski, vol. in-8°. — Petit traité d'agriculture tropicale, par Nicholls, vol in-8°. — Le livre du Colon, par G. Poulet, 1 vol. grand in-18°, 1899. — La première année d'agriculture tropicale, 1 vol. in-18°, 1900, par G. Saussine. — Les plantes tropicales de grande culture, par R. de Wildemann, 1 vol. in-8°, 1902. — Le Bananier, par Paul Herbert. — Bananes et Ananas, par Henry Yves. Guide du planteur de cannes à sucre, par Basset, 1889. — Culture pratique et rationnelle du caféier, par E. Pierrot, 1905. — Culture du caféier, par E. Raoul et E. Darolles, 1897. — Le Cacaoyer, sa culture et son exploitation dans tous les pays de production, par H. Jumelle, 1900. — Traité pratique de la culture du cacaoyer et de la préparation du cacao, par Aug. Elot. — Les plantes à caoutchouc et à gutta, par H. Jumelle, 1903. — Les plantes à caoutchouc et leur culture, par le Dr O. Warburg, 1902. — L'Hevea brasiliensis dans la péninsule malaise, par Starley Arden. — Production du coton dans nos colonies, par H. Poulain, 1863. — La Ramie, par Numa Bottier, 1902. — Le tabac, sa culture, sa préparation, production et consommation dans les divers pays, par L. Laurent, 1901. — La Vanille, sa culture et sa préparation, par Delteil, 1902. — Art de l'Indigotier, par Perrotet, etc.

Et après avoir reconnu que la préoccupation de la main-d'œuvre dominait le problème de la Colonisation non seulement en Guyane, mais encore dans toutes nos possessions d'outre-mer et avoir examiné à fond la question de l'immigration d'asiatiques dans la colonie, M. Rodier terminait par ces paroles bien dignes de sérieuses méditations.

« ... Peupler le pays d'agriculteurs : telle est l'œuvre à accomplir. Ce serait l'épanouissement des richesses latentes de la Guyane et la meilleure sauvegarde en cas de crise, si survenaient de mauvais jours pour l'industrie minière de l'or. »

Toutefois, à notre avis, la crise aurifère, si elle se produit un jour, ne peut pas exister dans la Colonie avant deux ou trois siècles ; il semble donc prématuré de la prévoir.

En résumé, les exploitations rationnelles d'agriculture et d'élevage (1), doivent effectivement être entreprises en Guyane française avec d'autant plus de chances de réussite que son climat à la fois chaud et humide lui vaut une végétation d'une exubérante puissante, que beaucoup de terrains sont très fertiles, produisant sans engrais et sans labours profonds, qu'ils sont favorables les uns pour de vastes pâturages, les autres pour les grandes cultures coloniales, pour

---

(1) Dans le courant de l'année 1907, la Société de Propagande coloniale a créé le Syndicat central des agriculteurs coloniaux.

Ce syndicat dont le siège est à Paris, 21, rue Condorcet, a un but essentiellement agricole qui est le suivant :

1° De seconder, en les groupant, tous les efforts de ceux qui s'occupent de culture aux colonies ;

2° D'y faciliter la culture en procurant à ses membres les engrais, instruments, animaux et tous les produits qui peuvent être utiles ;

3° De les aider dans la défense de leurs intérêts par la création de Sociétés locales, assurances mutuelles ou autres dans toute la mesure de la loi de 1884 ;

4° De faire connaître les produits agricoles coloniaux et d'en vulgariser l'emploi par tous les moyens de propagande en son pouvoir, notamment par la participation collective aux concours et aux expositions ;

5° De procurer à ses membres les renseignements techniques dont ils auraient besoin, et, en particulier, sur les conditions de vente et d'écoulement de leurs produits sur les marchés européens ;

6° Enfin de leur servir d'intermédiaire pour la grande facilité de leurs opérations de vente ou d'achat.

La cotisation est de deux francs par an.

Il a pour président : M. Félicien Michotte, M. Blanc, vice-président de la Propagande coloniale, directeur de la Coopérative agricole : M. Dugas, président de « la Colonisation française » ; M. Bourdillat, président de la Société de colonisation « la France coloniale ».

Affilié à l'Union centrale des Syndicats des agriculteurs de France, il est donc bien placé pour être utile à nos agriculteurs coloniaux, et, à peine créé, il a déjà rendu des services ; aussi, nous a-t-il paru intéressant de signaler la création récente de ce Syndicat.

les arbres fruitiers, les arbustes à épices, etc., que le sol y donne d'abondants produits très variés, et cela à côté de l'exploitation raisonnée des forêts et du développement des industries susceptibles de se fonder dans le pays.

Rappelons-nous sans cesse le mot célèbre du ministre français Sully :

« L'agriculture et le pâturage sont les deux mamelles de la France », formule que nous ne désespérons pas de voir appliquée à la Guyane française, quand l'industrie aurifère les aura développées par les richesses incomparables qu'elle fournira au pays, le jour où les voies de communication seront améliorées et où un chemin de fer de pénétration ne sera plus seulement à l'état de vague projet, mais bien à l'état de fonctionnement dans notre belle Colonie où rien n'a été fait, où tout est encore à faire ; ce qui sera l'œuvre des jeunes générations, dans ce pays qui a près de quatre siècles d'âge, mais qui est jeune de vie, presque vierge encore.

La chambre d'agriculture de Cayenne, qui fait de louables efforts pour encourager la reprise en Guyane de la culture du sol et remédier à la crise agricole et économique que traverse le pays depuis trop longtemps, prêtera son appui moral et ne ménagera pas ses conseils expérimentés aux colons français qui viendront se fixer dans la Colonie. Aussi, sur le rapport bien documenté de M. G. Millieune, l'un de ses membres les plus distingués, a-t-elle examiné, au cours de 1907, la question de la main-d'œuvre agricole en Guyane et émis un vœu tendant à la modification des décrets du 13 décembre 1894 et du 30 août 1898 sur l'emploi de la main-d'œuvre pénale par les particuliers pour l'agriculture.

Ce rapport se termine par les considérations générales suivantes que nous jugeons intéressant de reproduire ici *in extenso* :

« On a beaucoup écrit sur la Guyane, le bagne et la Colonisation pénale.

Personne n'a osé proposer des réformes pratiques dans le but de réaliser les résultats que l'on n'a cessé de souhaiter depuis 50 ans.

Nous pensons qu'il est du devoir de la chambre d'agriculture de prendre cette initiative. Elle surtout, avec l'autorité attachée à son organisation même, a la mission suprême de tenter le dernier effort pour remédier à la crise agricole que traverse depuis longtemps le pays.

Pour cela, il faut que l'administration pénitentiaire renonce à demeurer *grand propriétaire rural ;* il faut qu'elle consente à devenir uniquement un entrepreneur de main-d'œuvre publique.

Il est d'utilité publique que cette main-d'œuvre qui demeure improductive à la Montagne d'Argent, aux Roches de Kourou, à Pariacabo, à Gourdonville, à la Roche Elisabeth, à Saint-Jean, à Saint-Maurice, à Saint-Laurent, etc., soit mise à la disposition des habitants de la Guyane ou des colons français qui viendraient la solliciter, cela dans les conditions stipulées par les modifications que nous proposons au Décret du 13 décembre 1894 sur l'emploi de la main-d'œuvre pénale par les particuliers.

Chaque groupement particulier, et grâce à l'initiative individuelle des habitants, formera un facteur important qui contribuera puissamment à modifier l'état général actuel.

De la fortune personnelle du colon qui, ayant ses capitaux engagés, saura faire produire la main-d'œuvre pénale, quelque inférieure qu'elle soit, jaillira la richesse publique. Et peut-être par ce moyen vraiment démocratique *la main-d'œuvre pour tous*, la Guyane reprendra sa place dans le concert des grandes colonies ».

DEUXIEME SECTION

CHAPITRE I.

ETUDE DE L'INDUSTRIE AURIFÈRE.
Généralités.

La Guyane, on le sait, est sans contredit celle qui vient au premier rang de nos colonies aurifères (1) ; elle est reconnue par tous les ingénieurs comme pays contenant les plus riches gisements du monde entier, tant comme teneur que comme nombre. Aussi, de nos jours, c'est presque un axiome de proclamer que la prospérité future de la Colonie dépend presque exclusivement du succès de son industrie minière et aurifère, l'ensemble général de l'activité économique gravitant autour de cette industrie. Cette richesse aurifère a été affirmée par tous ceux qui ont étudié la région guyanaise : gouverneurs, ingénieurs, prospecteurs, explorateurs, savants, voyageurs, chargés de missions, etc.

Suivant les paroles mêmes de l'ancien Gouverneur de la Guyane, M. Picanon, prédécesseur immédiat de l'honorable M. Rodier, qui tous deux ont la plus absolue confiance dans l'avenir du pays, grâce au développement de sa production aurifère qui n'est encore qu'à ses débuts : « L'industrie aurifère est le centre d'attraction de toute l'activité industrielle et commerciale de la Colonie. C'est grâce à elle, à elle seule, que dans tous les domaines les entreprises de quelque importance peuvent se créer sur le sol guyanais.

« Les capitaux que l'industrie aurifère met en circulation dans la colonie, ajoutait-il avec fondement, s'y utilisent en améliorations de tout ordre, et les industries accessoires se multiplient d'autant plus qu'elle étend elle-même davantage le cercle de ses travaux... Cette industrie prend une très large part à l'ensemble du mouvement commercial de la Guyane ».

C'est sous une autre forme la réédition de tout ce que les Gouverneurs précédents ont toujours affirmé unanimement au sujet de la Guyane française dont « *le sol entier est imprégné d'or ;* car par-

---

(1) Il résulte des statistiques officielles de la Douane que les productions d'or déclarées sorties de la Guyane Française ont été : en 1900, de 2.378 kg. 639 gr. en 1901, de 4.031 kg. ; en 1902, de 5.376 kg. ; en 1903, de 4.033 kg. ; en 1904, de 3.682 kg. 747 gr. ; en 1905, de 3.462 kg. 673 gr. ; en 1906, de 4.512 kg., en 1907, de 4.057 kg. 452 gr., et pour les neuf premiers mois de 1908, de 2.854 kg., présentant une différence en plus de 360 kg par rapport au chiffre correspondant des neuf premiers mois de l'année précédente. Ces chiffres ne comprennent pas, bien entendu, tout l'or passé en fraude, ce qui se pratique journellement, à cause du droit de sortie trop élevé, de 8 % *ad valorem.*

tout où la batée lave les terres, on trouve trace du précieux métal ». (*Notes de voyages par M. Daniel Casey, en* 1889) (1).

Nous pouvons donc répéter, certains d'ailleurs de dire la vérité, ce que nous avons affirmé en tête de notre premier ouvrage sur la Colonie et ce que tous les travaux faits depuis quelques années confirment hautement : « *Le sol de la Guyane française est pétri d'or* ».

Pourquoi, dans ces conditions merveilleuses de la nature, ne pas aller de l'avant, et ne pas tirer largement parti des richesses aurifères incommensurables que notre belle colonie renferme dans son sein ? (2).

----

(1) Ainsi que l'écrivait tout dernièrement M. Casey sous le titre : « L'Eldorado », les découvertes des Couy dans l'Approuague, des Vitalo dans le Sinnamary, des Melchior dans la Mana, des Cazal et Labourdette dans le Maroni et le Sparwine, des Ruffin dans l'Awa et plus récemment celles de Temba dans le Carsewène, d'où en l'espace de moins de deux années plus de 50 millions de francs d'or ont été extraits d'un claim dont l'étendue exploitée par les moyens les plus rudimentaires qui soient au monde, n'a pas excédé 50 hectares, prouvent jusqu'à l'évidence la richesse incalculable des nombreuses zônes aurifères de la Colonie. »

Et il ajoutait : « L'or, à la Guyane française, existe d'une façon évidente, indiscutable ; le sol de cette colonie en est *saturé*, et nous connaissons des placers aujourd'hui délaissés, qui ont fourni à leurs exploitants 15 à 20 millions d'or. Or, nous avons constaté que ces placers avaient été à peine effleurés par l'exploitation rudimentaire que l'on y a faite. »

(2) Il nous semble utile, pour dessiller les yeux de nombre de nos compatriotes et les faire revenir sur certains préjugés et sur de grossières erreurs, qui ont encore cours trop fréquemment en France, de citer le début de l'article dont nous avons déjà parlé, sous la quatrième partie, de M. Paul d'Horel, intitulé « L'Or à la Guyane Française » et paru dans la *Dépêche Coloniale illustrée* du 28 février 1906, parce qu'il met bien au point la valeur des richesses aurifères de la Guyane Française comparée à celles trop souvent exagérées des possessions anglaises dans l'Afrique du Sud et au Transvaal, et qu'il met en relief d'une façon parfaite et absolument vraie avec une pointe de chauvinisme très juste la grande habileté des Anglais en matière coloniale.

« Nous avons, nous autres Français, écrivait avec finesse ce publiciste distingué, un défaut déplorable qui consiste à admirer de confiance les œuvres d'autrui et à méconnaître systématiquement les nôtres, sinon même à les dénigrer.

Les étrangers, beaucoup plus habiles, plus pratiques aussi, font au contraire avec le plus grand soin — qu'on me permette une expression pittoresque et populaire — « mousser » leurs affaires, au point de persuader à tous, de se persuader à eux-mêmes, qu'il n'en est pas de meilleures au monde.

Prenons nos amis de l'Entente cordiale, par exemple ; qui songe à s'élever contre cette prétention des Anglais qu'ils ont imposée comme un axiôme, que seuls depuis longtemps ils ont trouvé la formule, féconde en résultats moraux et matériels, de la vraie méthode de colonisation ? Qui n'entend journellement autour de soi dire : Pourquoi ne faisons-nous pas comme les Anglais ? Que n'appliquons-nous dans nos colonies les procédés qu'ils emploient dans les leurs et qui produisent, en si peu de temps,

De multiples raisons, que tous ceux qui ont entendu parler de la Guyane ou qui s'intéressent à nos colonies connaissent en sont la cause ; il suffit de les énumérer, sans plus : habitudes et routine des placériens, crainte du climat faussement considéré comme meurtrier pour les Européens, manque de moyens de communication faciles, coût et difficulté des transports et du ravitaillement, manque de bras, et plus encore défection de capitaux sérieux. Cette dernière raison dominante absorbe toutes les autres qui seraient vite surmontées sans la fausse conception que l'on se fait de la Guyane française. Les capitalistes européens et surtout français, il ne faut pas se le dissimuler, sont timorés et répugnent à l'idée de faire un effort quelconque pour la Guyane, si mal jugée, si mal cotée, si oubliée ! ils semblent dominés par cette idée malencontreuse pour leus intérêts — laissons la question de patriotisme à part — qu'il vaut mieux se laisser berner par des prospectus toujours très séduisants et combien alléchants ! de financiers étrangers, se précipiter aveuglément sur les mines du Transvaal ou de l'Australie (1) (combien de capitaux

---

des merveilles comme ce Transvaal, dont les mines d'or sont devenues un véritable centre d'attractions pour les capitaux universels... ! Et sur ces données inexactes l'épargne française de se précipiter aveuglément sur les mines du Sud de l'Afrique, de verser son argent à tous les guichets des Chartered, East Rand et autres Randfontein, uniquement parce que ces affaires sont britanniques !

Mais que de déboires à la suite de folles spéculations, que de pertes, de ruines amoncelées par des placements inconsidérés et sur lesquels on garde un silence prudent ! »

(1) Citons encore M. d'Horel, publiciste :

« En Australie, même procédé de puffisme, mêmes résultats souvent lamentables. Là aussi, le public français a marché à la remorque de lanceurs d'affaires audacieux, sur la foi de réclames alléchantes, de rapports captieux, de calculs de probabilité soi-disant concluants.

La fièvre de l'or a poussé les gens les plus sages à s'engager dans ces entreprises lointaines, uniquement parce que le pavillon britannique les couvrait et leur donnait une sorte d'infaillibilité théorique.

Nous savons déjà ce que sont devenues les unes ; l'avenir dira ce que valent les autres.

Est-ce donc que la France ne possède pas de territoires explorés et exploités ? Est-ce donc que les Français ignorent la géographie de leurs propres colonies ?

Est-il nécessaire — peut-être oui ! — de leur apprendre que *nous avons à 18 jours de Saint-Nazaire le pays aurifère le plus merveilleusement riche qui soit au monde, plus riche que le Transvaal, plus riche que l'Australie, plus riche que le Klondyke, mais qui a le tort grave, aux yeux de nos nationaux, de* n'être que Français.

J'ai nommé la Guyane, cette immense région comprise entre les deux grands fleuves, l'Oyapock et le Maroni, et dont la superficie égale la moitié de la France Continentale. »

Il est certain que si la Guyane française était une possession anglaise — il y a des vérités qu'il ne faut pas avoir crainte d'avouer par fausse honte ou simple puffisme — ses merveilleux champs d'or seraient déjà exploités depuis fort longtemps, non seulement au point de vue alluvion-

français n'ont-ils pas été ainsi perdus sur des affaires minières majorées au plus haut point ?) que de se réserver et de dispenser une partie de leurs disponibilités prises sur l'excédent de leurs revenus annuels pour soutenir des initiatives privées dans les colonies françaises, et pour contribuer à la mise en valeur de leurs richesses incommensurables.

Et cependant, pour emprunter les expressions mêmes, si justes et si dignes d'être répandues, de M. Paul d'Horel : « La Guyane offre un champ considérable à l'activité des capitalistes français ; c'est un devoir de le proclamer, quand on est certain de dire la vérité.

Or, dire l'exacte vérité, dans la circonstance, c'est, nous le croyons sincèrement, rendre service à la fois à la Guyane qui, en échange de capitaux minimes relativement, peut donner de nombreux millions, et aux capitalistes qui feront une bonne affaire en tendant l'oreille aux avis de ceux qui conseillent de s'intéresser un peu plus aux entreprises françaises sérieuses de la Métropole ou de ses Colonies et un peu moins au bluff financier d'exploiteurs étrangers ! » (1) Nous partageons complètement cet avis, et notre expérience acquise des affaires et des Sociétés nous autorise à émettre à cet égard divers conseils tous désintéressés et sincères qui seront appréciés par nos lecteurs, nous l'espérons du moins.

Les capitalistes avisés qui sauront encourager les initiatives privées et faire une sélection toujours facile parmi les entreprises méthodiques et les affaires minières mûrement étudiées, sérieusement et complètement prospectées, parfaitement sondées avant l'achat de machineries très coûteuses, soit pour le traitement

---

naire, mais au point de vue filonien, que le pays serait sillonné en tous sens de routes, de chemins de fer et de canaux, qu'on tirerait parti de toutes les ressources agricoles, pastorales, forestières et industrielles dont elle est susceptible, et que la colonie serait devenue très populeuse et en pleine prospérité depuis fort longtemps ; déjà les Anglais et les Hollandais qui sont loin d'avoir les richesses aurifères de la Guyane française dans leurs colonies voisines de la nôtre ont donné à l'industrie du dragage aurifère une impulsion et un développement déjà très importants... »

« Il est hors de conteste, nous écrivait récemment M. Cazey, que si les Américains du Nord exploitaient la Guyane française, celle-ci serait, à l'heure actuelle, la grande *pourvoyeuse d'or* de la vieille Europe et du nouveau monde. »

(1) Cette remarque si judicieuse ne s'applique pas seulement en Guyane française à la question des mines d'or, mais encore à celle de l'agriculture coloniale qui mérite d'être relevée dans ce riche pays, à celle de l'élevage si intéressante, susceptible d'être si productive dans les savanes et les parties à défricher, à celle des exploitations forestières, sollicitant toutes à des degrés plus ou moins grands les capitaux français, au fur et à mesure que seraient créées des voies de communication indispensables pour le développement économique du pays.

des alluvions, soit pour l'extraction et le broyage des filons, tout en
profitant des conseils prudents et réfléchis que nous nous sommes
permis de donner (pages 164 et 165 de notre premier ouvrage), ver-
ront, à n'en pas douter, leurs capitaux ainsi employés judicieusement
quintupler, décupler et peut-être même rapporter davantage, et ils
retireront un profit légitime de leur confiance en l'avenir qui promet
d'être brillant pour l'industrie aurifère dans la Guyane française, si
elle est conduite dans les conditions de prudence et de sagesse que
nous indiquerons plus loin. Les capitalistes toutefois ne devront pas
oublier que dans des pays aussi peu développés que la Guyane la
période préparatoire est souvent longue, avant l'entrée en production normale, et que, de plus, il est indispensable de prévoir un
fonds de réserve très important, qui permette de parer aux difficultés et aux accidents toujours susceptibles de se produire dans
toute affaire industrielle, surtout minière.

Ils devront se rappeler aussi que la mise en valeur d'une mine
d'or comporte toujours un certain risque, quelles que soient la compétence et la prudence de ceux qui l'entreprennent. Cela est surtout
vrai pour les filons, minerais se présentant d'ordinaire en tranches
sensiblement verticales qui, d'après les théories admises, auraient
jailli du centre du globe terrestre à l'époque où il se trouvait en fusion et qui se seraient éparpillées, avce les caprices d'un torrent soumis à des pressions variées, dans les failles de l'écorce terrestre qui
les enserre actuellement. Ces fractures sont toujours assez étroites,
en sorte que l'épaisseur moyenne d'un filon aurifère exploitable varie de 0.75 à 4 mètres. Or, aucun indice, aucun principe géologique
ne permet de supputer a priori la profondeur ni la longueur de cette
tranche ; il faut faire des sondages, creuser des puits, faire des galeries, établir des travers bancs pour recouper le filon, travaux qui
constituent une des grosses dépenses de l'exploitation. Le filon rem-
plissant un sillon qui s'arrête parfois brusquement en hauteur et en
profondeur, on n'en connaît réellement l'importance qu'à condition
de le suivre. D'autre part, la teneur est souvent assez irrégulière, et
en raison de la haute valeur de l'or, il suffit d'une différence de plusieurs grammes par tonnes de minerai extrait pour renverser la balance des profits et pertes. De plus, serait-on même renseigné très
exactement sur l'importance et la richesse du filon, on n'est pas fixé
sur son rendement industriel. Les minerais sont fort dissemblables ;
chacun d'eux exige un traitement particulier, comme nous le ver-
rons plus loin, et souvent les indications de laboratoire se trouvent
démenties dès que l'on opère sur de grandes masses. Toutes ces considérations expliquent l'aléa d'une exploitation filonienne.

Est-ce à dire que rien n'a été fait dans la voie du remplacement de la routine individuelle par une exploitation industrielle ? Est-ce à dire qu'il n'y a pas de grands avantages à attendre de l'emploi des engins mécaniques, du dragage en particulier pour l'abatage et le lavage économique des alluvions, ainsi que de l'extraction rationnelle de l'or des filons ? Nous allons répondre, en traitant successivement les questions si intéressantes de l'exploitation alluvionnaire et filonienne.

Rappelons en quelques lignes sous quelle forme l'or se présente en Guyane Française.

Ce métal est renfermé dans des roches filoniennes quartzeuses, dans des chapeaux ferrugineux où souvent il est extraordinairement concentré. Il est surtout abondant, d'après les travaux qui ont été expérimentés, dans le lit des criques et des rivières, et dans les marécages avoisinants, dont les fonds sont formés d'alluvions anciennes que recouvre une couche argileuse de faible épaisseur.

La teneur des quartz est élevée, et il est démontré maintenant que la théorie de l'enrichissement en profondeur leur est applicable; celle des alluvions aurifères est également très rémunératrice.

§ 1er. — *De l'exploitation alluvionnaire en Guyane.*

Si, depuis un demi-siècle, les Guyanais, tout en continuant à exploiter l'or de leurs rivières à la manière des orpailleurs, — car c'est à peine si depuis quelques années l'on s'est mis à attaquer un peu et timidement la roche aurifère — par les procédés les plus rudimentaires, par des moyens absolument imparfaits et au milieu de difficultés toutes particulières, sont arrivés à importer en France plus de quatre cent millions de francs d'or natif déclarés en cinquante ans, d'après les statistiques officielles (chiffre énorme, si l'on veut bien tenir compte de la faible population de la Guyane et des moyens primitifs employés pour l'extraction de l'or, sans parler de l'or passé en fraude (1), de l'or natif ayant servi aux échanges entre coloniaux, des faibles capitaux exposés jusqu'ici dans la plupart des entreprises aurifères, etc., des ingénieurs expérimentés de haute valeur ont compris qu'il devenait nécessaire, pour assurer le développement de l'industrie minière, de substituer aux méthodes primitives du sluice à bras et du longtom pour le lavage des sables aurifères et le traitement des alluvions des méthodes perfectionnées par

---

(1) Des personnes bien informées prétendent que les chiffres officiels de la production aurifère résultant du droit de sortie de 8 °/. perçu par la colonie française, ou bien de celui de 5 % qui est perçu par la Guyane hollandaise, ne représenteraient que le tiers ou les deux cinquièmes de la production totale.

action mécanique, c'est-à-dire l'emploi des excavateurs et autres engins et surtout des dragues laveuses d'or, suivant l'exemple donné notamment en Nouvelle-Zélande, où les premiers essais de dragage remontent à plus de cinquante ans (1), aux Etats-Unis, au

---

(1) Nous n'avons l'intention ni d'exposer l'historique des origines et de l'évolution du dragage, ni d'envisager divers types de dragues ou genres de dragues employés, ni d'indiquer les développements récents des dragages pour or, dans les divers pays du globe, où cette industrie existe, cette étude venant d'être présentée au début de 1908 par l'ingénieur Delvaux dans une brochure parue sous le titre « Les récents perfectionnements des dragages aurifères dans le monde et particulièrement dans les Guyanes » ; nous nous bornons à renvoyer nos lecteurs à cette étude qui a été publiée dans le bulletin du mois de février 1908 de la Société des ingénieurs civils de France et qui contient également une description détaillée de la drague à godets, type presque universellement adopté.

Au surplus, nous avons donné des explications suffisantes à cet égard dans notre premier ouvrage sur la Guyane française, en traitant des dragues laveuses d'or (dragues à bras, dragues à vapeur, dragues électriques) et de leurs différents organes. Nous empruntons à la brochure de M. Delvaux le passage suivant relatif à la comparaison fort juste qu'il fait entre les dragues à vapeur et les dragues électriques :

La drague à vapeur présente l'avantage de former un ensemble absolument complet et de s'accommoder plus facilement de la main-d'œuvre rudimentaire des pays neufs. C'est ainsi que toutes les dragues en service dans l'Afrique Occidentale, en Birmanie, dans les Guyanes, etc., sont des dragues à vapeur. En Nouvelle-Zélande, où l'on avait d'abord employé exclusivement des dragues de ce genre, les dragues électriques se sont multipliées depuis quelques années. Non seulement on a adopté ce type dans les régions où l'on disposait de force motrice hydraulique, mais on a même proposé, pour les districts disposant de réserves importantes de lignite, la production de l'énergie électrique dans des stations centrales établies près des gisements et qui desserviraient les dragues de la région. On estime que la suppression des transports onéreux de combustible et les avantages inhérents à la manœuvre électrique des dragues compenseraient amplement la perte due à une double transformation d'énergie. L'installation de dragues électriques alimentées par des stations centrales établies à terre a été réalisée au Klondike (concession Boyle) et dans l'Alaska (Bourbon Creek) et récemment en Serbie (Peck).

Il est certain que cette solution offre d'incontestables avantages et mérite d'être étudiée, dès qu'un district minier prend une notable extension au point de vue du dragage. Evidemment on ne peut songer à résoudre ce problème par une réponse de principe : c'est une comparaison à faire dans chaque cas particulier, en tenant compte du prix du combustible, du coût des transports, de la possibilité de se procurer le personnel technique nécessaire, des possibilités pour l'établissement d'une ligne de transmission en raison notamment des conditions climatériques (neiges, orages, humidité, etc.).

En ce qui concerne la manœuvre même de la drague, il n'est pas douteux que l'électricité, toutes les fois qu'elle est économiquement applicable, offre sur la vapeur de grands avantages. Elle permet à la fois d'assurer l'indépendance des moteurs destinés à chaque manœuvre en évitant ainsi d'incessants embrayages, et cependant de réaliser de façon très pratique la centralisation de toutes les manœuvres entre les mains du chef dragueur. Aussi les dragues électriques de Californie fonctionnent-elles couramment avec deux hommes par équipe : un mécanicien et

Pérou, en Serbie, en Sibérie, dans l'Ouest Africain, en Birmanie, dans la Colombie britannique, en Guyane Anglaise, à la Terre-de-Feu, etc. La Californie ne possède-t-elle pas plus de 50 dragues, la plupart très puissantes ? La Nouvelle-Zélande n'a-t-elle pas eu en fonctionnement près de 200 dragues, les unes comme les autres exploitant, notamment en ce dernier pays, des terrains d'une teneur variant de 0 fr. 40 à 1 franc le mètre cube, alors qu'en Guyane Française il est assez commun de trouver sur les placers des terrains de 3, 5, 8 francs et même plus au mètre cube, et en certains endroits des teneurs encore beaucoup plus élevées ?

Il est évident que, dans les vallées, le longtom dont se servent certains ouvriers Guyanais ou les bricoleurs pour exploiter par groupes de deux à six hommes les têtes des criques et des fleuves, est un instrument de travail trop primitif, malgré tout souvent très rémunérateur, parce que l'or y est en général très gros et concentré généralement en des « poches » petites, mais riches ; mais il n'est

---

un laveur. L'emploi de l'électricité supprime aussi les transbordements de combustible entre le bord et la drague toujours onéreux, et parfois dangereux si le courant est rapide.

Enfin, toutes les fois que l'on dispose à proximité de forces hydrauliques, l'emploi de l'électricité réalise sur la vapeur une économie considérable. Dans ce cas, bien entendu, l'emploi de l'électricité s'impose sans hésitation ; on peut dire qu'il ne présente plus que des avantages.

En ce qui concerne les résultats supérieurs du dragage, M. Delvaux les fait judicieusement connaître ainsi qu'il suit :

La faveur si rapide qui a accueilli l'industrie du dragage se justifie par les avantages qu'elle présente. Ces avantages peuvent être ramenés à deux principaux : d'une part, la sécurité industrielle ; d'autre part, le bas prix de revient.

Le dragage a d'abord avec l'exploitation filonienne l'avantage considérable de la fixité de valeur de son produit. L'exemple des fluctuations considérables qui se produisent dans les cours du cuivre, du plomb, de l'étain et des autres métaux permet d'apprécier à sa juste valeur cette supériorité de l'exploitation aurifère.

Mais le dragage présente aussi au point de vue de la sécurité un avantage incontestable sur l'exploitation des filons : c'est la possibilité de faire par avance une reconnaissance très exacte du gisement, qui est étalé et d'un abord facile : si la prospection première a été sérieusement faite, on n'a pas à redouter ces appauvrissements ou rétrécissements subits et imprévus qui frappent trop souvent une exploitation filonienne en pleine prospérité. On peut donc n'engager qu'à bon escient les immobilisations de travaux et de matériel, d'ailleurs bien moindres que dans le cas des filons.

Il va de soi que, pour profiter de cet avantage, il est indispensable de faire des prospections préalables aussi soignées et aussi exactes que possible. C'est là un point fort important, et trop souvent négligé. L'impatience d'entrer au plus tôt en période de production, jointe à un souci d'économie mal compris, ont conduit fréquemment à l'installation de dragues sur des terrains insuffisamment reconnus, et le plus souvent un dé-

pas possible ainsi de constituer une exploitation digne de ce nom, en raison du cube restreint que des ouvriers peuvent extraire dans une journée, d'autant plus que leur travail ne peut avoir lieu pour le lavage de l'or que durant les mois pluvieux de l'année ; de plus, quand la crique est *pochée*, c'est-à-dire contenant de l'or gros, mais irrégulièrement et par places, on est exposé à des surprises, tantôt agréables, tantôt désagréables ; il est non moins évident que l'emploi du sluice en bois, dont la construction est simple, mais très imparfaite, en usage courant chez les Guyanais dans la partie où s'élargissent les vallées, ne saurait suffire pour une exploitation régulière, quoique plus industrielle que celle du longtom, bien que le travail au sluice, qui nécessite un personnel variant de dix à vingt ouvriers, permette une capacité de traitement un peu plus élevée que celle du longtom ; mais cette capacité est encore très faible, et a toujours l'inconvénient d'une perte d'or très grande, au point que souvent les lavages au sluice des alluvions de certaines criques ont été faits, toujours avec profit jusqu'à sept ou huit fois, comme par exemple aux placers Enfin, Dieu-Merci, Saint-Elie, etc. Le *repassage* (c'est l'expression consacrée) de terres déjà lavées donne quelquefois, on l'a constaté, des rendements aussi grands, et plus importants même que ceux du premier coup de sluice ; cela tient à ce que le terrain déjà fouillé est plus facile à enlever à la pelle et à la pioche, de sorte que l'on parvient lors du repassage à traiter un nombre de cubes supérieur à celui du premier lavage, et surtout à l'enrichissement du terrain, déjà lavé, par suite de l'or qui n'a pas pu être extrait de la glaise, et à la présence de *l'or rouillé*, c'est-à-dire l or recouvert d'une couche mince de péroxyde de fer.

Comment, dans ces conditions, ne pas être certain de l'avenir très brillant du dragage et des autres engins mécaniques à employer en Guyane, quand on sait que les Guyanais n'exploitent pas

---

sastre en est résulté. Les trois quarts des échecs en dragage sont dus à cette cause.

Quant au prix de revient, il varie, bien entendu, dans des limites fort étendues d'un pays à l'autre, suivant les conditions locales, le prix et la qualité de la main-d'œuvre, le coût de la force motrice et la capacité des dragues. Mais on peut avancer sans hésitation qu'en dehors de l'abatage hydraulique, tel qu'il était appliqué sur une échelle gigantesque en Californie, il n'est pas au monde de procédé minier d'extraction qui permette d'atteindre un prix de revient aussi bas que le dragage. On ne dépasse guère 1 franc ou 1 fr. 25 le mètre cube (approximativement 2 t) dans les conditions les plus onéreuses, et l'on est parvenu dans certains cas à abaisser ce chiffre même jusqu'à 0 fr. 30 et même 0 fr. 20 environ, abaissement dû en grande partie à l'accroissement continu des dimensions et de la capacité des dragues à or, mais aussi à la nature du bedrock, à la dureté du gravier à exploiter et à la teneur suffisante en or.

de placers au-dessous de la teneur dite de « deux sous à la battée »
correspondant à une valeur de 15 fr. par mètre cube ? (1). Ce rendement ne peut certes qu'augmenter considérablement en traitant les
alluvions par des procédés industriels développés, pourvu qu'ils
soient bien appropriés aux terrains auxquels ils sont destinés (condition *sine qua non*). Le défaut le plus saillant de la méthode guyanaise au moyen du longtom ou du sluice est la rapidité avec laquelle
les indigènes épuisent l'or des criques. On avance en effet à raison
de 600 à 800 mètres dans une année, en ne donnant jamais qu'un
seul coup de sluice. C'est aller trop vite, si bien que tout en croyant
prendre le meilleur il arrive qu'on le laisse. Il faudrait souvent opérer les deux côtés de la crique, au lieu de se borner à la ligne médiane. Il peut fort bien arriver effectivement que la petite zône riche
longe aussi bien les bords que le milieu de la crique. De plus, en
allant vite, on risque de laisser l'or dans le fond de la crique ; car
les hommes le piétinant, l'or s'enfonce assez profondément dans le
bedrock. Si, procédant autrement, les chercheurs d'or jettent
violemment en l'air la pelletée de gravier riche (ce que, dans leur
langage, ils nomment le *coup de canne major*, le sable, au lieu de
retomber dans le sluice, s'éparpille en l'air, et l'or va retomber en
partie dans la crique en arrière de l'exploitation, et il est perdu.

On se rend compte ainsi de la lenteur et de l'imperfection de la
méthode guyanaise.

Il est de toute évidence que la drague laveuse d'une robus-
tesse à toute épreuve, d'un rendement d'extraction considérable,
construite avec toutes les modifications de détails, et avec tous les
perfectionnements rendus nécessaires par la nature des terrains aux-

---

(1) « Les alluvions que nous avons étudiées dans différentes zônes situées les unes à quelques heures de la côte guyanaise, les autres à dix,
quinze et trente jours de canotage des rives de l'Océan, nous écrit M. Casey, présentent généralement une teneur minima de 7 à 10 grammes au
mètre cube. Point n'est besoin de discuter ces chiffres, car l'expérience
mille fois répétée devant nous a consisté à noter les rendements quotidiens
des sluices en travail, c'est-à-dire produisant et révélant le coefficient pratique de rendement.

Ces sluices ne passent guère quotidiennement plus de trois à quatre
mètres cubes de couche alluvionnaire et produisent de 20 à 50 grammes
d'or, souvent beaucoup plus.

Nous posons donc comme règle que la majorité des alluvions guyanaises
sont aurifères sur toute l'étendue de leur surface, cela sans préjudice des
lits de concentration ; elles sont argileuses, ont une épaisseur variable de
0 m. 50 à 2 mètres, et en général une seule couche existe ; ce qui prouve
que leurs dépôts sont à peu près uniformes ; elles contiennent de nombreuses brèches, galets quartzeux ou boulders dans une proportion en
poids de 30 à 40 % ; nous avons reconnu que la plupart de ces débris
rocheux sont aurifères et présentent des teneurs de 10 à 30 grammes à la
tonne.

quels elle est destinée et par les échecs du passé dans les divers pays
où la drague a été employée, permettant par son travail puissant et
méthodique de remuer, désagréger et laver des cubes énormes de
déblais, est destiné à produire des résultats très rémunérateurs (1),
tout en donnant aussi la faculté d'attaquer des terrains de richesse
moyenne que le sluice est impuissant à pouvoir exploiter avec gain,
et déjà il est constant qu'avec des teneurs de 2 et 3 fr. d'or au mètre
cube la drague procure à ses exploitants de gros bénéfices.

Il n'y a pas d'ailleurs que les placers qui soient susceptibles
d'être travaillés par la drague. Le lit des rivières pourra être dragué
la plupart du temps dans certaines parties avec de gros profits,
même dans les endroits les plus larges, de l'avis de nombre d'ingénieurs qui, en Guyane française, ont constaté fréquemment des
teneurs de 6, 8, 10 et 15 fr. (et plus même dans certaines poches) au
mètre cube. Il est certain d'ailleurs que, si ces richesses fluviales
sont restées jusqu'à ce jour absolument intactes, cela tient à ce que
d'une part les teneurs ne sont pas payantes par le procédé du sluice
à la main, et d'autre part que la plupart de ces placers fluviaux,
recouverts en tout temps par une épaisseur d'eau plus ou moins
considérable, ne peuvent pas être asséchés et mis à découvert par
les procédés guyanais en usage, comme cela est possible pour les
terrains alluvionnaires environnants que les indigènes peuvent
atteindre à la surface, au cours de leurs expéditions (2).

Il résulte de ces indications que les gisements qui conviennent
au dragage sont parfois inaccessibles aux méthodes primitives de
sluice, ce qui arrive notamment par suite des difficultés ou des im-
possibilités d'installations de ces appareils dans des terrains trop
noyés ou à trop faible pente, ou par suite de la faible teneur en or de
certains terrains, de même qu'il est des endroits où la drague ne
pourrait se mouvoir suffisamment, par exemple dans des criques
étroites, comme dans la Haute Mana, d'où il ressort qu'il serait inutile et onéreux de la placer, quand son champ d'action est restreint,

---

(1) Il résulte, par exemple, de prospections minutieuses et nombreuses
faites notamment dans le fleuve Sinnamary, reconnu sur une longueur
de 40 kilomètres et sur une largeur moyenne de 200 mètres que sur une
grande partie de cette étendue une couche aurifère de 2 à 4 mètres d'épaisseur a été rencontrée ; ce qui donne ainsi un cubage moyen de 600.000 mètres cubes par kilomètre, chiffre qui semble fantastique, et qui est cependant vérifié mathématiquement. Quels bénéfices considérables une telle
exploitation ne doit-elle pas produire, avec une drague perfectionnée si
l'on considère que, d'après des expériences déjà faites industriellement,
le prix de revient ne dépasse pas le chiffre de soixante-dix centimes à un
franc, un franc vingt-cinq centimes au grand maximum, par mètre cube
de sable pris par les godets de la drague, le rendement industriel moyen
étant de cinq francs au mètre cube !

par exemple dans les hauts des criques, ou dans les criques à faible
largeur ou à faible débit d'eau et qu'il est d'autres terrains où elle
ne pourrait pas fonctionner, par exemple, si le *bedrock* (1) est rocheux ou très compact, formant pour ainsi dire une sorte de cimen-
tage inattaquable à la drague ou dans des amas de boulders.

Enfin, il est vrai de dire aussi que dans la saison sèche il n'est
possible, en général, de travailler qu'un petit nombre de criques ;
en effet, toutes les têtes de ces cours d'eau qui renferment souvent
des emplacements riches contenant de l'or gros (ce que savent bien
les « bricoleurs » et « maraudeurs ») ne peuvent pas être lavées,
faute d'eau, ou à cause de l'étroitesse du terrain.

C'est ainsi qu'en Guyane l'état aurifère des différents placers
peut être classé en trois catégories : 1° les terrains vierges d'exploitation ; 2° les terrains lavés et repassés une ou plusieurs fois ; 3° et
les filons aurifères et les roches riches. D'une manière générale, on
peut dire que, quels que soient ses avantages considérables, le travail mécanique ne supplantera jamais complètement le travail à la
main à l'aide de sluice ; ces deux méthodes devront, au contraire,
se juxtaposer en Guyane et s'aider mutuellement en quelque sorte
pour concourir à l'augmentation des ressources de la Colonie (2),

---

(1) On sait qu'on entend par *bedrock* le lit du fleuve, la couche ferme
sur laquelle reposent le gravier et l'alluvion, quelle que soit sa nature,
non seulement quand il est formé de roches plus ou moins dures, mais
quand il est composé de glaise, argile, lave, etc., plus ou moins mélangées
de cailloux et de quartz. Il est certain que la présence de gros amas de
roches et la dureté du gravier fatiguent et usent considérablement la
drague, quand elle les rencontre, et que pour éviter des ruptures il est
essentiel que les godets de la drague, comme la plupart de ses autres
organes, soient très robustes ; ce sont là des dépenses supplémentaires
dont il convient toujours de tenir compte.

(2) Voici en quels termes dans des « Notes sur l'industrie aurifère en
Guyane française », parues en 1904, l'ingénieur Delvaux, qui a déjà fait plusieurs voyages et séjours dans la Mana pour des prospections de terrains
alluvionnaires et des contrôles de fonctionnement de dragues, appréciait
l'évolution de l'industrie aurifère en Guyane par le développement du dragage :
« Le développement de la Guyane dépendant de celui de l'industrie
aurifère, il est indispensable, pour assurer sa prospérité, que des méthodes
plus modernes viennent remplacer, là où la chose est possible, les anciennes routines. Le « chercheur d'or » guyanais, hardi, résistant bien au
climat, habitué à se contenter des ressources sommaires que lui offre la
forêt-vierge, ira plus avant vers les sources des rivières exploiter les placers neufs où les hautes teneurs lui assurent de riches productions en
dépit de la défectuosité des moyens qu'il met en œuvre. Plus près de la
côte, des exploitations industrielles, appuyées par des capitaux sérieux et
appliquant des méthodes plus perfectionnées, reprendront avec profit les
gisements actuellement délaissés comme improductifs. Tout le monde y
trouvera son compte : le placérien, qui profitera des améliorations dans

sans léser aucun intérêt particulier ; mais la méthode d'exploitation guyanaise actuelle par sluices ne doit plus servir que pour le traitement des couches aurifères existant en montagne ou dans les criques à faible débit d'eau, tandis que pour toutes les alluvions basses et pour les marécages, en majorité dans les placers du pays, l'avenir de leur exploitation est acquis aux dragues.

Quoiqu'il en soit de l'avenir du dragage en Guyane, il ne faut pas oublier que sur une production totale de plus de 12 millions d'or, 8 millions 1/2, soit les deux tiers, ont été produits par le sluice.

Des explications ci-dessus on peut déduire qu'il existe deux genres de dragages, similaires quant au procédé mécanique du traitement des alluvions aurifères, mais se différenciant par la nature même des terrains à draguer : l'un, dit en *placer sec*, s'applique aux gisements alluvionnaires qui ne sont pas recouverts constamment d'eau et qui sont seulement traversés par une crique d'un débit plus ou moins restreint (dans ce cas la drague se meut le plus souvent au papillonnement dans un petit lac qu'elle constitue elle-même, en creusant à l'avant et en rejetant les stériles à l'arrière) ; et l'autre, dit *en rivière*, consiste à draguer le lit même du fleuve, sous une profondeur d'eau n'excédant généralement pas six à huit mètres de fond.

C'est assurément la drague à godets, d'un fort tonnage et d'un grand rendement (1) non pas seulement théorique, mais pratique (car

les transports ; les entreprises d'exploitation industrielle, qui auront à traiter des gisements encore huit ou dix fois plus riches que ceux que l'on exploite couranment en Nouvelle-Zélande ou en Californie ; les commerçants de Cayenne et de la côte, qui bénéficieront des transactions provoquées par le développement de l'industrie et par l'accroissement du nombre d'ouvriers ; la colonie elle-même enfin, dont la principale, pour ne pas dire l'unique ressource, est le droit de sortie sur l'or, et qui verra croître ses recettes par suite de l'augmentation de sa production. »

Nous partageons complètement cette manière de voir qui est celle de tous les ingénieurs et prospecteurs guyanais.

(1) Voici des données approximatives, mais sérieuses, justifiant le montant élevé de dépenses nécessaires pour l'achat, le transport, le montage et l'installation d'une forte drague, avant tout fonctionnement de cet engin en Guyane, chiffres pouvant dans la généralité des cas servir de base normale aux exploitations de dragage sur les placers, sans exagération, sauf quelques variations de chiffres d'un article à un autre.

1° Prix d'achat d'une drague robuste de grande capacité, 350.000 francs, et d'une drague moyenne, suivant la capacité des godets, 200 à 300.000 francs.

2° Prix d'achat du petit matériel, 10 à 15.000 francs (chiffre approximatif, quelquefois inexistant si dans le contrat passé avec le constructeur de la drague on lui en impose la fourniture).

3° Prix d'achat des pièces de rechange, 10 à 15.000 francs (chiffres variables suivant le nombre et les prix divers).

4° Frêt jusqu'à Cayenne, 15 à 20.000 francs (tout dépend du poids de la

il y a souvent loin du rendement théorique au rendement industriel et pratique !) assez semblable d'aspect et de construction à celles employées aux travaux de dérochement du port du Havre et du creusement sur chenal de Boulogne, mais avec toutes modifications utiles et indispensables dans ses détails et ses accessoires, surtout pour le classement des matières, suivant l'appropriation nécessaire aux besoins et à la nature du sol du pays et à la grosseur moyenne des graviers à traiter, qui doit arriver à faire florès en Guyane française pour le dragage des alluvions aurifères, tant pour les terrains de plaine que pour le lit des rivières.

L'engin doit être très puissant et très solide non seulement pour passer une grande quantité de matières aurifères, mais encore pour résister aux chocs de grosses pierres et de troncs d'arbres quelquefois enfouis pouvant se rencontrer dans le bedrock.

C'est cette expérience qu'a dû acquérir la Société du placer Elysée, dénommée actuellement, après sa fusion avec la Société « South American Goldfields » et sa transformation en Société française, « Compagnie Minière et de Dragage de Guyane », qui, s'étant proposé de mettre successivement ses concessions en exploitation intensive par la méthode du dragage avait fait mettre en marche une première drague trop légère, trop peu puissante, à titre d'essai, ayant toutefois donné des résultats assez satisfaisants relativement à sa

---

drague et du point de départ, à partir des ateliers de construction).

5° Transport maritime de la drague et du matériel accessoire jusqu'à Cayenne et de là au cours d'eau dans le bassin duquel se trouve le champ d'or, et au dégrad, par pirogues à partir du point où le fleuve n'est plus navigable autrement et du dégrad au placer, 40 à 55.000 fr. (chiffres très approximatifs).

6ª Travaux préliminaires nécessaires, 12 à 15.000 francs (chiffres très variables, suivant les criques et la nature des terrains, etc.).

7° Frais de montage de la drague et déblais pour lancement de la coque, et frais de voyage des ingénieurs, contre-maîtres et employés, approvisionnements et vivres du personnel ; appointement des employés et salaires des ouvriers pendant une période non productive de six mois au moins : 65 à 75.000 francs ;

8ᵌ Achat d'une petite scierie mécanique, d'un moteur à vapeur de pétrole pour canot, pompes d'épuisement et pompes élévatoires, achat de pirogues, d'instruments de nivellement, de topographie et autres : 30 à 40.000 francs (tout n'est pas nécessaire ; par exemple les pirogues peuvent être louées au lieu d'être achetées).

9ª Achat de matériel d'ameublement, literie, vaisselle, médicaments et accessoires d'infirmerie, tôle ondulée, de 10 à 15.000 francs.

L'ensemble représente ainsi un total de dépenses de 500 à 600.000 fr. approximativement, frais de prospection compris.

Il convient d'ajouter pour fonds de roulement, assurance de la drague et imprévus, un chiffre global de 100.000 francs environ dans les deux cas. C'est donc un *working capital* minimum variant de 600 à 800.000

force et à sa capacité de traitement des graviers aurifères, mais qui a fait construire ensuite une deuxième drague beaucoup plus robuste, d'un poids de 200 tonnes, et de plus grande capacité, mise récemment en marche et devant fonctionner actuellement sur le placer Elysée, d'après les indications de la Direction, avec toute satisfaction de marche et de rendement, puis a mis à l'étude une troisième de même puissance que la deuxième ; d'autres dragues devront se succéder sur ce placer ultérieurement, d'après les renseignements fournis par les ingénieurs de la Société.

Une drague puissante devant être susceptible de passer méthodiquement et normalement de 4 à 800 mètres cubes par jour (et même plus du double, si l'on compte les journées de 20 heures de travail effectif, avec trois équipes se remplaçant le jour et la nuit, ce qu'il n'est pas toujours facile d'obtenir régulièrement), on conçoit qu'il est nécessaire qu'elle ait devant elle un champ d'exploitation suffisamment vaste et du travail assuré pour une période de cinq à huit années, temps approximatif de sa durée de travail, par suite temps dans la limite duquel le coût de la drague devra nécessairement être amorti, pour que la Société faisant l'exploitation n'ait pas de mécomptes dans le calcul de ses frais généraux et de la somme annuelle à affecter aux amortissements.

En raison de la force nécessaire à cet engin pour produire d'excellents résultats, divers placériens ont pensé qu'il semblerait nécessaire d'alléger le bateau portant l'appareil, la coque, qui doit toujours avoir une très large base pour donner à l'ensemble une très grande stabilité, et d'établir la machine à vapeur sur un bateau spécial indépendant, amarré à proximité de l'endroit où doit opérer la drague, et relié à celle-ci par des courroies de transmission, tant

---

francs, qui est strictement nécessaire, suivant la capacité plus ou moins grande de la drague, qui doit toujours être puissante, susceptible de donner de très beaux résultats et suivant d'autres éléments divers d'appréciation, sur lequel il faut nécessairement tabler pour songer à faire une exploitation sérieuse des alluvions aurifères par le dragage. Les sociétés qui se formeraient pour une exploitation méthodique et rationnelle au moyen de la drague sans pouvoir engager de telles dépenses initiales absolument nécessaires éprouveraient de tristes déconvenues et seraient vouées à un échec certain, nous ne craignons pas de le dire hautement. Si elles ne disposaient pas de ressources largement suffisantes, mieux vaudrait pour ces sociétés de ne pas se constituer, de manière à ne pas créer de fausses illusions aux actionnaires et à éviter la perte de leurs capitaux ! C'est là un avis tout désintéressé, suggéré par l'exemple de nombreuses affaires minières qui ont échoué fatalement par suite d'un premier capital insuffisant et d'une imprévoyance aveugle dont les sociétés nouvelles doivent faire leur profit pour éviter des déboires et des mécomptes aux actionnaires naturellement confiants ; ce qui serait de nature à rejaillir par contre-coup sur le développement des affaires aurifères en Guyane.

Voici, d'autre part, des indications sûres que nous nous sommes procu-

pour rendre moins lourd l'appareil dragueur qui exigerait un moindre tirant d'eau que pour lui éviter des secousses violentes qui sont inévitables autrement et qui nuisent toujours à la bonne récupération de l'or fin. Mais nous estimons, quant à nous — et nombre d'ingénieurs partagent notre avis — qu'en Guyane il convient de ne pas employer, autant que possible, les longues courroies de transmission qui se détériorent vite dans les pays à la fois chauds et humides, et varient tellement de tension, quelle que soit la matière employée, même si elles sont faites en poils de chameaux et en balata, que souvent les poulies ne sont plus entraînées, en sorte que la moindre résistance arrête tout l'appareil.

Dans ces conditions, il paraît donc plus économique et plus rationnel que le moteur et l'appareil de lavage, la drague, ne constituent qu'une seule machine, quel que soit, dans certains cas, l'inconvénient du poids plus lourd, souvent avantageux au contraire pour l'assiette de l'appareil dragueur.

Si les poulies de commande et de réception avaient une surface adhérente plus grande, la tension constante des courroies deviendrait inutile et cet inconvénient n'existerait plus.

— Comme la construction d'une drague, son transport en Guyane, le déchargement des pièces fractionnées qui doivent la

rées, concernant les frais de revient de la nourriture de 100 personnes employées sur un placer situé à quelques jours de canotage de la côte guyanaise, par mois de 30 jours, aux prix de Cayenne, chiffres rigoureusement exacts :

Nature des Vivres	Quantité mensuelle par tête	Total des kilogram.	Prix de l'unité	Total en francs
			fr.	fr.
Viande......	5k200	520	1 »	520 »
Poissons....	2 200	220	1 75	335 »
Cacao	9 600	960	1 »	960 »
Farine.....	9 600	960	0 50	480 »
Riz	9 600	960	0 30	288 »
Haricots	4 »	400	0 90	360 »
Graisse	1 »	100	1 50	150 »
Tafia......	3 lit. 500	350	1 45	507 50
Tabac	0 400	40	4 »	160 »

(Total : 3.760 50)

A quoi il faut ajouter pour être prudent dans les chiffres 10 % pour les pertes en cours de route, 376 fr., soit au total 4.136 fr. 50 par mois en ce non compris l'emballage et la soudure des récipients (150 fr.), le transport de Cayenne jusqu'au fleuve, les frais de manutention et de transport d'abord au dégrad et de là au placer, la nourriture des piroguiers, les frais de canotage, le tout pouvant atteindre la moitié des frais totalisés ci-dessus, quelquefois plus.

composer, celui des pièces de rechange, l'embarquement sur pirogues et le nouveau déchargement du tout, la mise à pied d'œuvre, l'installation et le montage de l'appareil sur le placer, nécessitent toujours un temps assez long, pouvant varier de dix à quinze mois, il est économique et de bonne administration pour une Société d'employer la première année qui suit sa constitution à faire exécuter tous les travaux de défrichement et de déboisement longs et coûteux et ceux d'aménagement général et à procéder à des installations de chantiers provisoires au sluice qui pourront déjà donner une production suffisante pour payer une partie plus ou moins grande des dépenses, au fur et à mesure de la construction de carbets, cases, habitations, magasins, quais, routes, du nettoyage des criques, etc. Déjà, la création d'un bon chemin carrossable depuis le *dégrad* jusqu'au centre du placer est indispensable. L'emplacement du dégrad, que l'on établit toujours dans un endroit découvert tout à proximité du bord de la crique la plus proche ou la plus accessible des lieux d'exploitation, doit être choisi avec soin dans un lieu assez élevé pour éviter les inondations et non loin des parties calmes des rivières qui sont souvent les plus riches, mais non pas près des sauts et rapides. Le choix de cet emplacement est, en effet, un point très important, puisque le dégrad doit être le lieu le concentration des vivres et des approvisionnements et de dépôt du matériel venant de la côte guyanaise et le point initial de la route principale allant au placer avec lequel il sera en communication constante et journalière.

Dans la plupart des cas même, la construction d'un petit chemin de fer Decauville s'impose pour les transports entre le dégrad et le placer et pour le reliement entre eux des divers chantiers d'exploitation, quand deux ou plusieurs dragues fonctionnent simultanément sur la même concession dont l'étendue est parfois très vaste.

Il convient aussi naturellement (on n'aurait garde de s'en priver), d'approprier un emplacement pour y faire un jardin dans lequel on plante du manioc, toutes sortes de légumineuses pour avoir des légumes frais, des arbres fruitiers, surtout bananiers, cocotiers, citronniers, et des arbres d'agrément, palmiers, tamaris et autres, ainsi que des eucalyptus qui favorisent beaucoup l'assainissement. Ce sont là choses indispensables et profitables pour les placériens.

Ce sont là choses indispensables et profitables pour les placériens.

Fort heureusement, la drague, malgré son coût élevé (il faut, en effet, compter une dépense d'achat, de transport, de mise à pied d'œuvre et de montage pour une drague puissante, comme

il est nécessaire d'en avoir en Guyane (1), variant de 300.000 à
450.000 fr., d'après des calculs très étudiés de divers ingénieurs très
compétents, suivant sa force de résistance, la solidité de ses divers
organes, la distance plus ou moins grande du placer, et selon les difficultés de transport jusqu'au lieu du montage), est un appareil d'une
économie extraordinaire, si on le compare avec le travail au
sluice (2), et comme dans la chaudière de la drague on ne brûle que

---

(1) Détail des frais approximatifs d'un petit chantier d'exploitation au
sluice simple :

Personnel de 15 hommes.

1 chef de chantier à 6 francs par jour..	6 »
4 piocheurs pelleteurs, à 5 francs par jour..	20 »
10 ouvriers (dont : 2 hommes au débourbage du sluice, 2 hom-mes au débourrage des stériles, et 4 hommes en avant, aux dé-blais), à 4 francs par jour, soit	40 »
Frais de nourriture du personnel, soit 15 hommes à 2 francs par jour	30 »
Divers	4 »
Total des dépenses journalières...............................	100 »

Si l'on suppose un travail moyen de 6 mètres cubes d'alluvions traitées
par jour avec ce chantier d'exploitation au sluice, chiffre normal on se
rend compte que le prix de revient du mètre cube par l'emploi du sluice
est ainsi de 16 fr. 60.

Il est par contre établi que le prix de revient du mètre cube par l'emploi de la drague est de 0 fr. 60 à 0 fr. 85 et dans tous les cas inférieur
à un franc vingt-cinq centimes en Guyane.

Il en résulte que des terrains alluvionnaires d'une richesse moyenne
que le sluice ne pourrait travailler qu'avec perte s'offrent en Guyane en
étendues considérables à l'emploi très productif et très rémunérateur de
la drague.

Nota. — Les frais généraux varient suivant le nombre de chantiers ou
d'exploitations sur lesquels ces frais sont répartis ; c'est là le cas le plus
général.

Sur les placers, les travailleurs dont les contrats d'engagement ont
d'ordinaire une durée de six mois, ont droit, en dehors de leur salaire
journalier, à leur nourriture, au logement et aux soins médicaux. Si l'on
emploie des femmes, leur salaire habituel est de 1 fr. 50 à 2 francs ; les
femmes ont la même nourriture, moins le tafia. Sur la plupart des placers,
chacun peut disposer d'un petit terrain pour le cultiver et y faire les plantations qu'il juge convenable. Chaque ouvrier qui se rend sur un placer
est tenu de se munir d'un hamac et d'une couverture.

(2) Nous n'avons point de réclame à faire pour les dragues pas plus
d'ailleurs que pour les autres appareils que nous étudierons plus loin, notre
but étant tout autre et d'un ordre plus élevé : celui de tâcher d'être utile
aux ingénieurs et aux placériens. Signalons néanmoins à titre d'indication
comme constructeurs de dragues :

La Compagnie Forge royale néerlandaise, à Leyden (Hollande), Ben-
nik et C°, à Amsterdam, Werf Conrad, à Haarlen, Lobnitz et C°, à Renfrew
(Ecosse), la Société Fraser et Chalmers, près Londres, et en France la Société de constructions, Daydé et Pilet, celle des Forges et Chantiers de la
Méditerranée, la Société Schneider et Cie, etc.

du bois, dont on dispose en quantité illimitée à pied d'œuvre, les dépenses relatives à la drague consistent uniquement dans les frais généraux et l'amortissement, en dehors de la main-d'œuvre qui est excessivement réduite par rapport à celle qu'exige le travail aux sluices.

Il convient d'ajouter que le service d'une drague puissante, d'un poids de 200 à 300 tonnes, peut nécessiter un personnel de 30 à 50 hommes, suivant les circonstances et suivant le nombre d'équipes (mécaniciens, manœuvres, etc., et approvisionneurs de bois compris) et que les frais d'exploitation ne sont guère sensiblement plus élevés, que la drague traite 1.000 ou 1.200 mètres cubes par jour ou qu'elle n'en traite que 4 ou 500 ; ce n'est qu'une question de quelques stères de bois de chauffage à débiter et à brûler en plus. Enfin, il faut avoir soin de considérer très sérieusement dans les calculs la capacité de rendement non pas seulement théorique, mais celle pratique de la drague à employer.

Nous avons eu l'heur de nous entretenir au cours de l'année 1908 à cet égard avec un ingénieur-constructeur de nationalité hollandaise, homme de science et de pratique d'un grand mérite, aussi savant que modeste, puisqu'il ne nous a même pas autorisé à signaler ici son nom, bien qu'il ait fait manœuvrer avec succès plusieurs dragues dans l'Amériquue du Sud.

De ses indications fort précieuses et de la discussion qui s'en suivit et qui fut des plus intéressantes sur le dragage se dégagent les observations suivantes, dont la plupart sont applicables à la Guyane et dont les ingénieurs et placériens pourront, nous l'espérons, tirer grand profit.

Dans une entreprise de dragage, il est quatre facteurs essentiels qu'il importe au plus haut point de considérer avant tout : 1° la sincérité et la multiplicité des sondages dans la prospection préliminaire ; 2° la nature du sol, celle des terrains et des alluvions à draguer, ainsi que leur teneur moyenne ; 3° les frais généraux de l'entreprise, y compris la Direction, le personnel, le chauffage, l'assurance de la drague, les redevances annuelles, etc., c'est-à-dire le prix de revient ; 4° le nombre de mètres cubes que fait *réellement* dans la pratique une drague mise en service.

Il ne faut pas oublier que chaque drague doit être spécialement étudiée et commandée comme force et comme capacité de rendement suivant la nature de l'alluvion à traiter et suivant la région où elle doit être employée. Si elle n'a pas besoin d'être démontable pour le transport à pied d'œuvre, il est certain qu'on réalisera une grosse économie sur la dépense ; de même les godets doivent être plus robustes pour les terrains durs que pour les terrains marécageux et mous.

Si ces quatre facteurs sont connus d'une façon exacte, après des prospections soigneusement faites, le résultat que donnera le dragage par l'expérience devra être rigoureusement conforme aux calculs que les ingénieurs auront établis préalablement à l'exploitation.

Il est important également de considérer que, dans les calculs du cubage de la concession, quelles que soient les prospections préalables faites, la totalité n'est jamais complètement dragable ; c'est la partie d'alluvions aurifères qui est réellement à travailler qu'il convient naturellement de déterminer et de cuber. C'est ainsi qu'une rivière contenant des alluvions aurifères n'est généralement pas payante sur tout son parcours ; les graviers aurifères se sont bien accumulés à certains emplacements, notamment près des courbes, qui ont une influence capitale sur les dépôts des alluvions et sur leur métallisation; mais il y a aussi des parties rocheuses, d'autres sablonneuses et peu aurifères ; en tête d'un dépôt de graviers, il y a plus d'or qu'à son point final. Ce serait donc une erreur et une faute que de calculer la richesse aurifère d'une concession aurifère d'après sa superficie totale ; il faut tenir compte aussi des irrégularités de teneurs, à peine de commettre de grosses erreurs.

D'autre part, une prospection superficielle des alluvions avec une déduction théorique de leur richesse en profondeur est une erreur constante ; les prises d'échantillons doivent être faites dans un récipient d'une capacité connue, sans rien distraire, surtout les pierres qui, elles, passent dans les godets de la drague ; on doit laver tout ce que contient le récipient avec une batée.

L'époque des basses eaux d'un cours d'eau est la plus favorable pour les recherches de prospection à faire sur ce cours d'eau ; la pelle Lacour est notamment un instrument très pratique et aussi exact que possible pour la prospection sous l'eau ; ce mode de procédera est très employé en Hollande dans le dragage et le nettoyage à la main de nombreux canaux de ce pays.

Quand on connaît bien la constitution géologique de la concession, la profondeur moyenne des alluvions à traiter, la nature des terrains à travailler, ainsi que sa richesse en teneur, il faut avoir soin de bien s'assurer que le constructeur de la drague exécute une machine devant débiter *pratiquement* le cube nécessaire pour la bonne marche de l'exploitation. Toute drague doit nécessairement être étudiée d'après cet ensemble tout particulier de considérations. C'est ainsi, par exemple, qu'une drague étudiée pour 8 à 10 mètres de profondeur travaillera de façon défectueuse à 4 ou 5 mètres, parce que l'*élinde* sera trop horizontale et que le godet mordra mal

l'alluvion. Aussi, ne saurions-nous trop attirer l'attention des Sociétés devant faire l'entreprise du dragage sur la nécessité de rédiger au préalable avec le constructeur de la drague un cahier de 'charges sérieusement étudié à tous points de vue ; les plans et dessins des pièces qui doivent composer la drague doivent être bien examinés, avec toutes les données précises de l'ingénieur, les trommels percés de trous d'un diamètre de plus en plus minime, bien contrôlés, la chaudière ayant la dimension suffisante pour le chauffage au bois, à cause du type multitubulaire pour le fractionnement des colis, sluices ayant la longueur prévue, godets ayant la force et la capacité suffisantes, plus ou moins robustes et de volume plus ou moins gros, suivant qu'ils doivent attaquer des terrains durs et chargés de gros graviers et le lit des fleuves où se trouvent souvent accumulées de grosses pierres et parfois des troncs d'arbres, ou qu'ils ont à mordre simplement des terres argileuses, un bedrock glaiseux et mou chargé seulement de petits graviers, l'élévateur de tête et celui de queue, ainsi que l'élinde étant rigides et puissants, toutes les pièces de la drague devant naturellement être proportionnellement plus fortes. Il y a lieu au surplus de suivre les données suggérées par l'expérience et les indications que nous avons déjà formulées à cet égard dans notre premier ouvrage, sur l'avis autorisé de M. Pottereau. Il ne faut pas négliger non plus de porter au cahier des charges l'installation pour le lavage de l'alluvion d'une pompe centrifuge double, consistant en deux turbines distinctes, de taille différente, calées sur le même arbre et tournant chacune dans son enveloppe, de façon à fournir aux cribleurs de l'eau sous une pression modérée supérieure à celle que l'on distribue aux sables de récupération et aux sluices ; il convient d
quer aussi la dimension, la forme et la capacité des godets et leur nombre passant à la minute qu'il est bon d'expérimenter, si possible, dans un terrain lourd, avant de prendre réception de la drague, etc. Il faut bien se rappeler que *la totalité des mètres cubes qu'indique la théorie doit être presque deux fois plus forte que celle que l'on désire obtenir pratiquement sur le terrain par le fonctionnement de la drague sur place.* Par exemple, si les godets se déchargent à raison de 12 par minute, soit 720 à l'heure pour traiter 1.800 mètres cubes par jour *en théorie*, il faut compter *en pratique* sur un traitement réel et effectif de 1.000 mètres cubes. On doit, en effet, considérer qu'une drague en fonctionnement ne mord pas toujours d'une façon égale dans l'alluvion qu'elle travaille, que, de plus, en évoluant elle avance et recule légèrement et qu'elle fait en quelque sorte ressort sur le terrain, et que, si certains godets passent com-

plètement ou en majeure partie pleins de matières, d'autres passent peu remplis et quelquefois aussi presque vides.

Il ne faut pas oublier que dans une drague les appareils de débourbage et de lavage des alluvions ont une importance très grande. Leur étude doit ainsi être très minutieuse ; dans les modèles les plus récents de dragues puissantes, telles que celles construites tout dernièrement pour l'ingénieur Pottereau, on a appliqué un principe appelé a augmenter dans des proportions énormes la retenue de l'or : celui de l'adjonction d'un *distributeur* en forme d'entonnoir, recueillant l'ensemble des matières classées et les distribuant de manière égale et au gré de l'opérateur sur chacune des tables de lavage. Le grand défaut des moyens précédemment en usage avec les trommels était l'inégalité de répartition des matières sur les tables ou sluices ; en effet, les tables recevaient les matières provenant de la tête des trommels, c'est-à-dire des premières perforations, étaient continuellement surchargées, alors que les tables servant au classement des dernières perforations du trommel ne recevaient plus que de faibles quantités de matières mélangées à une masse considérable d'eau, et cela en dépit de l'augmentation des sections des perforations du trommel. Aussi le trommel dans lequel les godets déversent les alluvions pour un criblage énergique des matières est-il un organe dont la construction exige le plus grand soin. Si les alluvions contiennent de la glaise, il doit être long et large et agencé de telle sorte que les mottes de glaise tombent d'une certaine hauteur, se brisent et se délaient dans une grande quantité d'eau. Les trous des trommels doivent être d'autant plus petits que l'or est fin ; s'ils sont de dimension trop grosse, les tables de lavage se chargent inutilement de cailloux et s'engorgent plus facilement que les sluices. Les galets sur lesquels tourne le trommel doivent être parfaitement construits, car ils s'usent très vite. Ajoutons enfin que le trommel doit comporter divers compartiments successifs avec des trous de dimension bien étudiée pour assurer un meilleur débourbage des matières argileuses et une répartition plus égale sur les tables de récupération de l'or. Chacune des tables doit être autonome, c'est-à-dire avoir sa pente à elle, réglée et mise au point, suivant les besoins.

Le mode de récupération de l'or est également un point très important à étudier avec soin.

Si l'appareil dragueur est construit pour rejeter 20 ou 30 pour cent des graviers dragués, il est bien évident que l'*élévateur* se trouvera impuissant à décharger les graviers dans un terrain où il en rencontrera 80 pour cent, par exemple ; il y aura ainsi des arrêts

forcés, alors que les frais d'exploitation restent toujours sensiblement les mêmes ; d'où augmentation de dépenses.

Il est bien certain que ces détails pratiques, résultant d'une
expérience consommée dans le maniement des dragues ne peuvent
être connus que des ingénieurs et praticiens qui ont passé de longues journées à bord d'une dragueuse et qui ont été à même d'étudier sur place son rendement réel ; mais il est absolument indispensable, pour ne pas avoir de mécomptes, de les prendre en considération sérieuse, tant pour établir des calculs exacts et certains, que
pour faire exécuter une construction soignée de la drague.

En résumé, toutes ces indications tendent à démontrer la nécessité pour toute Société d'exploitation d'établir avec le constructeur de la machine un cahier de charges complet, étudié et exécuté
dans ses moindres détails, de faire surveiller les travaux pour que
la construction de la drague soit scrupuleusement faite suivant les
données indiquées par les ingénieurs expérimentés en la matiè-
de faire assister l'ingénieur à la pesée et au montage sur place des
parties fractionnées de la drague dont il faut faire l'essai avant la
livraison, autant que faire se peut, à son démontage et au chargement bien compris des colis (pour éviter soit l'emploi de deux bateaux transporteurs, soit l'oubli de pièces quelquefois importantes,
ou même de boulons, ce qui s'est déjà malheureusement vu, d'où des
retards sans nombre pour leur remplacement), de s'assurer aussi que
l'installation des apppareils de classement et de lavage répond bien
à la nature du terrain sur lequel la drague doit papillonner, selon
que l'or y est fin, moyen ou gros.

Il ne faut pas perdre de vue qu'en ce qui concerne le lavage des
alluvions les sluices organisés sur les dragues sont des sluices théo-
riques qui, si l'or est fin, en perdent autant qu'ils en récoltent ; il est
facile de s'en rendre compte en faisant des batées avec les sables
recueillis en queue des sluices. L'emploi de paillassons en fibres de
coco, qui sont résistants et pourrissent peu pour recouvrir les
tables, arrêtent bien l'or fin que l'on maintient en place par du métal déployé ; mais les sables fins, quartz et autres, les fers magnétiques et toutes les matières fines remplissent vite ces paillassons, et
dès lors, le précieux métal ne s'y fixe plus ; il est donc nécessaire
de les laver souvent ; ce qui est encore une grosse perte de temps,
même avec plusieurs jeux, et il faut aussi en tenir compte dans les
évaluations à faire.

Il faut aussi que les calculs de l'ingénieur soient faits avec la
plus extrême prudence, avec une modération excessive, le rendement pratique étant la plupart du temps bien inférieur au rende-

ment théorique ; il faut également que les journées de travail soient comptées au nombre de 250 plutôt même que de 300 par an (des causes diverses : crues d'eau subites, nombreuses souches et troncs d'arbres enfouis parfois dans l'alluvion, diversité de nature du terrain, déplacements de la drague pour être transportée ailleurs, démontée en totalité ou en partie, cas imprévus et pouvant arrêter inopinément le travail sur place) et que dans les calculs la teneur aurifère reconnue des alluvions soit, par prudence exagérée peut-être, mais utile, diminuée de moitié. C'est ainsi que, si une drague doit débiter normalement 1.000 mètres cubes par jour, l'ingénieur ne doit pas craindre dans ses calculs d'abaisser la production mensuelle à 20.000 mètres cubes par mois ; de même que si le prix de revient peut être de 0 fr. 60 à 0 fr. 80 par mètre cube traité, il ne doit pas hésiter à les porter à 1 franc ou 1 fr. 25 même. Tant mieux pour les actionnaires si les résultats dépassent les prévisions généralement optimistes de l'ingénieur ; cette manière d'établir les calculs est bien préférable dans l'intérêt des actionnaires, au lieu de les voir trompés dans leurs espérances par des calculs que l'ingénieur sans doute croit sincères par avance, mais qui ne seront pas, en pratique, conformes à la réalité.

Tous les chiffres ainsi réduits à l'excès n'empêcheront pas encore que l'entreprise du dragage ne soit en Guyane une affaire offrant des bénéfices certains très rémunérateurs, si la construction de la drague est conforme aux données de l'expérience, si elle est garantie par le chantier qui la livrera, si elle est assurée (1), et si les travaux sont conduits par un ingénieur actif et expérimenté, ayant sous ses ordres de bons ouvriers. L'expérience en est d'ailleurs donnée en Australie où des dragues travaillent avec profit des terrains alluvionnaires d'une teneur de 0 fr. 60 et même de 0 fr. 40 et moins au mètre cube.

Notons ici que M. Adolphe Bally, Président de la Commission consultative des mines en Guyane, examinant dans un rapport très documenté les avantages que peut présenter le dragage mécanique des alluvions aurifères des rivières de Guyane, notamment dans l'Approuague, l'Oyac, le Comté, l'Orapu et le Sinnamary, reconnues riches. affirme que ces avantages sont évidents et nombreux. Il les résume ainsi qu'il suit :

1° Pas ou presque pas de déblais stériles à enlever, le sable, qui

---

(1) Le syndicat des assurances maritimes a établi à Paris une agence pour l'assurance des dragues.

Il faut compter en général sur une mensualité de mille francs, à titre de prime, pour les dragues puissantes nécessaires dans les Guyanes.

généralement recouvre la couche aurifère, étant lui-même le plus souvent aurifère. En tout cas, le stérile, quand il y en a, est enlevé avec la plus grande facilité sans rencontrer de bois ou en quantité infime. La présence de bois durs les plus gros au fond de l'eau ne constitue d'ailleurs qu'une gêne momentanée pour la marche du travail ; quant aux bois de dimensions ordinaires, ils sont enlevés par les godets de la drague sans le moindre accroc et rejetés à l'arrière.

2° Couches aurifères généralement très épaisses, ce qui est avantageux pour la marche régulière, sans grand déplacement de la drague ;

3° Facilité de transport et de montage de la drague ; d'où, économie considérable à réaliser dans les premières dépenses de l'entreprise ;

4° Facilité d'accès pour le ravitaillement du personnel ; d'où, économie très grande dans le prix de revient des approvisionnements ;

5° Salubrité plus grande dans ces vastes coulées balayées par la brise constante des alizés, due aussi à l'absence de cette humidité, d'une atmosphère lourde, sous l'épaisse forêt vierge de l'intérieur et chargée de miasmes produits par les alluvions mises à découvert.

Le dragage mécanique en général, ajoute-t-il avec son expérience bien connue, présente encore cette particularité qu'avant d'établir ces appareils fort coûteux dans un terrain ou dans une rivière quelconque, il y a lieu de s'assurer de la richesse et de la teneur des alluvions qu'on est appelé à traiter, au moyen de sondages préliminaires faits avec méthode et en se servant d'appareils appropriés à ce genre de prospection ; mais il faut, pour diriger ce travail spécial d'une importance capitale, un chef compétent, sérieux et honnête, puisque de la bonne exécution de ce travail dépend la mise en exploitation ou non des gisements étudiés.

Aussi, qu'il nous soit permis de redire, avec l'expérience que nous avons acquise dans diverses affaires financières et minières, au risque de nous répéter, que les trois facteurs essentiels que les capitalistes doivent envisager dans une Société de dragage aurifère en formation ou en exploitation, doivent être les suivants :

1° Ressources financières largement suffisantes et susceptibles d'être augmentées, le cas échéant ; 2° Modération absolue dans l'évaluation des apports des fondateurs, dont la rémunération en espèces ne devrait correspondre, à notre avis, qu'au remboursement de leurs avances, déboursés, frais de redevances, de prospections et autres travaux antérieurs, sauf à leur offrir des avantages en actions ordinaires et en parts de fondateurs ; 3° Et direction habile, sage, expérimentée et probe, toujours sérieusement et efficacement contrôlée par un Conseil d'Administration composé de techniciens et d'hommes expérimentés dans les affaires ou par un Conseil de surveillance compétent.

La méthode primitive de l'emploi de sluices est, certes, beaucoup moins onéreuse que celle du dragage (1), et à ce titre elle aura toujours une grande vogue ; mais elle exige toujours une main-d'œuvre nombreuse pour donner des résultats relativement satisfaisants sans arriver à traiter beaucoup de matières alluvionnaires. Nous parlerons plus loin *de divers perfectionnements à apporter aux sluices.*

---

(1) *Prix approximatif d'installation d'un chantier aurifère en Guyane française.* — Le sluice portatif, alimenté par une retenue d'eau faite en amont du chantier et relié au canal d'amenée, exige l'emploi de 12 hommes et 2 femmes.

Le prix d'installation d'un chantier aurifère de 4 sluices, comportant 56 travailleurs, peut être établi en Guyane à peu près ainsi qu'il suit :

Transport du personnel de Cayenne au placer (approximativement)	5.000 »
Transport de vivres (en moyenne)	8.500 »
Déboisement autour du placer	4.000 »
Barrage	4.000 »
Canal d'amenée d'eau	3.500 »
Décapelage	4.000 »
Sluices simples et sluices box	7.500 »
Pelles, pioches, instruments divers, objets de campement	2.500 »
Mercure (avance)	1.500 »
Divers	500 »
Ensemble	40.000 »

Il convient d'ajouter comme dépenses de premier établissement pour l'exploitation du placer avec un chantier de quatre sluices une somme de 12 à 15.000 francs environ ; d'où la nécessité d'un capital initial de 60.000 à 70.000 francs.

Production d'or d'un chantier de 4 sluices box.

On compte habituellement sur le lavage minimum de dix mètres cubes de terre par sluice et par jour, soit pour 4 sluices 40 mètres cubes d'alluvion aurifère, soit pour 25 jours par mois 1.000 mètres cubes de terre à la teneur moyenne de 12 grammes (chiffre variable suivant les terrains) ; ce qui représente une production mensuelle de 12 kilogrammes d'or, valant 2 fr. 80 le gramme (droits de douane payés), soit mensuellement une somme totale de .... 33.600 »

Pour arriver à cette production, les dépenses sont de :
1.680 journées de salaires à 4 francs.
1.680 journées de vivres à 2 francs.

Soit 1.680 journées à 6 francs de dépenses	10.080 »	
Amortissement de l'installation, entretien et divers	9.920 »	
Ensemble en chiffres ronds	20.000 »	20.000 »
D'où un bénéfice mensuel de		13.600 »

A côté de la drague et du sluice, il existe encore une méthode, dite hydraulique, très en usage aux Etas-Unis et en Australie notamment, et consistant à abattre des collines entières au moyen de jets d'eau d'une énorme puissance : c'est ce qu'on appelle le travail hydraulique au *monitor* très économique à la surface, le monitor étant une lance de faible calibre, mais dirigeant l'eau sur les points à attaquer ainsi ; les graviers sont abattus, désagrégés et entraînés par la masse énorme d'eau lancée sous forte pression, mais en laissant sur le bed rock tous les galets ou boulders de 8 à 10 kilogs, qui sont conduits par des sluices aux appareils de lavage.

Ce système semble pouvoir dans certains cas être appliqué en Guyane française à l'aide d'une pompe foulante, d'un débit de 250 mètres cubes à l'heure, et d'une pompe Thirion donnant 35 mètres cubes sous pression de 6 k. 500 à la lance.

Les déblais ainsi abattus sont aspirés par une *pompe à déblais* d'un débit de 350 mètres cubes à l'heure qui les déverse dans un grand sluice où l'or est récupéré.

Il est bon que ces pompes soient actionnées par un courant électrique, à cause du déplacement continuel occasionné par les travaux et les changements de profondeur. Cette méthode, très économique, très simple, dont l'emploi n'est possible que depuis peu d'années, attendu le manque de machines assez légères permettant de les changer de place continuellement, ne peut être au surplus utilisée que dans les vallées situées entre des collines d'une élévation assez grande, ce qui est toutefois assez rare en Guyane, à cause des différences de niveau importantes que nécessite la méthode hydraulique, à cause du manque fréquent de pente soit pour les déblais, soit pour l'eau, au cas d'élévateurs hydrauliques.

Une telle méthode peut, semble-t-il, convenir dans certaines zônes riches qu'il est matériellement impossible d'exploiter par la simple construction de barrages et de canaux, soit que leur altitude empêche d'y amener l'eau sinon à grands frais, soit au contraire que ces zônes soient toujours noyées et qu'on ne puisse les assécher : dans ce cas, à défaut d'installations mécaniques importantes, l'emploi de pompes commandées par moteur serait de nature à donner souvent la solution, mais dans des terrains où les alluvions seraient rendus très meubles, après un classement complet. C'est le prospecteur Rey, homme de mérite et de bon sens, qui a préconisé cette méthode en Guyane Française où elle paraît susceptible de rendre de grands services, après l'avoir vu fonctionner avec succès en Guyane hollandaise. Les inconvénients que d'aucuns pourraient trouver à ce système seraient l'usure énorme des pompes sous l'action des graviers ainsi que les obstructions assez fréquentes dûes à certains cailloux et la difficulté de récupérer la majeure partie de l'or. Ce sont là, d'ailleurs, les principales objections faites à l'emploi de dragues suceuses pour le traitement des alluvions aurifères.

Quant aux excavateurs, dits aussi terrassiers à vapeur (1) dont l'emploi en Guyane devrait être absolument proscrit, d'après M. Pottereau, et que nous jugeons en tout cas, en raison de la nature des terrains souvent marécageux, assez restreint pour l'exploitation des alluvions aurifères, ils seraient néanmoins susceptibles, à notre avis, de fournir, dans certains cas, mais seulement dans les terrains secs, une solution facile et économique de l'action mécanique, s'ils venaient à profiter, du moins en partie, des perfectionnements que l'expérience a suscités pour les dragues et à être utilisés dans des terrains fermes et solides, mais non dans des terrains humides et mous, à cause de leur poids énorme qui semble susceptible d'être allégé, et de la difficulté de maintenir ainsi une plateforme ayant une résistance suffisante sur les fonds de fouille ; d'où un manque de stabilité assez grande tant pour l'appareil d'excavation lui-même que pour les wagonnets, l'entretien des voies exigeant toujours beaucoup de main-d'œuvre, chose difficile à recruter en Guyane.

Au nombre des perfectionnements à apporter dans l'usage du vieux sluice guyanais, nous en avons signalé quelques-uns dans notre premier ouvrage sur la Guyane, tels que le remplacement du fond lisse par un fond strié ou muni de saillies en bois ou en fer, l'emploi de rifles et celui de grillages à la sauge en fer pour faciliter le débourbage. Or, l'on sait qu'un débourbage bien compris est la condition essentielle d'un bon rendement ; en effet, l'or, dès qu'il est débarrassé des matières sableuses ou argileuses, adhère, tombe aussitôt et se classe par sa densité même ; des dispositifs variés pour le sluice de queue sur la drague peuvent également être adoptés avec avantage ; M. Levat indiquait aussi l'utilisation d'un *undercurrent*, sorte de classeur à grilles disposé à la partie inférieure des dalles du sluice et destiné à séparer automatiquement les cailloux du sable aurifère ; mais, suivant l'opinion émise par M. Pottereau et M. Casey notamment, l'undercurrent ne constitue-

---

(1) Des excavateurs très robustes, appelés « steam shovel », montés sur rails, ont été essayés avec peu de succès, dans l'Amérique du Nord ; toutefois, dans une mine de la Colombie britannique ils auraient, dit-on, eu un emploi satisfaisant. Quant au lavoir porté sur l'appareil ou juxtaposé à lui, il a été généralement supprimé, le transport de l'alluvion par wagonnets jusqu'à une laverie fixe, constituée par un trommel et un sluice fixe, ayant été toujours jugé préférable.

rait aucune amélioration, bien que, muni de rifles, et disposé convenablement, il semblerait appelé à rendre quelque service.

Divers ingénieurs tels que MM. Daniel Casey, Conrad, Maurice Bernard, Rey, qui ont fait de longs séjours en Guyane, ont une préférence pour l'abatage hydraulique en vue d'alimenter rapidement de vastes sluices d'une grande longueur, partout où la chose est possible.

Certains ingénieurs, au nombre desquels nous citerons MM. Levat, François et d'autres, préconisent, d'autre part, parallèlement à l'emploi de la drague, dans des terrains où celle-ci ne peut fonctionner, l'usage du *sluice-box mécanique mobile*, appareil se composant d'auges métalliques supportées par des lames flexibles en bois et animées par un petit excentrique d'un rapide mouvement de va-et-vient. Il en résulte que le frottement des matières entre elles les désagrège et produit un débourbage énergique, à la suite duquel l'or isolé se recueille à l'angle inférieur de chaque auge. L'appareil peut comporter deux, trois ou quatre auges, disposées en cascades suivant le tempérament des alluvions.

Ces appareils, qui ont l'avantage incontestable d'être peu coûteux, robustes, peu encombrants et faciles à transporter, et d'effectuer le débourbage de façon plus parfaite, pourraient être même groupés dans chaque crique par batteries de 4, 5 ou 6, actionnés chacun par un moteur électrique de un cheval et demi à trois chevaux HP, se plier ainsi à toutes les exigences de l'exploitation soit intensive, soit fractionnée, en permettant d'obtenir dans les cas les plus divers un excellent rendement. Le courant pourrait être fourni par une petite station centrale, constituée par une dynamo commandée soit par une petite machine à vapeur avec une chaudière chauffée au bois, soit par une chûte d'eau (1).

(I) Un mot touchant une amélioration dans les plaques amalgamées employées pour la récupération de l'or, d'un emploi plus efficace qu'une couche de mercure, moyen d'ailleurs employé dans les moulins californiens pour recueillir l'or à la sortie de la batterie.

On sait qu'on place de temps en temps dans les sluices, à la fin d'un rifle, des plaques de cuivre amalgamé et qui valent infiniment mieux que du mercure liquide dont on perd toujours une grande partie ; et du reste on n'ignore pas qu'à surface égale les plaques amalgamées ont un pouvoir d'amalgamation trois ou quatre fois plus énergique que le mercure libre.

Les dimensions de ces plaques varient suivant la largeur du sluice et la longueur qu'on désire donner.

L'amalgame qu'on emploie le plus commodément pour l'amalgamation des plaques de cuivre est l'*amalgame de sodium*, comme nous l'expliquerons plus loin.

En quittant le mortier, la pulpe passe sur une plaque d'amalgamation

Nous croyons savoir cependant que ces appareils, peut-être mal employés, n'ont pas donné en Guyane des résultats appréciables jusqu'à ce jour.

Nous signalerons également pour ordre certains autres perfectionnements (grizzly, drop-box, etc.) connus des ingénieurs et des placériens.

En général, pour ce qui est de l'amélioration du sluice, il conviendrait dans les petites criques au moment de l'excès d'eau en hiver de relever et d'allonger l'appareil, pour éviter les grandes pertes d'or par entraînement de l'eau et l'inondation fréquente des chantiers, et dans les larges criques d'employer des brouettes pour enlever d'un seul coup le stérile et éviter ainsi le déplacement répété du mètre cube de terre.

De plus, dans les grandes criques, il pourrait être intéressant d'essayer l'emploi des procédés californiens en rivière, soit les *aqueducs* ou *flumings*, soit les *digues*, dites wingdams, avec pompes

---

inclinée dont la longueur peut aller jusqu'à 4 ou 5 mètres, et, dans ces conditions, l'action du mercure est tellement énergique que près des 4/5 de l'or susceptible d'être amalgamé sont immédiatement retenus à la tête des plaques, sans avoir parcouru plus de 1 mètre à 1 mètre 50.

Bien que jusqu'à présent ces plaques aient été rarement usitées dans le travail des *placers*, elles sont cependant fort utiles pour les sluices, dans le cas de sables fins, lorsque l'or est lui-même très fin ou très léger et n'est pas suffisamment arrêté par les rifles ordinaires. Le résultat est, en tous cas, bien préférable au mode qui consiste à introduire dans le sluice du mercure à l'état libre ou d'imprégner avec du mercure les barres des rifles.

Si au préalable on a argenté soit à la pile, soit autrement les plaques de cuivre, on est dispensé d'une foule de préparations préliminaires, longues et fastidieuses, mais absolument indispensables, telles que nettoyage au sable et à la soude, passage au cyanure, décapage à l'acide permettant au mercure de mordre sur le cuivre.

Le mercure qu'on verse sur les plaques de cuivre argenté y adhère immédiatement, sans avoir autre chose à faire qu'à l'étendre sur toute la plaque au moyen d'un tampon quelconque.

Il convient que la couche d'argent soit au moins d'un 1/10 de $^{m/m}$ par mètre carré de plaque de l'épaisseur pratique de 2 $^{m/m}$ 5.

On a constaté que l'addition au mercure d'une faible quantité de sodium métallique le rend beaucoup plus actif pour l'amalgamation des plaques de cuivre, et que, si l'on projette quelques molécules d'amalgame de sodium, convenablement préparé, sur la plaque de cuivre simplement nettoyée au sable, il se forme instantanément, en l'étalant au moyen d'un chiffon, une couche brillante de mercure. Il est probable que le sodium de l'amalgame agit là comme un désoxydant sur le cuivre ou sur les impuretés contenues dans le mercure. Quoi qu'il en soit, l'amalgamation par ce procédé est manifestement plus facile et plus rapide qu'avec le mercure seul. Le sodium mis en liberté se lave simplement à l'eau au moyen d'une éponge, et la première couche formée permet l'adjonction immédiate de nouvelles couches de mercure liquide sans aucune préparation nouvelle.

chinoises, ou d'avoir recours au sluice à secousses et les pompes centrifuges pour l'évacuation des résidus.

On peut, de la sorte, arriver à améliorer dans une forte proportion les conditions des petites exploitations aurifères en Guyane, avec le sluice guyanais, tout à fait mobile et perfectionné.

Il faut convenir d'autre part que la méthode d'exploitation elle-même est souvent défectueuse ; c'est ainsi que, d'après divers ingénieurs, le travail au jour le jour, conséquence nécessaire des ressources limitées des exploitants, les conduit à attaquer la veine dès le début et à recouvrir de déblais le reste des gisements, qu'il faut ensuite découvrir avant de le traiter ; il en résulte un double travail et un mauvais rendement ; c'est ainsi qu'au lieu de commencer l'exploitation de la crique du côté des berges les guyanais, ayant hâte d'enlever avant tout le sable le plus riche, attaquent le milieu de la rivière et causent l'inondation de leur chantier qu'ils sont ensuite obligés d'assécher à l'aide de pompes, dites macaques, alors qu'ils devraient laisser le thalweg pour l'écoulement de l'eau.

Enfin, il arrive que les travaux préparatoires, hâtivement faits *au jugé* la plupart du temps, sont souvent insuffisants : tantôt les barrages sont trop faibles ou mal placés, tantôt l'adduction d'eau est insuffisante ou mal établie.

Aussi des aménagements mieux compris permettraient-ils souvent de travailler de riches amas laissés jusqu'ici inexploités en raison de leur situation. Le cas s'est produit, par exemple, il y a un certain nombre d'années, au placer Elysée, où l'installation de deux barrages conjugués a permis de traiter des alluvions tenant plus de 300 francs au mètre cube, que les exploitants précédents avaient négligés en l'absence de travaux préparatoires suffisants.

Ces observations critiques s'adressent au surplus d'ordinaire à la masse des petits exploitants et ne s'appliquent pas, bien entendu, aux exploitations plus importantes auxquelles des ressources plus considérables permettent un travail méthodique et rationnel.

Tous ces renseignements et moyens pratiques d'amélioration des procédés en usage pour la mise en valeur des placers nous ont paru intéressants à signaler pour compléter utilement les indications générales fournies dans notre premier ouvrage sur la Guyane française au sujet des exploitations alluvionnaires qui sont le présent, car c'est à elles qu'il convient de demander de gros rendements immédiats et fructueux que sont évidemment impuissants à produire les moyens rudimentaires encore employés par les placériens indigènes.

§ 2. — *De l'exploitation filonienne en Guyane.*

En ce qui concerne les exploitations filoniennes, on peut dire qu'elles sont toujours la réserve importante de l'avenir en Guyane, surtout parce que les frais d'aménagements, de mise en état, de travaux et d'exploitation d'une mine d'or en profondeur sont très onéreux et qu'ils exigent de très gros capitaux. En effet, pour exploiter les filons, il est nécessaire de foncer des puits, de creuser des galeries souterraines et des tunnels afin d'arriver à la roche aurifère, de suivre les veines et les filons, de les recouper, de faire des travers-bancs, d'installer des machines puissantes d'extraction et de faire des travaux en profondeur de diverses natures. Il faut notamment, pour tous les travaux du rocher d'une mine quelconque, aussi bien pour le fonçage que pour le traçage et l'abattage, forer successivement des trous de mine, soit à la main (méthode désuète, coûteuse et exigeant beaucoup de main-d'œuvre), soit mieux au moyen de *perforatrices* perfectionnées ; à l'aide de cartouches de dynamite placées dans ces trous, on brise la roche et le quartz aurifère que l'on amène à la surface, où ce quartz est réduit en poudre, dans des usines de broyage et on le soumet ensuite à une série d'opérations chimiques très dispendieuses, mais nécessaires, opérations connues des ingénieurs sous les noms *d'amalgamation,* de *cyanuration* ou de *chloruration.*

D'après un rapport très substantiel déjà ancien, concernant le placer Elysée, voici quelle était l'opinion de l'ingénieur Viala sur le traitement à adopter :

« Quant au traitement des quartz, disait-il, il ne doit plus être question d'opérer par voie d'amalgamation directe ; la séparation des oxydes de fer magnétiques au moyen d'appareils électro-magnétiques, dont les essais faits en Guyane, au placer Elysée, d'abord en 1885-1886, puis en 1889, ont échoué à cause de l'extrême finesse de l'or ; ce mode de traitement est au surplus très coûteux, puisqu'il exige de grandes et onéreuses installations et aussi une lourde dépense en main-d'œuvre, ce qui est une grosse difficulté en Guyane, et il n'a d'ailleurs jamais été appliqué industriellement aux minerais d'or.

Le traitement qui convient le mieux aujourd'hui aux quartz à or fin de la Guyane et en particulier à ceux de « l'Elysée », ajoutait-t-il, c'est le traitement chimique, dont l'application industrielle n'a plus à faire ses preuves : la cyanuration ou la chloruration.

La cyanuration, selon l'opinion de M. Viala, est appelée à donner d'excellents résultats, même appliquée à l'ensemble des minerais simplement soumis au broyage ; quant à la chloruration sur ces mêmes minerais; elle serait un peu plus coûteuse, même en tenant compte de l'inutilité d'un grillage préalable.

Le traitement par concentration permet de rendre le minerai négociable, sans s'imposer l'onéreux établissement d'une usine complète de traitement.

Quand les quartz peuvent bien se concentrer aux *Frue Vanner* (toiles sans fin caoutchoutées à secousses latérales pour faciliter le délayage, déplaçant simplement les particules, sans faire un classement des matières), on obtient la presque totalité de la richesse dans un concentré représentant à peine de un à un et demi pour cent du tonnage brut, en sorte que la perte est insignifiante.

« Dans ces conditions, concluait M. Viala, en fin de son rapport sur les quartz de l'Elysée, il serait préférable de n'opérer le traitement chimique que sur les concentrés riches des minerais quartzeux. Et dès lors, la chloruration paraît devoir donner de meilleurs résultats que la cyanuration ordinairement réservée pour les minerais non concentrés.

Observons toutefois qu'en outre des minerais quartzeux, les roches encaissantes, très notablement aurifères, pourront souvent être exploitées sur plusieurs mètres d'épaisseur. D'autre part, ces minerais essentiellement argileux se prêtent plus facilement à la concentration, même lorsque, pour faciliter leur broyage, on les a mélangés avec des minerais quartzeux. Il est donc à prévoir que la cyanuration pourra être employée au moins sur une partie des minerais simplement broyés, la chloruration restant appliquée de préférence aux minerais entièrement quartzeux après leur concentration dans les appareils *Frue Vanner*.

La Maison Fraser et Chalmers, de Chicago, à laquelle plusieurs échantillons de quartz de l'Elysée ont été soumis, les a reconnus parfaitement exploitables par l'un ou l'autre de ces traitements chimiques ».

Quoi qu'il en soit, avant d'entreprendre une exploitation filonienne sérieuse en Guyane, il faut avoir soin de ne choisir un matériel et un procédé de traitement qu'après avoir examiné avec le plus grand soin la nature des minerais, leur teneur et leur composition, après avoir fait dans le filon des travaux préparatoires suffisants pour être assuré d'une production abondante ; il faut aussi avoir à la tête des ingénieurs très compétents en la matière, pouvant donner un avis sérieux et sûr sur la puissance du filon, sur la durée de la mine et sur le prix de revient du minerai (1). Quand il s'agit

____

(1) C'est ainsi par exemple que le Conseil d'administration des mines d'or d'Adieu Vat et de Bonne Aventure s'est préoccupé d'établir le rende-

de l'or, il n'est pas besoin, comme pour les autres minerais, de se préoccuper des débouchés ni des prix de vente, puisque l'or a cette supériorité qui prime toutes les autres qualités à notre époque d'échanges internationaux ou plutôt de marché mondial : la fixité immuable de sa valeur intrinsèque et son calme absolu, alors que de véritables bourrasques enlèvent et écrasent, tour à tour, les cours des autres métaux sur les marchés de l'ancien et du nouveau continent ; c'est ce qui explique en partie la sorte de fascination que l'or a toujours exercée dans l'histoire humaine depuis la plus haute antiquité, ce métal précieux étant le symbole universel de richesse et de prospérité.

Pour ces exploitations filoniennes il faut, cela est certain, de très gros capitaux que doivent fournir le plus souvent des Sociétés financières puissantes, de grosses dépenses étant nécessitées par le sondage, l'achat du matériel de mines, les travaux de développement, de fonçage, de traçage, d'abattage, d'extraction et de traitement des minerais aurifères. Mais aussi il faut parallèlement une direction technique de premier ordre et une direction administrative, composée d'hommes sérieux, capables et expérimentés (1).

Le criterium de la valeur d'une concession filonienne réside principalement dans l'estimation du tonnage qu'elle peut contenir, estimation pratiquée de bien des manières différentes, mais souvent avec des données d'une bien grande fragilité. Cette estimation est, du reste, essentiellement variable, car elle dépend non seulement de la quantité de minerai contenu dans les concessions, mais encore du

---

ment industriel par mètre carré de surface de filon à cause de la constatation faite de variations de teneur du simple au décuple à des points très rapprochés dans le filon Rocher, et de faire procéder à des broyages méthodiques permettant de déterminer le prix de revient réel de l'abatage et du traitement du minerai aurifère.

(1) Signalons, à titre d'indication, une méthode toute nouvelle de traction électrique dans les mines employée par la Compagnie minière américaine Sun et Moon, dans le comté de Cear-Creak, au Colorado (Etats-Unis). Cette Société, qui exploite des gisements de quartz aurifères, ne se sert plus des puits qu'elle avait fait faire pour l'extraction des minerais qu'elle amenait ensuite à l'atelier de traitement par câbles de transport aériens et plans inclinés. Pour éviter les frais assez considérables d'entretien et d'exhaure qu'entraînent l'installation et le fonctionnement d'un puits, pour supprimer les dépenses nécessitées par toutes les manutentions que subissait le minerai aurifère avant d'arriver aux ateliers de lavage et de traitement, cette Société n'a pas hésité (la topographie du pays accidenté permettant l'exploitation à flanc de coteau) à tracer une galerie partant du niveau de l'usine et allant recouper à plus de deux kilomètres les gisements aurifères. Les minerais peuvent ainsi être amenés à l'usine de préparation sans rupture de charge ; ce qui est une économie de temps et d'argent.

Dans cette installation, comme la traction animale n'aurait pas permis

prix de revient de l'exploitation, point très important, que les efforts constants des ingénieurs doivent tendre à diminuer de plus en plus.

Les facteurs prédominants du prix de revient sont la main-d'œuvre et la bonne utilisation de l'outillage ; mais c'est aussi sur ces facteurs que l'emploi de l'électricité doit permettre de réaliser les plus grandes économies.

Pour abaisser le prix de revient de la force motrice, il convient de substituer l'énergie électrique à l'énergie mécanique partout où des concessions filoniennes à exploiter sont groupées dans une même région ; ce qui serait possible en Guyane, en utilisant la puissance hydraulique fournie par les merveilleuses chûtes d'eau des sauts si nombreux dans le pays.

Comme il existe dans nombre de concessions minières de la Guyane Française des gisements filoniens dont l'exploitation serait très rémunératrice si elle pouvait être entreprise avec des moyens d'actions en rapport avec les résultats qu'il est permis d'en attendre, le problème peut se poser de trouver le moyen d'exploiter ces richesses le plus économiquement possible.

Puisqu'il ne faut pas, à l'heure actuelle, songer à doter chacune de ces concessions d'un moulin à or dont la dépense n'est encore justifiée ni par la quantité du minerai en vue ni par l'évaluation de la puissance du filon et de la teneur, ni par les travaux de cubage, qu'il nous soit permis de préconiser en Guyane le système employé en Australie et en Hongrie notamment : celui de batteries plus ou moins importantes installées aux frais du Gouvernement ou d'une usine de broyage de quartz qu'installerait et ferait fonctionner une Société particulière. L'installation pourrait en être faite dans des centres de placers choisis de manière à permettre le broyage du minerai aurifère produit par plusieurs exploitations du voisinage qui paieraient chacune à cette Société une redevance raisonnable calculée sur la production ou sur le tonnage broyé.

Ce moyen permettrait à de nombreux placériens de s'attaquer aux filons, tout en continuant l'exploitation alluvionnaire ;

---

de faire circuler des trains de fort tonnage, vu la longueur de la galerie à parcourir, il était nécessaire d'avoir recours à la traction mécanique pour satisfaire au double principe d'une exploitation intensive et de la concentration sur une même voie des produits de la mine. C'est ce qu'a fait avec raison cette puissante Société qui a adopté la traction électrique à courant continu. Les locomotives électriques de la force de 50 chevaux permettent de remorquer des trains de 40 bennes portant chacune 500 kilogs de minerai. La galerie est à double voie, l'une pour les convois de wagons pleins, l'autre pour les convois de wagons vides. De petits trucs électro-moteurs de la force de 5 HP servent aux surveillants, aux chefs de chantiers, aux ingénieurs, pour parcourir les galeries et les tailles.

l'emploi de ce système serait aussi un encouragement précieux pour les prospecteurs individuels aux efforts desquels la Colonie devrait un jour son entier développement et sa prospérité croissante par la connaissance et la mise en œuvre d'une manière pratique, rationnelle et économique, de toutes les richesses exploitables que recèlent son sol et son sous-sol. Seule la question des transports des quartz aurifères jusqu'à l'usine de broyage semble devoir présenter quelque difficulté ; mais la solution paraît relativement facile par un choix judicieux des centres où les moulins à or seraient érigés. De même, si l'on employait la transmission électrique, au lieu de la transmission mécanique, on aurait déjà l'avantage de supprimer tout le matériel excessivement coûteux producteur d'énergie mécanique (générateurs de vapeur, moteurs à vapeur et tous leurs accessoires).

S'il est vrai qu'il faut un matériel de générateurs d'énergie électrique d'un prix déjà beaucoup moins élevé, il serait intéressant pour les concessions d'exploitations filoniennes de créer une usine électrique indépendante qui fournirait à chacune de ces exploitations la force nécessaire : une Société particulière, complètement distincte de la Société minière, pourrait encore être formée dans ce but.

De cette manière, avec les transmissions électriques, les moyens de transport souterrains sont rendus partout possibles : plus de difficultés pour enlever rapidement et économiquement la roche stérile et les sables, étant donné que l'on peut se servir d'un câble transporteur actionné électriquement, plus de gros compresseurs à air à la surface, mais simplement de petits compresseurs à air, de faible volume et facilement transportables d'un point à un autre ; d'où grande diminution dans la longueur de la canalisation de l'air comprimé et suppression d'une forte part d'énergie, ce qui a pour résultat de diminuer sensiblement la force motrice totale ; d'autre part, c'est la roue à *tailings* que l'on pourra actionner électriquement, etc.

On voit ainsi, par les deux considérations qui précèdent, combien les dépenses initiales, dites de premier établissement, pourraient être considérablement diminuées, de gros frais que ne pourraient au début supporter isolément la plupart des sociétés formées pour l'exploitation des filons devant se trouver ainsi répartis entre un certain nombre de concessions exploitées dans une même région, tant est vrai le principe que l'union fait la force.

Ce sont là des systèmes rationnels et pratiques à la fois que nous souhaitons voir introduire en Guyane. Nous les signalons à

l'examen des ingénieurs et prospecteurs guyanais dans un but uti--
litaire et nécessairement économique.

Quel est l'état actuel des travaux filoniens dans la Colonie ?
Leur énumération est courte. En dehors de quelques essais timides et non poursuivis faits dans le bassin de l'Approuague et
dans celui de la Mana, ainsi que nous le mentionnerons plus loin,
il n'y a que les mines de Saint-Elie, d'Adieu-Vat et de Bonne-Aventure, dans le bassin du Sinnamary, qui fassent l'objet actuellement
d'une grande exploitation filonienne, comme nous le démontrerons
ci-après. Partout ailleurs, les tentatives d'exploitation des filons
n'ont guère dépassé les limites de simples prospections plus ou
moins nombreuses destinées à reconnaître la consistance et l'allure
des gisements.

Quoi qu'il en soit, on peut dire avec certitude que les filons
sont très communs dans la Colonie et que beaucoup d'entre eux
sont très riches ; d'où la teneur élevée des alluvions qui proviennent
de la désagrégation des filons, malheureusement l'exploitation en
est très dispendieuse, la roche inclusive du minerai (le *quartz*) et la
roche encaissante, presque partout la *diorite*, étant très dures.

Si les filons sont jusqu'à ce jour à peu près demeurés intacts
dans la Colonie, ils n'en constituent pas moins une réserve considérable dont la valeur étonnera le monde des affaires, le jour où
des capitaux moins timides se décideront à en tenter l'exploitation,
à l'exemple de la nouvelle Société d'Adieu Val.

En l'état présent, on doit en Guyane et l'on peut procéder à
des recherches méthodiques de filons de surface, tout en exploitant
les alluvions, sans courir de grands risques, grâce aux données
déjà fournies par le Transvaal.

Avant d'aborder plus à fond la question filonienne, signalons à
cet égard qu'un système d'*exploitation mixte*, servant de complément au dragage par l'utilisation de ses rejets, préconisé par des
ingénieurs compétents, a reçu avec succès un commencement d'application en Guyane à titre d'essai seulement par M. Daniel Casey
dans la riche exploitation alluvionnaire de Mataroni Ipoucin, bassin
de l'Approuague, et par l'ingénieur Conrad, sur les concessions importantes de l'Elysée, bassin de la Mana, dans lesquelles les quartz
provenant du travail qu'on y effectue pourraient être triés et pas-
sés au bocard : c'est le système dit des *boulders* (1) (filons de rocs

---

(1) Nous extrayons d'un intéressant et instructif rapport les avan-
tages de cet ingénieux système d'exploitation mixte qui peut trouver en
Guyane une utilisation avantageuse dans certains cas :
« La couche alluvionnaire aurifère enlevée par la drague tombe dans

de surface, débris rocheux, galets quartzeux) broyés au moyen de pilons.

De nouvelles études ont été faites à ce sujet dans les régions aurifères de l'Orapu et de la Comté, où l'on a fait de bonnes productions, des teneurs de vingt à trente grammes et plus à la tonne ayant été relevées.

On peut dire qu'en général, dans la majeure partie des déchets des couches alluvionnaires de la Guyane, les *boulders* que l'on peut soumettre au traitement se rencontrent à raison d'une tonne environ par mètre cube de couche.

C'est là, croyons-nous, l'avis des ingénieurs Chapé, Maurice Bernard, Casey (2), Pottereau, etc. ; des échantillons de boulders de divers placers essayés par eux contenaient de dix à trente grammes d'or à la tonne ; mais ces boulders peuvent être traités avec avantage avec des teneurs bien moindres, dans des moulins à or modernes avec pilons lourds, sans cyanuration, et laisser des bénéfices sérieux.

---

un débourbeur mécanique. Les boues, le sable et le quartz provenant du débourbage passent à travers une grille-classeur pour se rendre dans les sluices. L'avantage énorme de ce débourbeur est de déchemiser et de séparer le sable du gravier, les petits graviers d'abord, les gros ensuite ; la gangue pâteuse qui en chasse ces graviers roulés est parfaitement diluée, de sorte que la matière ne tombe dans les sluices que bien désagrégée, toutes les parties bien lavées, et l'or rendu libre.

Le grand et principal avantage de cette exploitation est de bien rendre les parcelles d'or libres et en état de les soumettre à l'état plongeant dû à leur densité.

Les gros graviers restés sur la grille-classeur tombent après le lavage dans un chaland, au moyen duquel ils sont transportés à une usine de broyage, installée près de l'endroit où fonctionne la drague, où ils sont broyés et traités suivant les nouveaux procédés.

Par ce mode de traitement, pas de galeries coûteuses, pas de puits, pas de ventilation, pas de pompes d'épuisement, pas de dynamite, et pas d'ouvriers spéciaux.

La couche aurifère qu'on exploite en Guyane est un agrégat de cailloux roulés quartzeux, de graviers et de sable de même nature, réunis entre eux par une gangue pâteuse, rappelant l'argile. Souvent ces gros graviers contiennent de l'or visible à l'œil nu.

Un personnel de 20 hommes suffit à la marche d'une drague, construite pour extraire 250 tonnes de matières par jour. Cette drague peut fournir, par journée de travail, en moyenne 100 tonnes de ce minerai pouvant être soumis au broyage.

En appliquant cette exploitation mixte du lavage et du broyage des graviers, on doit obtenir des résultats remarquables comme production d'or. »

(2) « L'utilisation de ces boulders que l'on rejette dans les exploitations par sluices est toute indiquée, écrit M. Daniel Casey ; car ces boulders constituent en réalité une roche filonienne que la nature a en quelque sorte exploitée et que les hommes n'auront pas la peine d'aller recueillir dans les entrailles du sol. »

Il est intéressant de traiter par cette méthode les graviers et quartz prélevés sur des amas provenant d'anciens lavages de criques de placers, de même qu'il y aura grand profit à broyer les amas de pierres rejetés par les dragues et contenant des matières aurifères. Au surplus, les quartz aurifères doivent être traités par les procédés mécaniques modernes les plus perfectionnés. C'est ce qui confirme notre dire que « le sol de la Guyane est pétri d'or ».

A titre d'exemples de mines où l'on exploite les filons aurifères dans les Guyanes et où les travaux de développement sont arrivés à une période de production d'or qui ne peut que s'accroître (en dehors de celles de la Guyane anglaise, telles que la Barima, et la mine du haut bassin de l'Esséquibo) (1), nous devons citer avant tout la mine de la Société d'Adieu-Vat et de Bonne-Aventure sise dans le bassin du Sinnamary en Guyane Française, mine dont nous avions déjà parlé succinctement dans notre premier ouvrage, laquelle est une filiale de la Société des gisements d'or de Saint-Elie, et, on peut dire, la première grande exploitation méthodique et rationnelle des filons aurifères dans notre Colonie.

Suivant des renseignements précieux que nous nous sommes procurés à bonne source, nous sommes en mesure de fournir à cet égard les indications précises suivantes qui sont fort intéressantes à tous points de vue :

D'après le rapport du Conseil d'Administration de la Société des Gisements d'or de Saint-Elie présenté à l'Assemblée Générale du 11 janvier 1908, l'exploitation tant par ouvriers réguliers que par permissionnaires a procuré, au cours de l'exercice 1906-1907, une production d'or totale de 243 kilogrammes 582 grammes d'or, dont la vente, au prix moyen de 3.271 fr. 92 par kilo, a donné un produit brut de 796.984 fr., dont les dépenses de toute nature à défalquer incombant à l'exploitation ont été de 600.346 fr., soit un bénéfice net de 196.638 fr. : tel est le résultat global de l'exploitation des

---

(1) Il résulte des rapports du Conseil de l'Institut des mines et forêts de la Guyane anglaise que la production de l'or a été pendant les exercices 1903-1904, 1904-1905, 1905-1906 respectivement de 87.342 onces, 97.911 onces et 91.925 onces.

La plus grande production de l'année arrêtée au 30 juin 1906 provenait de la mine de Potaro, avec 20.064 onces, en diminution sur 1904-1905 de 2.376 onces ; la mine Barima a produit 17.905 onces, soit 1.843 onces de moins que durant l'exercice précédent ; la mine Essequibo 15.957 onces, en diminution de 7.616 onces ; la mine Purini 10.820 onces, en augmentation de 4.080 onces ; la mine Barama 7.529, en augmentation de 1.296 onces tandis que Cuyani a produit 10.182 onces.

Au cours de 1906, un nouveau district, le Wariori, a été découvert ; mais comme l'or en provenant est considéré comme dépendant de la mine Barima, il n'est pas possible de dire la quantité d'or qu'il a produit.

alluvions des placers Saint-Elie et Dieu-Merci pour ledit exercice.

Dans ce rapport, nous y lisons notamment ceci : « Nous vous rappelons que la concession de Saint-Elie (9.900 hectares) et celle de Dieu-Merci et Renaissance (13.650 hectares), méritent une reconnaissance méthodique et suivie, tout particulièrement dans la crique Ceïde qui paraît se présenter dans des conditions encourageantes. Nous avons appelé votre attention sur les gîtes filoniens de Saint-Elie qui nous sont inconnus, tout au moins en profondeur, et sur ceux de Dieu-Merci qui ont été à peine explorés par des travaux de surface. Enfin, nous avons surtout insisté sur ce fait que, propriétaires de plus de la moitié du capital de la Société des Mines d'Or d'Adieu-Vat et de Bonne-Aventure, nous suivions avec un intérêt tout particulier cette première exploitation en grand des filons aurifères en Guyane. Nous avons lieu d'être satisfaits des travaux poursuivis à Adieu-Vat pendant l'exercice, et nous estimons que cette mine entre aujourd'hui dans la période d'exploitation ».

C'est ainsi que la Société de Saint-Elie proprement dite, avant de continuer ses travaux filoniens, attend les résultats des travaux méthodiques entrepris sur le domaine d'Adieu-Vat.

Sur les concessions de Saint-Elie et de Dieu-Merci, aucune exploitation filonienne n'a donc été entreprise dans le courant de l'exercice 1906-1907 : les travaux sur ce domaine ont été limités, pour améliorer la situation financère générale, au seul traitement des terrains alluvionnaires déjà lavés et exploités, et par conséquent appauvris, au moyen d'une main-d'œuvre fournie, à titre transitoire, non plus comme les années précédentes par des ouvriers engagés, dont la Société assurait le salaire et la nourriture, mais par des travailleurs libres qui, sous le nom de permissionnaires, montent au placer par les moyens dont dispose la Société (qui a deux chaloupes à vapeur faisant le service de Sinnamary à Bordeaux station, avec emploi de pirogues à partir de ce point jusqu'au dégrad Saint-Nazaire, et du chemin de fer ensuite jusqu'à Adieu-Vat, Saint-Elie, et travaillent à leurs risques et périls en payant une modeste redevance sur l'or extrait par eux et en trouvant à acheter dans les magasins de la Société les vivres et approvisionnements nécessaires.

Cette méthode d'exploitation par permissionnaires, bien que, dans la pratique, son application soit délicate par suite de la difficulté de recrutement de la main-d'œuvre et ses fluctuations donne donc encore des résultats relativement satisfaisants.

L'exploitation alluvionnaire actuelle des anciens placers Saint-Elie et Dieu-Merci réunis, concessions dont l'exploitation par des ouvriers réguliers a déjà produit près de soixante millions d'or, a laissé encore à la Société de Saint-Elie pour l'exercice 1907-1908, plus de deux cent mille francs de bénéfice, avec une production d'or qui a atteint 243 k. 553,2 ayant produit 801.850 fr. 66, indépendamment de l'or conservé par les permissionnaires et réalisé par eux en dehors de la Société.

Pour ce qui est de la mine d'Adieu-Vat, où se trouve installée une usine de dix pilons, outre un petit bocard d'essai de trois pilons à côté de l'usine, près du puits d'extraction du filon du Rocher, et où les travaux en profondeur ont été poursuivis avec activité, conduits avec prudence et dirigés très intelligemment, nous savons qu'à l'heure actuelle plus de 35.000 tonnes sont aménagées dans la mine, prêtes à l'abatage et à l'exploitation, dont 20.000 au filon du Rocher et 15.000 au filon Madamé, qu'il y a ainsi pour les pilons un travail continu de plus de deux années, l'aménagement de ces deux filons pour augmenter la surface minéralisée ayant été poursuivi normalement.

Au filon du Rocher, le plus développé, le puits incliné a été poussé jusqu'à 120 mètrés, et le traçage d'un cinquième niveau de galeries en direction du filon a été commencé à 125 m. 50.

D'après le rapport du Conseil d'administration de la Société des Mines, d'Adieu-Vat à l'assemblée générale du 21 décembre 1907, le premier niveau était à 20 mètres de la surface avec un développement total dés galeries en direction sur le filon de 82 m. 50, aucun traçage nouveau n'y ayant été exécuté pendant l'exercice 1906-1907 ; le 2e niveau, à environ 34 mètres de la surface, où le développement total des galeries en direction sur le filon est de 185 mètres ; le 3e niveau, à 52 mètres de la surface avec un développement des galeries sur 289 mètres, non compris 83 mètres de galerie créés sur la veine du toit ; la 4e, à 85 mètres de la surface avec un développement total de 79 m. 70. En outre, une *descenderie* de 18 mètres de profondeur a été foncée entre le 3e et le 4e niveau, à 70 mètres à l'ouest du puits inachevé, dans le but d'améliorer la ventilation, dès que la communication aura été établie avec l'étage inférieur, tout en préparant l'exploitation future.

Sur le filon Madame, des traçages et l'aménagement pour une exploitation intensive ont été poursuivis autant que la rareté de la main-d'œuvre l'a permis ; la galerie inférieure a été rectifiée et boisée ; un travail d'élargissement a permis de commencer, à 15 mètres de l'entrée de la galerie, le fonçage d'un puits incliné pour suivre le filon en profondeur et tracer plus bas un nouvel étage. Ce puits dont le fonçage a été rendu fort difficile par les eaux d'infiltration et la nature ébouleuse des terrains avait atteint, le 30 juin 1907, la profondeur de 13 mètres (qui, depuis lors, est arrivée à plus de 35 mètres). Pour faciliter l'exploitation de l'amont-pendage, une galerie intermédiaire et divers travers-bancs, descenderies et montages ont été tracés et se poursuivent encore avec succès.

Quant au filon Wears, les travaux de reconnaissance ont été poursuivis avec ténacité dans le but d'y découvrir des parties exploitables susceptibles de fournir un appoint pour l'alimentation de l'usine.

C'est ainsi que deux travers-bancs ont été effectués au troisième niveau pour aller recouper le filon Wears, sans qu'ils aient encore recoupé la trace du filon, mais qu'à partir du travers-banc qui au deuxième niveau avait recoupé ce filon, 43 mètres de galerie ont été tracés en direction sur ce filon.

L'ensemble des traçages effectués par puits, galeries, descenderies et travers-bancs, sur les filons du Rocher et Wears, a été de 291 mètres pour l'exercice 1906-1907.

En ce qui concerne les recherches à la surface, elles n'ont eu que peu d'importance à cause de la rareté de la main-d'œuvre et n'ont mis en évidence, dans la région du filon Madame, que deux passages filoniens ou veines minces sans grand intérêt ; mais elles doivent être reprises et continuées dès que le recrutement des ouvriers le permettra.

Enfin, la production d'or a été, aux mines d'Adieu-Vat, pendant l'exercice 1906-1907, de 78 kilogrammes 202 gr., dont 17 k. 738 provenant des alluvions, et 60 kgr. 464 fournis par le traitement sans cyanuration de 3.311 tonnes de minerai : 2.539 tonnes ont été fournies par le filon Madame et 772 tonnes, dont seulement 65 tonnes de quartz, par le filon du Rocher, les 707 autres tonnes comprenant des rejets de triage, des menus provenant de la roche encaissante et des avancements divers du même filon. Il en résulte que la production d'or correspondante ne peut, tout au moins pour les filons du Rocher, où il n'avait pas été fait d'abatage jusqu'en juin 1907, être considérée comme la moyenne d'une exploitation régulière.

Dans l'exercice 1907-1908, par suite de difficultés de différente nature, principalement de main-d'œuvre, la pleine alimentation de l'usine en minerais abattus dans les filons du « Rocher » et Madame », n'a pu être entièrement obtenue.

Il a été néanmoins traité à cette usine 1.028 tonnes 700 provenant du filon du Rocher et 5.004 tonnes provenant du filon Madame. Les teneurs moyennes, non compris l'or resté dans les tailings, ont été de 38 gr. 20 pour le filon du Rocher et de 15 gr. 72 pour le filon Madame.

Actuellement, l'usine d'Adieu-Vat est arrivée à traiter mensuellement depuis juillet 1908 : 150 tonnes de minerai du Rocher et 650 tonnes de minerai du filon Madame, aux teneurs moyennes, sans cyanuration, de 58 grammes pour le filon du Rocher et de 16 grammes pour le filon Madame. Les dernières productions mensuelles ont ainsi atteint : 18, 19, 21 et même 24 kilos d'or.

Ces résultats que donnent déjà actuellement les travaux rationnels de la mine d'Adieu-Vat, où l'on va monter une nouvelle batterie de dix pilons et où sera installée une usine de cyanuration, nous ont paru intéressants à être signalés, à titre d'exemple et de modèle pour les futures exploitations filoniennes de la Guyane française. Nous souhaitons que nos renseignements contribuent à inspirer aux Sociétés qui se formeront dans ce but dans la colonie les principes de sagesse, de travail, de méthode et de prudence qui président à la direction des travaux d'Adieu-Vat (1). Puissent les jeunes ingénieurs, appliquer dans les mines qu'ils seront appelés à diriger en Guyane, les sages avis suivants suggérés par une longue expérience des affaires minières d'éminentes personnalités, en raison de l'importance capitale de ces conseils, pour éviter des désillusions ou des déconvenues profondes et des pertes importantes de fonds qui détourneraient fatalement les capitalistes des affaires minières :

1° Ne jamais plus commettre la faute de vouloir construire de moulins à or avant d'avoir préparé au moins deux années de pâture pour ces derniers, sous forme de traçages suffisants ;

2° Attendre qu'on dispose de capitaux suffisants, de ressources bien certaines, et faire de sérieux sondages et de multiples prospections et traçages à différents niveaux, avant d'entreprendre l'exploitation industrielle des filons en profondeur ;

3° Ne pas se considérer comme ayant atteint réellement le

---

(1) Le sympathique Administrateur-Délégué des Sociétés des Mines de Saint-Elie et d'Adieu-Vat, M. J. Lecanu, nous a indiqué que le prix de revient actuel de l'ouvrier mineur, travaillant en profondeur à Adieu-Vat atteint, en y comprenant tous frais accessoires, près de dix francs par journée de travail effectif.

Ce prix varie entre 5 à 7 francs pour les ouvriers occupés aux travaux de surface.

On travaille à 3 postes de 8 heures dans la mine d'Adieu-Vat ; mais, en réalité, la tâche demandée peut être exécutée dans une durée de 5 à 6 heures seulement.

Cette tâche varie suivant la difficulté que présentent les chantiers ou la dureté de la roche, de 1 trou 1/2 à 2 trous de mine, de 2 pieds chacun (soit 0 m. 90 à 1 m. 20).

filon, avant d'avoir traversé la couche superficielle de roche décomposée ;

4° Ne jamais songer à faire construire une usine de traitement,
avant de se rendre bien compte de la nature du minerai qu'il conviendra de traiter, et d'en faire une sérieuse analyse, pour savoir si
le minerai doit être soumis au grillage, à la cyanuration ou à la
chloruration.

Ce sont là de précieux conseils qu'il convient de mettre en pratique, pour ne pas retomber dans des fautes trop souvent commises,
au grand dam des entreprises elles-mêmes, nous n'hésitons pas à le
déclarer dans l'intérêt supérieur de la Guyane française.

Si, jusqu'à ce jour l'attaque des filons en profondeur ne s'est
effectuée réellement d'une manière intensive qu'aux mines Saint-
Elie, Adieu-Vat et Bonne-Aventure — et cela surtout à cause de la
difficuté, qui n'est pas insurmontable par le fractionnement des
pièces, du transport de machines lourdes à pied-d'œuvre, du manque de main-d'œuvre et de capitaux importants s'intéressant aux
affaires de Guyane et aussi de la difficulté du ravitaillement en vivres et en hommes — il ne faut pas croire toutefois que des prospections sérieuses de filons de surface n'aient pas été entreprises dans
diverses régions de la Colonie.

Nous signalerons par exemple que dans les bassins de l'Approuague, de la Comté, de l'Orapu, de Kourou, du Sinnamary et de
la Mana des recherches de filons de surface ont été faites non sans
succès, et divers travaux entrepris, à titre d'essai, dans diverses régions de la Guyane française, aux placers Sursaut, Bief, Beïman,
crique Sparwine, Avenir, Mataroni, Ipoucin, Enfin, Dieu-Merci,
Bonne-Entente, Maripa, Kourou (anciens placers Riamé et Saint-
Quentin), Changement, Impératrice, Saint-Pierre, Elysée, Décision, etc., etc., comme en témoignent les travaux ou les rapports de
nombreux ingénieurs, tels que MM. Viala, Volmar, Duvigneau, Babinski, Wears, Levat, Raimeau, Pélatau, Fouques, Melchior, Pottereau, Herre Wyn, Buquet, Conrad, Platt, Casey, Delvaux, Maurice Bernard, Rey, etc. Il résulte d'études faites par ces divers ingénieurs et prospecteurs que la tendance à l'accroissement de la richesse des filons à mesure que l'on s'éloigne de la surface se manifeste partout dans la colonie, preuve d'une richesse incontestable et
supérieure en profondeur.

Bornons-nous à citer à cet égard quelques extraits de rapports
d'ingénieurs au sujet de prospections ou travaux de mines en
Guyane française ; ils nous paraissent intéressants, parce qu'ils

semblent avoir leur application assurée pour la plupart des terrains du sous-sol de la Guyane.

En ce qui concerne les filons de Mataroni-Baugée, citons un extrait de rapport d'ingénieur : « Je ne vous parlerai que fort peu des filons qui se trouvent en très grand nombre sur les terrains immenses de Mataroni-Baugée.

Les quelques travaux de mines qui ont été faits à Ipoucin, Bérénice et à La Marie, démontrent que les différentes veines qui composent ces filons aurifères convergent vers le bas, de façon à se réunir à peu près à un même filon, que *l'épaisseur de ces veines augmente à mesure que l'on descend, pour atteindre leur grande épaisseur à la profondeur de la roche solide : la diorite ».* C'est M. Jalbaud, l'un des co-propriétaires de Mataroni-Baugée qui fit faire les premiers travaux d'études et creuser des puits et des amorces de galeries àIpoucin, Nieppa et à la Marie. Les résultats qu'il obtint furent au-dessus de ce qu'il pouvait espérer. M. Jalbaud mourut malheureusement peu de temps après l'exécution de ces premiers travaux filoniens, et comme on ignorait alors presque complètement en Guyane le mode actuel de ce genre d'exploitation filonienne, ses études ne furent pas poursuivies par ses coassociés.

Au sujet des filons de l'Elysée M. F. Viala a fait, il y a plusieurs années déjà un rapport très complet et très étudié, dont nous extrayons les passages saillants qui suivent et qui sont susceptibles d'intéresser les ingénieurs, prospecteurs et placériens guyanais :

« Les gisements filoniens de l'Elysée ont fait l'objet de travaux très importants et très coûteux qui ont mis en évidence leur grande richesse. On y a pratiqué environ 800 mètres de galeries et traversbancs et 150 mètres de puits, descenderies et remontages, sans compter de très nombreuses tranchées pour l'étude des affleurements.

Les gisements ont été ainsi tracés et reconnus ; mais ils ont été à peine entamés, et il n'y a jamais eu d'exploitation suivie.

Les travaux de recherches que nous avons entrepris à l'Elysée et qui nous ont conduit à de remarquables découvertes ont permis de bien définir sur ce placer — et nous ne parlons ici que de l'établissement principal de l'Elysée — un réseau filonien dont l'étendue et la richesse paraissent caractériser, au milieu d'une vaste région aurifère, un centre de richesse maxima.

Le filon Alexandre présente une première zône étudiée jusqu'à 15 mètres de profondeur, de près de 20 mètres de longueur sur 0^{m}50 de puissance, avec une teneur de 150 francs à la tonne et une 2ᵉ zône connue seulement en surface.

Nous avons exécuté sur ces deux systèmes filoniens plus de 1.500 mètres de travaux, tranchées, galeries, descenderies ou remontages, et puits verticaux, et ces travaux ont reconnu une longueur filonienne exploitable de 416 mètres avec une puissance moyenne de 0ᵐ93 environ.

Il y aurait à exploiter sur le seul établissement principal de l'Elysée, sans compter les nouvelles découvertes qui pourront y être faites plus tard, un stock de minerai quartzeux de plus de 500.000 tonnes à une teneur moyenne minima de 50 grammes d'or fin (150 fr.) à la tonne, et cette teneur pourra être au moins doublée par le mélange de l'or gros des colonnes riches.

Le minerai quartzeux seul, reconnu exploitable et même très riche (teneur moyenne minima de 50 grammes à la tonne) et préparé dans l'étage d'amont-pendage des puissantes zônes d'Augusta de Sainte-Barbe, présente une surface de plus de 400 mètres carrés, soit plus de 450 mètres de développement avec une puissance moyenne de plus de 0ᵐ90. Les caractères de régularité d'allure et de continuité de richesse en profondeur sont tellement bien assurés que cette surface sera presque doublée, à 40 ou 50 mètres de profondeur ; mais, en ne prenant que les chiffres reconnus, on voit que chaque mètre en profondeur donnera plus de 1.000 tonnes de quartz à l'exploitation.

On peut compter sur un minimum de 50 grammes à la tonne. En ne tenant compte que d'un rendement de 75 % et de 25 jours par mois, la production mensuelle doit atteindre 35 à 40 kilos d'or. Or, avec les teneurs prouvées, le prix de revient du kilo ne devrait pas dépasser 1.500 francs, laissant un bénéfice de 1.500 francs par kilo ».

Si nous examinons un rapport de M. Levat relatif au placer Saint-Pierre, non loin de celui de l'Elysée, où l'exploitation à faire semble devoir être surtout filonienne, qu'y lisons-nous ?

« Les quartz extraits ont donné en moyenne 60 grammes et plus à la tonne au moyen de broyage dans une batterie de trois pilons de 115 kilos. Environ 30.000 kilos de quartz ont été broyés ainsi, afin d'établir la richesse de ce filon ; même les cailloutis de la montagne Saint-Pierre, extraits avec les déblais qui ont été lavés et dont la teneur est de un gramme au mètre cube, ont donné au broyage 18 à 30 grammes à la tonne.

Les analyses au four Braly ont accusé une teneur bien supérieure que par le broyage au bocard, et cela se conçoit, vu la perte de mercure annoncée par l'ingénieur chargé de ce travail.

On peut donc admettre que 60 grammes à la tonne de quartz annoncés et recueillis par l'ingénieur Bernard est une teneur minima, surtout que tous les quartz ont été pris à plusieurs mètres plus haut que le niveau de la vallée.

En admettant pour les quartz de surface de Saint-Pierre une teneur moyenne retirée de 60 grammes à la tonne, on est assuré de ne tabler que sur un grand minimum. Ce chiffre correspond en ne comptant pour les débuts que sur 30 tonnes traitées par jour à une recette brute de 1.800 grammes d'or valant, à raison de 2 fr. 80 le gramme, une somme de 5.040 fr.

Les frais totaux en Guyane, y compris les dépenses de l'agence de Cayenne, ne dépasseront pas 60 fr. à la tonne, soit par jour 1.800 fr. ; ce qui laisse un bénéfice net en Guyane de 3.240 fr., soit pour 300 jours de travail par an (le moulin à or marchant sans arrêt hebdomadaire, ayant dix pilons, d'un type facilement transportable, à cause des difficultés locales) un bénéfice de près de un million de francs.

Avec de tels rendements il est facile, tout en donnant au capital une très large rémunération, d'affecter au développement des travaux miniers la part de bénéfices nécessaires pour préparer l'avenir et extraire les minerais à haute teneur que contiennent les filons ».

M. Levat préconise avec juste raison — et c'est la méthode économique qu'emploieront vraisemblablement tous les ingénieurs en Guyane — de traiter ainsi les quartz riches de surface et d'ouvrir en même temps des travaux préparatoires sur les filons reconnus, de manière à affecter à ces derniers une partie des bénéfices réalisés dans les premiers broyages de quartz de surface, moyen certain de produire rapidement des quantités importantes d'or sans avoir besoin d'attendre le développement des travaux souterrains dont ils ne dépendent en aucune façon. Ainsi se trouvera résolu le problème si désirable de développement d'une mine avec les ressources tirées de son propre fonds ; car on peut parfaitement exploiter à ciel ouvert les affleurements, sans nuire en aucune manière aux travaux de profondeur.

L'ingénieur Maurice Bernard, après avoir constaté que le placer Saint-Pierre avait depuis longtemps acquis en Guyane une réputation de premier ordre par suite de l'excellent rendement de ses anciennes exploitations alluvionnaires, au cours desquelles avaient été repérés et quelque peu suivis dès affleurements quartzeux dans la roche morte, mentionnait dans un de ses rapports que le sous-sol de ce placer était essentiellement dioritique, comme l'attestent la présence de blocs de diorite plus décomposée trouvés à plusieurs endroits et l'abondance extraordinaire de la roche à ravets. « Les quartz extraits de différentes attaques, déclarait-il, présentent des caractères absolument communs, sauf à considérer que, suivant l'endroit d'où ils viennent, ils sont plus ou moins carriés, le fer inclus étant à un degré d'oxydation plus ou moins avancé. Leur capacité est donc variable ; leur éclat est rarement gros. Ils sont plutôt cristallins, et on a même trouvé à la crique Louise un échantillon présentant d'assez gros cristaux de quartz. Leur couleur varie du rose au violet, en passant par le blanc. Les quartz très carriés présentent de nombreuses géodes tapissées d'oxydes de fer. On a trouvé quantité d'échantillons remarquables à or visible.

La densité moyenne des quartz est voisine de 2, vu que dans les transports courants ils sont toujours plus ou moins mélangés de terres et de limonite provenant de l'éponte.

La moyenne de teneur des quartz broyés a été de 50 à 60 grammes à la tonne, résultat pratique obtenu au bocard, où il y a une perte inévitable que l'on ne rencontre pas dans les analyses au four Braly ».

Pour ne pas multiplier les citations qui toutes concluent à des systèmes filoniens nombreux et riches en Guyane, systèmes dont les couches alluvionnaires ne sont que les débris décomposés — et nos lecteurs pourront en tirer une conclusion à peu près générale (*ab uno disce omnes*) — disons que, de même que dans le bassin de la Mana, dans celui du Sinnamary et autres et notamment dans le bassin de l'Approuague, non loin du placer Mataroni-Baugée, dans les placers Ipoucin et Impératrice ou Aïcoupaïe, il est prouvé par les travaux entrepris par MM. Ursleur père, de Beaufret, Romain et autres, qu'il existe dans toutes ces régions un très riche système filonien qui a fourni en partie l'or exploité mais seulement à la surface des criques.

Tout en travaillant les alluvions, débris de ces filons éboulés et décomposés par le transport des eaux, il est facile d'arriver rapidement avec quelques prospections sérieuses à mettre ces filons à nu et à les suivre en direction générale, en tant que filons de surface.

De tout ce qui précède il est permis de conclure qu'en Guyane comme dans la plupart des pays aurifères les masses alluvionnaires où l'on trouve de l'or proviennent elles-mêmes de la décomposition et de la désagrégation de masses filoniennes considérables et fort riches transportées dans les vallées dont elles tapissent le fond dans

tous les plissements de terrains où ont erré jadis et où circulent encore les cours d'eau dont le lit a été plus ou moins déplacé et mo
difié.

Il existe donc de nombreux filons en Guyane, filons qui ont été
souvent entrevus, quelquefois travaillés, rarement poursuivis avec
méthode et persévérance, faute de capitaux suffisants pour l'achat,
l'installation et le fonctionnement de moulins à or et de machineries
d'un prix très élevé, faute de solution facile pour le traitement de
minerais où l'on constatait la présence de pyrites et d'oxydes magnétiques, difficultés autrefois insolubles, comme au placer Elysée,
faute aussi de moyens commodes de transport. Ces filons sont même
très communs dans la colonie, et comme la plupart du temps dans
les placers exploités la teneur des alluvions qui proviennent de ces
filons est très élevée, il est tout naturel d'en conclure que beaucoup
d'entre eux doivent être et sont particulièrement riches. Les caractères généraux des filons de quartz aurifères en Guyane ont été
sérieusement étudiés par divers ingénieurs très compétents, tels
que MM. Babinski, Moufflet, Viala, Levat, Raimeau, Wears, Pela-
tan, Fouques, etc.

Si jusqu'à présent les concessionnaires de terrains aurifères
ont reculé devant la dépense, parce que l'exploitation des filons
est très dispendieuse et nécessite de très gros capitaux, la roche
inclusive du minerai (le quartz) et la roche encaissante (la diorite
dans la plupart des cas) sont très dures ; ce qui nécessite pour les
traiter le forage de puits et de galeries et l'installation d'usine de
broyage et de trituration. Plusieurs tentatives d'exploitation ont
cependant été faites, ainsi que nous l'avons dit, sur divers points
de la Guyane française ; mais, sauf à Saint-Elie et à Adieu-Vat, on
s'est borné aux limites de simples prospections plus ou moins sommaires et destinées seulement à reconnaître la consistante et l'allure
des gisements. L'exploitation intensive de ces filons, après de sérieuses prospections sur de nombreux placers qui exploitent les
alluvions, est l'œuvre de l'avenir de la Guyane française, et nul
doute qu'elle ne soit excessivement fructueuse, si l'on met à profit
tous les perfectionnements mécaniques les plus modernes, notamment par l'emploi de perforatrices, de broyeurs à boulets et de
tube-mill (1).

---

(1) Voici au sujet des perforations des renseignements très intéressants que nous venons de recueillir de la part d'un ingénieur expérimenté :
Depuis le commencement de l'année 1908, l'emploi de perforatrices
perfectionnées (notamment celle du système Gordon primée à Johanesburg,
d'un poids de 30 kilogrammes et facilement maniable par un seul homme),

Les retards apportés à l'exploitation des filons en Guyane auront au moins pour compensation de faire profiter ce genre d'exploitation de tous les perfectionnements réalisés dans la technique des travaux souterrains : c'est la *perforation mécanique* remplaçant le travail si lent et si onéreux en main-d'œuvre de l'antique

---

vient de solutionner en partie le problème si difficile de la main-d'œuvre , aussi, n'y a-t-il plus lieu de s'attarder dans la voie aussi lente que coûteuse du traçage, du fonçage et de l'abatage à la main ; les trous de mine, forés successivement à l'aide de la perforatrice s'imposent désormais, dans un but économique au plus haut point, diminuant beaucoup le prix de revient. Le premier élément de l'économie réside dans l'allure même du forage, c'est-à-dire dans le temps employé pour percer un trou dans une mine déterminée ; il a été reconnu tant dans des travaux de surface que dans des travaux souterrains qu'un seul indigène peut à l'aide de la perforatrice Gordon faire le même travail que celui de 12 autres indigènes forant à la main, que de plus le trou foré mécaniquement est de 25 % plus large à la base que le trou foré à la main et que si ce trou est bien placé il est permis de compter sur une quantité de roche abattue de 20 % supérieure à celle obtenue avec le travail à la main ; en d'autres termes un indigène dans des conditions moyennes peut forer mécaniquement une largeur de trous équivalente à celle produite par 16 ouvriers se servant de fleurets maniés à la main.

Dans une mine, quand le traçage de quelques niveaux terminés est fait, c'est-à-dire quand la mine est munie de galeries horizontales dans la couche avec un certain nombre de descenderies les reliant, on sait qu'il reste à faire l'exploitation proprement dite, c'est-à-dire à dépeler méthodiquement l'ensemble de la couche aurifère en y plaçant sur quelques chantiers convenablement choisis un nombre d'ouvriers suffisants. Cet abatage (*stoping*), se fait pour une couche donnée par l'une des deux méthodes connues sous le nom de gradins droits ou gradins renversés. Quelle que soit la méthode d'exploitation employée, le point de départ, le centre et en quelque sorte l'axe de symétrie de l'exploitation, c'est la descenderie (*winze*) qui fait communiquer les deux niveaux supérieur et inférieur, et l'abatage commence à son extrémité supérieure, dans le cas de gradins droits, ou à son extrémité inférieure dans le cas de gradins renversés. La forme du chantier dans les deux méthodes est la même : celle d'un triangle qui a sa base en haut dans les gradins droits et en bas dans les gradins renversés ; le minerai abattu descend toujours par la descenderie au niveau inférieur. On se représente la couche aurifère comme étant comprise entre deux plans semblables séparés par un intervalle variable. Dans la pratique, on fait d'ordinaire l'abatage sur une épaisseur de couche assez constante, de 1 m. 50 à 2 mètres environ, et c'est cette couche qu'on débite au moyen de ces triangles allant progressivement en s'élargissant. Dans la méthode de gradins droits, les mineurs peuvent forer les trous de mine, en étant assis, et sans qu'il soit besoin de remblayer derrière eux ; au contraire, avec les gradins renversés il faut qu'ils travaillent debout au-dessus de leur tête, en montant sur un remblai, dans lequel on doit ménager de petites cheminées à mines. Dans le cas de gradins droits, on laisse souvent, au-dessus des galeries de niveau, dans un but de protection des mineurs, un massif de garantie surmonté d'une galerie, et de distance en distance, tous les dix ou quinze mètres, on ménage de petites cheminées à travers ce massif, avec trémie de chargement.

Le système de gradins renversés a cette supériorité de coûter bien

barre à mines ; c'est la dynamite, substituée à la poudre noire, augmentant dans des proportions considérables la rapidité d'exécution ; c'est le perfectionnement réalisé dans les machines et instruments de prospection et de travail ; c'est l'utilisation possible des forces hydrauliques et de l'électricité ; c'est la facilité apportée à une ventilation très active des chantiers et partout l'amélioration

---

moins cher que celui des gradins droits ; aussi, semble-t-il devoir être préféré.

Il paraît que la perforatrice Gordon, grâce à son petit volume, permet de limiter le chantier et en conséquence de ne tenir compte que de la partie utile du filon ; ce qui offre ce grand avantage de réduire au minimum dans son abatage la roche stérile.

L'économie à réaliser par les exploitations minières au moyen des perforatrices aussi bien en ce qui concerne le développement des mines qu'en ce qui touche l'abatage est importante, puisqu'un ouvrier peut forer mécaniquement en un jour autant de trous que quinze ouvriers avec le travail à la main.

Une autre considération qui a toute sa valeur et qui prime toutes les autres, c'est que l'emploi de ces perforatrices à haute vitesse d'allure doit avoir une salutaire influence, en diminuant dans de très fortes proportions, si elle ne la supprime complètement, la phtisie des mineurs, dont les poumons sont si souvent attaqués par les fines poussières provenant du travail de la roche aurifère ; en effet, au lieu de forer à sec, ces perforatrices opèrent dans un milieu humide, de l'eau étant automatiquement introduite dans le trou de mines pendant toute la durée du forage, de façon à arroser constamment le burin ; ce qui tend à faire disparaître les poussières.

Quant au tube mill, employé déjà depuis plusieurs années avec succès au Transvaal, c'est un appareil finisseur, dont le but est de réduire dans une proportion très notable le grain des produits broyés formant la « pulpe », et adjoint au premier appareil de broyage ; c'est dans l'industrie aurifère un progrès considérable que le développement de la cyanuration rendait nécessaire.

En rendant le broyage plus parfait, le tube mill a pour résultat de conduire à une extraction de l'or plus complète et de plus plus rapidement opérée dans la cyanuration ; en outre, il a l'avantage de restreindre le broyage aux pilons, d'en diminuer la durée et d'augmenter la capacité de broyage d'une batterie déterminée. Il en résulte à la fois un bénéfice net sur l'or produit et une diminution sur le prix de revient, par l'utilisation meilleure d'une série donnée, de cuves de cyanuration.

« L'appareil qui produit ces résultats, pour emprunter les expressions mêmes de l'éminent ingénieur des mines M. de Launay dans son savant ouvrage d'une grande portée pratique « l'Or dans le monde », est un tube broyeur, c'est-à-dire un broyeur cylindrique à boulets, un grand cylindre fermé, animé d'un mouvement de rotation autour de son axe horizontal et contenant des instruments de broyage mobiles (le plus souvent des galets de quartz, plus rarement des boulets d'acier), dans lequel on introduit à l'une des extrémités des minerais destinés à être broyés finement, pour les recueillir à l'autre extrémité et les soumettre ensuite aux traitements de cyanuration.

Cet appareil est muni intérieurement d'un garnissage en silex très dur. Les dimensions habituelles au Transvaal sont 6 m. 60 de longueur sur

de l'hygiène et des conditions de travail des ouvriers ; c'est l'installation de conduites d'eau à haute pression pour l'alimentation des *perforatrices* et l'évacuation hydraulique des déblais sur le front de taille après chaque coup de mine ; c'est la substitution de la transmission électrique à la transmission mécanique, susceptible à elle seule d'abaisser de près de 30 % les frais de premier établissement.

Personne n'ignore que la puissance hydraulique a été le principal facteur d'énergie employé au percement du Simplon et qu'elle a servi à faire fonctionner les moteurs de perforatrices puissantes, a faciliter le rejet des déblais, à rafraîchir le front de taille et à produire l'électricité, l'eau nécessaire ayant été amenée vers les deux têtes du tunnel au moyen de longues canalisations en béton armé.

Pour le traitement des minerais aurifères, qui doit être fait par les procédés mécaniques modernes, il convient donc de chercher et de faire une exploitation économique et rationnelle.

Il y a certes un grand avantage économique pour l'extraction des quartz aurifères, quand les gîtes miniers sont à l'affleurement du sol, ce que l'on appelle les *filons de surface* qui, en Guyane, sont en grand nombre. Inutile alors de foncer des puits, de creuser des galeries souterraines qui exigent souvent des dépenses excessives et retardent beaucoup la mise en exploitation, d'exposer des frais d'épuisement d'eau et de boisage, etc., ce qui arrive nécessairement pour les filons en profondeur qui demandent une période de préparation, d'installation et d'organisation fort longue et onéreuse.

Quand on a reconnu par des prospections sérieuses et multiples, par des sondages répétés à divers niveaux, la teneur en grammes du minerai, il faut encore être bien fixé sur le mode rationnel et pratique d'exploitation, afin d'établir approximativement

---

1 m. 50 de diamètre ; la vitesse de rotation est d'environ 24 à 27 tours à la minute.

Les minerais passent ainsi des pilons aux tube mill, puis aux classeurs, puis aux appareils de cyanuration.

Les résultats obtenus en 1905 avec ces appareils ont été si encourageants qu'une soixantaine ont été immédiatement installés ou commandés sur le Witwatersrand. On estime, en effet, par ce moyen, pouvoir augmenter de 2 à 4 % la proportion de l'or extrait.

Le tube mill constitue ainsi un premier appareil de finissage, intermédiaire entre les pilons et la cyanuration. C'est à ce moment intermédiaire que vient se placer également le *travail de préparation mécanique et de concentration*, destiné à séparer et à classer les résidus du broyage et de l'amalgamation pour pouvoir les soumettre convenablement soit à la chloruration, soit à la cyanuration.

le nombre de cubes de minerai à extraire pour obtenir du minerai marchand (1).

Quel que soit le gîte du filon, en affleurement ou en profondeur, dès que la roche et le quartz aurifères sont non plus seulement en vue, mais ont été extraits, il faut, de toute nécessité, opérer l'élimination des stériles par le *triage*, opération qui est très importante et qui, par une sélection bien faite des blocs riches d'avec ceux stériles ou à peu près, économise du temps et des frais, puis le broyage, par pilons, concasseurs ou broyeurs à boulets, avant de songer à son traitement chimique ou mécanique.

Le minerai a donc besoin d'être réduit en poudre fine pour que les opérations de métallurgie proprement dites (amalgamation, cyanuration et chloruration), fondées sur la solubilité de l'or dans divers réactifs, puissent être employées et pour que le dissolvant agisse sur lui.

Voici habituellement comment on opère :

Le type classique du concasseur est le concasseur Blake, qui est un appareil à mâchoires, où le minerai est concassé à 40 millimètres, les fragments de quartz étant pris entre deux joues en acier à surface striée, l'une fixe, l'autre mise en mouvement alternatif par une excentrique. Le minerai est ensuite réduit à 15 millimètres dans un concasseur Bartsch, qui porte également deux mâchoires.

C'est là un premier travail de dégrossissage ; le minerai passe ensuite sous des pilons verticaux ou *stamps*, d'ordinaire groupés par batteries de dix et soulevés verticalement à l'aide d'un arbre à

---

(1) « Il est extrêmement rare, explique M. l'ingénieur Ratel dans son savant ouvrage précité, qu'un minerai donné, au sortir de la mine, soit *marchand*, c'est-à-dire tel qu'il puisse ou bien être expédié au lieu de vente, ou bien être traité tel sur place ou dans le voisinage dans des usines métallurgiques dépendant de la Société qui exploite ledit minerai.

On conçoit donc que le problème *rendre marchand un minerai* puisse se présenter différemment, selon qu'il s'agit de l'un ou de l'autre cas. On conçoit de même qu'il puisse exister, dans certains cas, l'inutilité d'enrichissement préalable du minerai, si ce dernier peut supporter des frais de transports inférieurs aux frais qui pourraient résulter de cet enrichissement, et à la limite l'inutilité même de l'exploitation si pour une raison ou une autre il devient impossible de fournir audit minerai une augmentation de teneur déterminée, au-dessous de laquelle selon les cours sa vente ne devient plus rémunératrice.

Ce problème est éminemment complexe ; il constitue ce que nous appellerons le *problème de la préparation mécanique*. Ce problème n'offre jamais de solution absolue ; il comporte une foule de considérations de toute nature dont la méconnaissance jette le désarroi dans les sociétés minières. »

came. Ces pilons (1) écrasent le quartz mélangé d'eau dans un mortier de fonte où l'addition d'un peu de mercure produit une première amalgamation. La « *pulpe* », ainsi que l'on dénomme la matière broyée et pulvérisée, mélangée d'eau, s'écoule de là par un tamis sur une plaque d'amalgamation inclinée en cuivre argenté et amalgamé, où l'or est retenu. On recueille l'amalgame en grattant les plaques à intervalles réguliers et on le distille pour séparer de l'or le mercure qui est volatil.

On a tendance depuis une dizaine d'années à remplacer les broyeurs à pilons par des broyeurs à boulets, et l'on se sert aussi parfois de cylindres horizontaux en acier assez semblables à ceux qui servent à écraser le macadam, notamment en Australie.

C'est par l'emploi de dissolvants, d'abord par le mercure, puis par le chlore et enfin par le cyanure de potassium qu'on pratique le traitement de l'or : d'où les procédés d'*amalgamation*, de *chloruration* et de *cyanuration*, dont nous ne dirons que quelques mots pour terminer, tous les détails de ces divers procédés n'étant pas dans le cadre de notre ouvrage, à cause de leur caractère trop technique.

Le procédé de l'amalgamation est le plus connu et le plus simple. Tous les placériens, même les maraudeurs, emploient le mercure pour retirer l'or des boues alluvionnaires. L'amalgamation qui, selon la définition fort juste de M. le professeur de Launay, est la fixation de l'or à l'état d'alliage avec le mercure, s'associe et se superpose aux procédés de simple lavage au sluice ou de broyage aux pilons. Elle a pour but de combiner l'or avec le mercure pour le séparer des autres substances, souvent des *stériles*, puis de distiller pour séparer les deux métaux.

Comme un grand nombre de minerais échappe à cette amalgamation que paralysent certains oxydes ou certains métaux, notamment l'arsenic, le plomb, l'antimoine, le bismuth, etc., comme d'autre part, d'autres parcelles d'or très tenues, appelées, *or flottant*, semblent influencées par des phénomènes de capillarité, encore mal définis, rendant leur fixition très capricieuse, d'autres procédés ont été employés, d'abord la chloruration, puis la cyanuration.

---

(1) On tend de plus en plus à se servir de pilons lourds, d'un poids de 400 à 550 kilogrammes, et à les faire battre rapidement (près de cent coups par minute) avec une très faible chute ne dépassant pas vingt-cinq ou trente centimètres sur un *dé* d'acier cylindrique mesurant 20 à 25 centimètres de diamètre et 16 à 20 centimètres de hauteur. Le sabot, haut de 25 centimètres est réduit à l'épaisseur d'une feuille de carton en l'espace de 5 à 6 semaines ; le dé a une durée de 15 à 20 jours au maximum. Inutile de signaler que le bruit de va et vient des pilons est assourdissant.

La chloruration, dont le procédé tend à décroître (est-ce à tort ? D'aucuns le prétendent) depuis les perfectionnements progressifs de la cyanuration, consiste à combiner l'or au chlore pour obtenir un chlorure d'or soluble, dont le métal est ensuite facile à extraire. Elle s'effectue au Transvaal surtout dans des usines spéciales qui achètent aux moulins leurs *concentrés*, usines qui emploient les procédés Plattner.

On sèche d'abord le minerai qui vient des tables de concentration, et l'on utilise dans ce but la chaleur perdue des fours, du grillage, grillage réalisé dans de longs fours à réverbère terminés à l'une de leurs extrémités près du foyer par une sole tournante ; mais on ne traite par cette méthode que des minerais d'une teneur inférieure à 85 grammes à la tonne.

On a renoncé définitivement au grillage chlorurant avec du sel marin, par suite des pertes d'or qui en résultaient, pour s'en tenir à un grillage oxydant très soigné, où l'on élimine la presque totalité du soufre, de l'antimoine et de l'arsenic et tous les métaux.

Après broyage et grillage, il faut chlorurer, puis précipiter l'or en dissolution par un réducteur quelconque ; il y a des procédés différents dont il serait trop long de parler ici, les ouvrages spéciaux en faisant mention, tant pour le mode d'obtention du chlore que pour le choix au réducteur.

Mais c'est la cyanuration (1) qui donne généralement les plus

---

(1) Dans les premiers temps où l'on traitait le métal précieux par la cyanuration, on cherchait à obtenir deux sortes de produits : des *concentrés*, représentés au Transvaal par les grains lourds provenant du broyage et contenant une grande quantité d'or avec les sulfures, et des *tailings*, produits sableux, de faible teneur aurifère que l'on désirait autant que possible exempts de boues fines, ou *slimes*. Les concentrés, donnés d'ordinaire par des *Frue Vanners* étaient soumis au traitement de la *chloruration*, et les tailings à celui de la *cyanuration* ; le broyage utilisé était assez grossier.

Dès qu'on eût constaté que le traitement par la cyanuration était d'autant meilleur que les grains étaient plus fins, on substitua au broyage grossier un broyage plus parfait donnant des grains d'une grande finesse, produisant par suite une grande quantité de sluices, puis la chloruration fut délaissée, la cyanuration régnant dès lors en maîtresse.

Divers ingénieurs préconisent depuis peu de temps la supériorité de la chloruration, soit la cyanuration du minerai, faisant suite à la concentration après le broyage et grillage à mort des concentrés, dans certaines conditions économiques (au moyen de fours à grillage automatiques à soles superposées, qui sont une invention américaine à cause du prix de revient très faible du grillage à mort des concentrés, à cause des frais de premier établissement du matériel de chloruration beaucoup moins élevés que ceux de la cyanuration, à cause du temps nécessaire pour l'opération (la chloruration ne durant que 12 heures, et la cyanuration demandant une semaine pour les sables, plusieurs semaines pour les sluices), en raison de ce fait que le coefficient d'extraction du chlorure est supérieur à celui de cyanure de potassium et qu'enfin avec la chloruration on obtient la précipitation

grands résultats, ce procédé consistant dans l'emploi de la solubilité
de l'or dans le cyanure de potassium pour précipiter ensuite l'or par
réduction ou par électrolyse. Comme le mercure ne happe pas au
passage toutes les parcelles d'or que le pilon a isolées du quartz, on
dissout dans un bain de cyanure de potassium la plus grande partie possible de l'or ayant échappé à l'amalgame (1).

Le succès de cette méthode, comme l'explique parfaitement M. de Launay, qui fait autorité dans la question, dépend
à la fois de la composition chimique des matières traitées et de leur
état physique, de leur capacité filtrante. « Chimiquement, dit-il, il
y a lieu de considérer la présence de certains métaux comme le
cuivre, qui paralysent l'opération ; puis l'acidité ou la quantité d'al-
cali nécessaire pour neutraliser l'acide sulfurique produit par la
décomposition des pyrites. Les sulfates acides produisent, en effet,
de l'acide cyanhydrique, donnant avec l'or un procédé imprécipi-
table ensuite par le zinc. Pour certains minerais sulfurés, un grillage préalable est nécessaire. Physiquement, il est essentiel que les
résidus à *lixivier* soient bien classés, et si leur capacité s'oppose au
passage des liqueurs cyanurées, il faut les maintenir mécaniquement en suspension.

Dans la pratique actuelle du Transvaal, on se fonde sur ce
fait que la finesse du grain augmente beaucoup le coefficient d'extraction de l'or et l'on cherche ainsi à obtenir pour la cyanuration
les produits broyés aussi fins que possible (d'où l'emploi des tube-
mills). A cet effet, on commence par extraire le plus d'or possible

---

totale de l'or, et ce sans difficulté, tandis que, dans la cyanuration, cette
partie si capitale du traitement est entourée de sérieuses difficultés et a
souvent occasionné des pertes irréparables. Nous ne faisons que signaler
cette opération.

(1) Voici quelles sont généralement les diverses étapes de la cyanuration.

Au sortir du moulin à or, l'eau circule dans des classificateurs hydrauliques. En utilisant les différences de densité, on sépare les *sables* des
boues, ces dernières composées de grains susceptibles de passer à travers
un treillis comptant 3.000 mailles par centimètre carré. Le tri s'achève sur
des *tables à secousses* qui isolent les oxydes parasites et certaines pyrites.
Les boues et sables sont alors dirigées dans d'immenses réservoirs où ils
abandonnent leur eau par filtration ou par décantation ; enfin, ces matières
asséchées sont transportées dans de vastes cuves de 100 mètres cubes où
elles prennent un bain de cyanure de potassium qui, après avoir dissous
l'or, le dépose sous forme de poudre noire sur des copeaux de zinc. En
traitant par l'acide sulfurique, on recueille une pâte noire, nommée slimes
d'or qu'on met au creuset. C'est l'étape finale. Deux ouvriers fondent de
l'or comme ils fondraient du plomb. Le lingot refroidi est recueilli et mis
en caisse.

par une amalgamation succédant à un broyage aux concasseurs et aux pilons, mais relativement grossier tant dans l'intérieur des mortiers que sur les plaques extérieures. On classe avec soin la pulpe, soit au moyen de tables de concentration, soit au moyen de Spitz-Kasten. Après quoi, on rebroie très fin au tube-mill les produits les plus gros, afin de produire des grains minuscules, sur l'or desquels la cyanuration a une grande puissance dissolvante et l'on cyanure toutes ces matières broyées, sables (*tailings*) et boues particulièrement fines (*slimes*). Les produits à cyanurer sont classés avec grand soin par grosseur pour traiter : d'un côté, rapidement avec des solutions concentrées les sables, et de l'autre, longuement, par des volumes énormes de solutions très faibles, les parties fines ou *slimes*, matières que de grandes roues à augets, ayant quelquefois 20 mètres de diamètre, conduisent à des cuves de traitement, en bois ou en tôle d'acier par l'intermédiaire de distributeurs à bras mobiles ; c'est dans ces cuves que s'opère d'une part la cyanuration des sables et d'autre part celle des slimes. On produit aussi, mais de plus en plus rarement, des concentrés que l'on traite par chloruration.

Tout l'or qui n'a pas été obtenu par l'amalgamation se retrouve, en fin de compte, à l'état de liqueur cyanurée, dont il est facile d'extraire l'or.

Après avoir obtenu l'or à l'état de liqueur cyanurée, on le précipite soit par le zinc (procédé Max-Arthur Forrest) dans des caisses en bois divisées en un certain nombre de compartiments (extracteurs), soit encore en employant l'électrolyse (procédé Siemens et Halske) avec des électrodes négatives en plomb, sur lesquelles se dépose l'or et des électrodes positives en fer.

Le taux de l'extraction de l'or par la cyanuration, tant des sables que des slimes varie entre 75 et 80 % ; mais déjà par l'amalgamation on a obtenu avant de cyanurer environ les 2/3 de l'or contenu dans le minerai. Le rendement total peut ainsi arriver à 92 % ; en pratique, pour tenir compte de toutes les difficultés, il est préférable de tabler sur 86 à 88 %.

§ 3. — *Considérations générales concernant l'exploitation des alluvions et des filons.*

En vertu d'une loi économique facile à concevoir, il y a toujours eu tendance générale chez l'homme à s'attaquer dès le début aux alluvions aurifères, pour lesquelles l'évaluation préalable du cubage est moins délicate et le travail lui-même bien plus facile et moins coûteux que dans une entreprise filonienne. En effet, pour cette der-

·nière qui exige toujours des capitaux beaucoup plus importants, l'évaluation du minerai en vue et le tracé d'exploitation — tâches préalables indispensables — ne sont exempts ni de grosses dépenses ni de grandes difficultés ; au contraire, l'exploitation des alluvions aurifères présente cette intéressante particularité de réduire au minimum les travaux préparatoires, de sorte que l'on peut atteindre beaucoup plus rapidement la période de rendement ; elle permet aussi une reconnaissance préalable très exacte du gisement, grâce à laquelle on peut se mettre à l'abri de tout aléa.

Ce sont là les raisons principales pour lesquelles l'exploitation des alluvions a presque toujours (sauf peut-être au Transvaal) précédé celle des filons et a subsisté à côté d'elle, quand cette dernière a été créée.

Pour nous résumer en quelques mots, l'exploitation des alluvions par l'application du procédé de l'extraction aurifère, au moyen d'engins mécaniques, est entrée résolument dans la pratique, le traitement ᴸe ces alluvions à la battée ou au moyen des sluices avec extraction à bras d'hommes ne convenant plus qu'aux petites exploitations ; quant à l'exploitation des filons, elle viendra ultérieurement et fera la réserve de l'avenir. Nos ingénieurs profiteront certainement des méthodes les plus perfectionnées d'extraction des filons et du traitement des minerais, pour les appliquer à la Guyane, en tenant compte de la différence des roches, de leur structure, de leur direction, du coût de la main-d'œuvre, etc. ; déjà même en Guyane ils doivent déjà constamment suivre avec intérêt et profit les travaux méthodiques entrepris à Adieu-Vat et conduits avec autant de compétence que de prudence et s'inspirer de la ligne de conduite suivie par ses ingénieurs éminents et ses sages et expérimentés administrateurs.

Quant au dragage qui permet d'abaisser dans la proportion de 10 à 1 le prix du traitement de l'alluvion par le sluice, il donnera à bref délai un très grand essor à l'exploitation aurifère en Guyane : nous en sommes pleinement convaincus.

A titre de conclusion au sujet du traitement des alluvions par les dragages, nous pensons utile de rapporter le passage suivant d'un rapport (1) de M. Ad. Bally, président de la Commission con-

---

(1) De ce rapport, nous extrayons ce qui suit sur les causes pratiques de l'enrichissement des alluvions guyanaises :

« Des diverses théories qui ont été émises sur la formation des gisements alluvionnaires d'or à la Guyane, j'ai retenu celle dont l'exactitude m'a paru être confirmée par les faits.

sultative des mines de la Guyane, en date du 26 octobre 1907, parce qu'il donne la note exacte de la valeur du dragage, parce qu'il confirme bien notre opinion et se trouve être la synthèse de toute notre documentation précédente.

« L'exploitation par dragage mécanique de nos alluvions, disait-il, s'impose, d'abord parce que le progrès du dragage mécanique a prouvé que cette méthode est pratique et donne des résultats magnifiques dans tous les pays où elle est appliquée ; ensuite parce que, dès les premiers essais qui ont été tentés ici, on a eu la

---

L'enrichissement de nos alluvions est dû, à mon avis, à deux causes : 1º les érosions des têtes des filons de quartz aurifères ; 2º la désagrégation et la décomposition de roches éruptives aurifères, notamment la diorite.

De nos jours et pour ainsi dire sous nos yeux, ces phénomènes de désagrégation et de décomposition continuent à se produire. Il n'y a pas un mineur guyanais, en effet, qui n'ait eu l'occasion de constater sur l'un des établissements de nos principaux placers, pour peu qu'il ait examiné attentivement le sol après une forte pluie, des points et même des paillettes d'or, brillant au soleil. C'est que le revêtement de diorite de la colline, sous l'action des agents atmosphériques, se décompose et laisse apparaître l'or que contenait cette roche, et à chaque lavage par nos ondées tropicales, le métal précieux apparaît au jour.

On conçoit dès lors que, par entraînement et depuis l'époque où cette décomposition a commencé, l'or soit allé se loger dans les parties les plus basses de la vallée, les pépites restant presque au pied de la colline ; et c'est bien ce que la pratique des exploitations aurifères démontre chaque jour. Les pépites de ce genre ont un aspect différent de celles provenant des érosions de filons. Celles-ci sont brillantes, à arêtes vives, le plus souvent incrustées de quartz, tandis que celles-là, au contraire, ont une teinte mate, rouge brique (par un long contact avec l'oxyde de fer des roches dioritiques) à surface lisse, polie par un frottement lent et de longue durée ; en un mot, elles ressemblent à des rognons ferrugineux, à la *roche à ravet* de Guyane, qui est elle-même une roche ferrugineuse et souvent aurifère.

Que nos grandes rivières guyanaises recouvrent des alluvions aurifères enrichies de la même manière, cela est incontestable. Ne voit-on pas, lorsque les eaux ont baissé, dans la saison sèche, sur les berges de chaque rive, d'énormes épaisseurs de couches alluvionnaires aurifères, s'enfonçant à un niveau bien au-dessous du lit de la rivière ?

Aux époques des basses eaux (octobre et novembre), les noirs maraudeurs ont l'habitude d'envahir, avec leurs petits longtoms, dits *bricoles*, les endroits des cours d'eau navigables présentant quelques facilités à leurs lavages, et là ils se hâtent d'exploiter les couches mises à découvert. J'ai vu cela en 1906 au Courcibo.

On conçoit aisément que dans les profondes vallées où coulent ces rivières, les phénomènes d'érosion de filons aurifères, de dislocation de roches, de leur désagrégation et de leur décomposition, se soient produits avec une grande intensité et sur des masses considérables. La preuve en a été faite par la drague « Flora » à la rivière Courcibo, affluent du Sinnamary, où malgré les imperfections de l'instrument et les difficultés inhérentes à un début, les productions d'or ont atteint des chiffres auxquels on ne s'attendait pas ; cette production a même été, une fois, de 2 kilos 300 en 20 heures de marche. »

M. Bally en conclut avec raison que le bedrock argileux de la Guyane convient à merveille à ces appareils qui trouvent d'ailleurs dans le pays toutes les conditions désirables pour leur bon fonctionnement.

preuve de la possibilité technique du dragage ; enfin, parce que les millions de kilogrammes d'or qui existent dans nos alluvions présentent un champ fructueux pour des activités et des capitaux français et qu'il n'y a pas d'exemple que de si prodigieuses richesses restent longtemps délaissées.

Quant aux avantages considérables qui en résulteront pour la Colonie, ils sont de toute évidence, et nous attendons avec confiance cette ère de prospérité pour notre pays ! »

Nous partageons la même confiance que M. Adolphe Bally.

En ce qui concerne l'exploitation filonienne, la Guyane étant un pays privé de tous moyens faciles de transport qui sont au surplus d'un coût d'autant plus élevé que les placers sont plus éloignés du littoral, on conçoit que la construction et l'installation d'un atelier de broyage de quartz ait constitué jusqu'à ce jour une énorme difficulté, presque insurmontable, et en tout cas toujours très onéreuse. Déjà, le gros matériel ne peut être transporté par pirogues que s'il est (chose essentielle) composé de pièces démontables, chaque colis numéroté ne devant pas excéder un poids de une à deux tonnes ; le démontage, le transport par pirogues jusqu'au dégrad, puis à dos d'homme jusqu'au placer, à moins que des rails et du petit matériel Decauville n'aient été préalablement installés, et le remontage des pièces de toutes les machines, viennent accroître fatalement le chiffre des dépenses. Dans quelques essais tentés en Guyane à cet égard, ou bien le matériel fractionné est resté enfoui dans les rivières ou éparpillé le long des cours d'eau par suite de manque de fonds suffisants pour le transporter à pied-d'œuvre, ou bien l'absence de travaux préparatoires sérieux dans le filon a fait échouer la tentative, les batteries de pilons montés n'ayant pas eu de quartz importants à broyer : voilà pour le passé ; seule, la Compagnie des Mines de Saint-Elie et d'Adieu-Vat, nous l'avons exposé plus haut, est la première Société qui ait fait monter de puissantes machines et fait toutes les installations nécessaires pour le broyage des quartz aurifères. Une usine de traitement des minerais par la cyanuration est actuellement en construction sur ses mines ; à titre d'indication générale, il convient d'évaluer de 80 à 100.000 francs la dépense à faire en Guyane pour les bâtiments, l'achat, le montage et l'installation d'une usine de traitement de ce genre. Il y a donc là une indication qui ne manquera pas d'être suivie comme base dans les grandes exploitations filoniennes dont la Colonie sera dotée, comme il y a tout lieu d'espérer, si les capitaux viennent à elle, ainsi qu'elle en est digne à tous points de vue.

Il est évident que la Guyane est appelée à profiter dans l'exploitation de ses nombreux et riches filons des améliorations considérables réalisées en ces dernières années ; c'est surtout dans les procédés de traitement métallurgique de l'or et dans la réduction des frais d'exploitation que de grands progrès ont eu lieu. Les économies portent à la fois sur les dépenses de broyage, de concassage et de développement minier. On sait que ces économies — le Transvaal en est une preuve manifeste, — ont une grande importance par rapport aux bénéfices et aussi à la durée des entreprises, par suite de l'utilisation avec profit de grandes quantités de minerais que l'on ne traitait pas, que l'on considérait comme stériles, et sur lesquelles on ne comptait pas.

La Guyane est ainsi en voie de tirer grand profit de l'outillage de plus en plus perfectionné, des progrès réalisés dans les procédés de traitement qui augmenteront le taux de rendement, des prix de revient moindres, et des meilleurs résultats de la métallurgie.

CHAPITRE II

EXPOSÉ ET CRITIQUE DE LA NOUVELLE RÉGLEMENTATION
DU RÉGIME MINIER
ET DES TAXES ET REDEVANCES NOUVELLES IMPOSÉES EN GUYANE

C'est le décret du 10 mars 1906 (1), promulgué dans la colonie le 17 octobre suivant, qui régit actuellement l'industrie aurifère en Guyane, ce décret ayant fait, suivant les paroles mêmes de M. le Gouverneur Picanon « table rase de toute la règlementation jusqu'alors en vigueur, ne laissant subsister, à titre d'ailleurs tout provisoire, que des règles relatives aux taxes et redevances se rattachant à l'industrie minière et aurifère et à la circulation de l'or natif ».

Les dispositions du décret du 18 mars 1881, complété ou modifié par les décrets du 27 mai 1882, des 20 juillet et 29 décembre 1901, avaient établi un régime particulier pour la recherche et l'exploitation des gisements aurifères ; mais cette législation spéciale, tout en montrant une tendance de plus en plus marquée vers l'abandon du système de la loi du 21 avril 1810 sur les mines, rendue exécutoire dans la Colonie par décret du 1er avril 1858, ne se substi-

---

(I) Il est intéressant, vu l'importance de la question de la réglementation minière, de citer quelques passages du rapport très substantiel de M. Le Hérissé sur le budget colonial de 1906 :

« L'industrie aurifère de la Guyane, énonçait-il, est régie par un décret du 18 mai 1881, dont les dispositions ne sont plus en harmonie avec les exigences de la situation économique actuelle. Cette industrie n'est plus présentement ce qu'elle était il y a vingt-cinq ans. Monopolisée à cette époque par un petit nombre d'entreprises régulières, elle a donné lieu, depuis les grandes découvertes de l'Awa, de Carsewène et de l'Inini, à l'intrusion d'une multitude de petits prospecteurs, d'origine étrangère pour la plupart. Il est devenu nécessaire, par suite, d'adopter une législation qui garantisse les droits des petits chercheurs d'or, tout en protégeant les exploitations régulières contre les maraudeurs qui, à l'heure actuelle, opèrent effrontément, grâce aux lacunes d'un texte manifestement suranné.

« On peut reprocher notamment au décret de 1881 d'admettre l'attribution de concessions sur de simples plans non contrôlés et non repérés sur le terrain. Il s'ensuit : que nombre de terrains productifs sont accaparés par les mêmes détenteurs ou leurs prête-noms et immobilisés entre leurs mains ; que la plus grande incertitude règne au sujet des limites des terrains concédés ; que le maraudage se pratique d'une façon effrénée dans ces territoires non repérés et non délimités ; qu'enfin, l'or récolté en fraude échappe à toutes saisies, grâce à des *laissez-passer* de complaisance que tout maraudeur peut s'acheter chez des traficants munis de permis réguliers d'exploitation sur des terrains quelconques. »

tuait pas complètement à cette loi, s'étant simplement superposées au régime de la loi de 1810. Une distinction assez nette n'existait pas entre l'exploitation des alluvions aurifères et celle des mines proprement dites ; de là, dans l'application des textes, des incertitudes aussi préjudiciables aux intérêts des Colonies qu'à la bonne marche de l'industrie minière.

Le nouveau statut minier de la Guyane avait été élaboré, suivant M. Clémentel, alors ministre des Colonies, dans le but « d'appliquer aux placers une législation simple, calquée sur celle dont l'application donne des résultats si féconds dans diverses colonies étrangères, réservant aux mines proprement dites un régime libéral, approprié à leurs besoins, en assurant à l'inventeur la propriété des gisements qu'il aura découverts, tout en empêchant les accaparements improductifs ». Ce but a-t-il été atteint ? C'est ce que nous envisagerons plus loin assez longuement.

Le décret du 10 mars 1906 est divisé en 8 titres relatifs :

Le titre 1er, à des dispositions générales (art. 1 à 10).

Le titre 2e, à l'exploration (art. 11 à 15).

Le titre 3e, aux permis de recherches et des concessions de mines (art. 16 à 36).

Le titre 4e, aux permis d'exploitation de placer (art. 37 à 51).

Le titre 5e, aux droits et obligations des concessionnaires et permissionnaires (art. 52 à 68), avec subdivision en trois sections relatives, la première : aux droits et obligations des concessionnaires envers les tiers ; la 2e, à leurs obligations envers l'Administration ; la 3e, aux droits et obligations des permissionnaires ;

Le titre 6e, aux juridictions et pénalités (art. 69 à 77).

Le titre 7e, à des dispositions transitoires (art. 78 à 79).

Et le titre 8e, à des dispositions finales (art. 80 à 84).

Cette division rappelée, essayons de dégager dans le texte très touffu et assez obscur de ce décret les grandes lignes et les points les plus importants.

Dans ses dispositions générales, le décret définit et distingue les *placers* et les *mines*.

Il considère comme *placers* les gîtes alluvionnaires de surface, non recouverts par une couche géologique distincte, contenant de l'or, des métaux précieux.

Le droit d'exploiter un placer ne peut être requis qu'en vertu d'un permis d'exploitation accordé dans les formes prescrites au titre IV du décret.

Le permis d'exploitation d'un placer comprend, dans la projection verticale du terrain délimité, tous les métaux précieux et pierres précieuses qui se trouvent dans le gîte alluvionnaire de surface formant le placer. Il ne donne aucun droit sur les substances minérales, même sur l'or, contenues dans des gîtes non alluvionnaires ou dans des alluvions recouvertes (art. 3).

Sont considérées comme *mines* les gîtes de toutes substances minérales qui ne sont pas classés dans les carrières ou les placers.

Le droit d'exploiter une mine ne peut être requis qu'en vertu d'une concession accordée dans les formes prévues au titre III du décret, après institution préalable d'un permis de recherches, délimitant les droits de l'explorateur.

La concession d'une mine comprend, dans la projection verticale du terrain concédé, toutes les substances concessibles qui font l'objet de la concession, à l'exception des pierres et métaux précieux qui se trouveraient dans des alluvions de surface (art. 4).

Relativement aux placers, la réglementation nouvelle adopte :

1° Le *permis d'exploration* délivré par la Commission des Mines du district, valable pendant une année, et renouvelable, moyennant une taxe égale à celle fixée pour sa délivrance (art. 12) ; lequel permis comporte l'autorisation d'exécuter sur les terres libres du domaine tous travaux de fouille ou de sondage pour la découverte des substances minérales ainsi que le tracé sur le sol de toutes démarcations utiles (art. 11).

2° Le *permis d'exploitation*, valable pour une période de dix années consécutives, indéfiniment renouvelable par périodes de dix années au seul gré du permissionnaire, accordé par le Gouverneur en conseil privé (art. 46), et donnant la faculté d'exploiter, par voie d'occupation, les alluvions de surface (art. 37).

La superficie du périmètre d'exploitation doit être de 250 hectares au plus et de 10 hectares au moins.

L'occupation ne peut avoir lieu valablement sur les terrains du Domaine que si l'occupant est muni d'un permis d'exploitation.

Pour les fleuves ou rivières navigables ou flottables, le permis réglera le mode d'exploitation et déterminera les obligations auxquelles sera soumis le concessionnaire pour assurer la libre navigation (art. 51).

Relativement aux mines, cette réglementation comporte :

1° Un *permis de recherche*, délivré par le chef du service des mines, à la priorité de la demande, valable pour un an, à compter du jour de sa délivrance, donnant le droit exclusif de faire tous les travaux pour la recherche des substances dont le titulaire entend poursuivre la découverte, à l'intérieur d'un périmètre délimité par un cercle de kilomètres (art. 17).

2° Une *concession*, accordée par le Gouverneur de la Colonie, en Conseil privé, permettant au concessionnaire d'occuper gratuitement les terrains nécessaires aux recherches, à l'exploitation de la mine, à la préparation mécanique des minerais et au lavage des combustibles, à l'établissement des rigoles, des canaux et de toutes voies de communications, ainsi qu'à la plantation des bornes nécessaires pour la délimitation des concessions.

Le concessionnaire peut encore disposer des chûtes d'eau non utilisées et les aménager pour les besoins de son exploitation, faire la coupe des bois indispensables à ses travaux et les utiliser gratuitement, le tout en se conformant aux règlements en vigueur (art. 53).

La concession sera au plus de 1.000 hectares et au moins de 200 (art. 25) ; elle ne peut être accordée qu'en vertu d'un permis de recherches (art. 27).

Une disposition très importante de ce décret, que nous ne saurions passer sous silence, c'est celle de l'article 9 ainsi conçu :

« Toute personne ou Société qui se livre à l'exploration, la recherche ou l'exploitation des mines ou placers, doit faire connaître au service des mines le domicile élu par elle à Cayenne. où lui seront valablement faites par l'administration toutes les notifications relatives à l'application du présent décret.

Les Sociétés formées en vue de l'exploration, la recherche et l'exploitation des mines ou placers, doivent être constituées *conformément aux lois françaises*, et avoir leur siège social, soit en France, soit dans les colonies françaises.

Elles sont tenues de remettre au secrétariat général de la Colonie et au service des mines leurs statuts et la liste de leurs administrateurs ; elles doivent faire connaître également le nom de leur représentant de la colonie ».

Après l'indication des formalités exigées dans les divers cas miniers, le décret fixe en dernier lieu les droits et obligations des concessionnaires et permissionnaires, indique les juridictions en stipulant que toutes les contestations entre l'administration et les particuliers, nées par suite de l'application du décret, quel qu'en soit l'objet, sont de la compétence du Conseil du Contentieux administratif de la Colonie, sauf recours au Conseil d'Etat (art. 69), et détermine des pénalités très sévères contre les délinquants.

En ce qui concerne les dispositions transitoires, elles sont ainsi conçues :

Art. 78. — Toutes les concessions de mines accordées antérieurement sont soumises aux dispositions du présent décret Toutefois, elles conserveront leurs périmètrés actuels, quelles qu'en soient les formes et l'étendue, à charge pour le concessionnaire de les borner sur le terrain ; si elles portent sur l'or, les métaux précieux ou les gemmes, elles donneront par exception droit à l'exploitation des placers situés à l'intérieur de leur périmètre.

Art. 79. — Les permis de recherche et d'exploitation délivrés antérieurement resteront, en ce qui concerne les droits qu'ils confèrent, soumis aux dispositions du décret du 18 mars 1881. Toutefois, à leur expiration, il ne pourront être renouvelés ; mais leurs titulaires auront par privilège la faculté d'obtenir des permis de recherche, des permis d'exploitation ou des concessions dans les conditions du présent décret, pour tout ou partie des périmètres qu'ils détiennent, s'ils en font la demande avant l'expiration de leur permis.

Art. 80. — Le Gouverneur, en Conseil privé, rend tous les arrêtés nécessaires pour l'exécution du présent décret. »

Telle est, dans ses lignes les plus importantes, l'économie du décret du 10 mars 1906.

Cette nouvelle réglementation minière, bien différente de toutes les précédentes, satisfait-elle aux desiderata des placériens et des concessionnaires de mines, et est-elle de nature à durer un certain nombre d'années, du moins telle qu'elle résulte de ce décret lui-même ?

Nous en doutons, et nous ne pensons pas que l'application de ce décret, si rigoureux dans sa teneur, d'une longueur de texte énorme, au point de contenir 84 articles très substantiels, mais diffus et encore incomplets sous divers rapports, puisse être longtemps maintenue telle (1).

S'il est vrai de reconnaître que ce décret, rendu sur le rapport de M. le député Clémentel, alors ministre des Colonies, a d'abord

---

(1) Dans le savant ouvrage dont nous avons déjà parlé que vient de publier au cours de 1908 l'ingénieur Ratel, sous le titre : « Préparation mécanique des minerais », la même pensée est exprimée dans les termes suivants, avec un peu de rudesse peut-être, mais avec assez de justesse : « Formons le vœu que le Gouvernement français comprenne (mieux vaut tard que jamais), que la prospérité d'un pays est fonction importante de son expansion coloniale, laquelle expansion ne doit pas rencontrer les entraves administratives de toute nature, qui, dans nos colonies plus spécialement, viennent paralyser l'effort du capital, sous prétexte de socialisation à outrance dont la résultante marche d'ailleurs entièrement à l'encontre du but proposé.

Nous en parlons avec expérience, ajoute-t-il, et nous ne pouvons nous empêcher de déplorer combien faciles sont les règlements miniers des colonies étrangères par rapport à ceux de nos propres colonies. Celles-là comprennent, en effet, que toute législation est nécessaire, mais encore

l'avantage de refondre la réglementation minière de la colonie en un texte unique s'attachant à supprimer, dans la mesure du possible, bien entendu, toute source de conflits, n'hésitons pas à dire qu'il a le tort considérable d'être le calque complet du décret fait pour la Nouvelle-Calédonie, où n'existent que des terrains nus, sans forêts épaisses et sans les éléments essentiellement propres à la Guyane qui aurait dû posséder sa législation toute spéciale et bien adaptée aux conditions économiques du pays. Or, entre les deux colonies il n'y a aucun point d'assimilation autre que dans chacune d'elles existent des mines, mais mines de métaux tous différents. Constatons néanmoins que ce décret marque un souci évident de la part de l'Administration de mettre fin aux contestations nombreuses qui s'élèvent dans les régions aurifères de la Guyane, au sujet des droits sur les terrains. En vertu de notre droit de critique, nous devons déclarer que, de l'avis général, les formalités à remplir sont trop compliquées, trop onéreuses et presque impossibles même, pour les exploitants d'alluvions et de filons en Guyane.

Qu'on en juge par le simple énoncé de ces formalités multiples !

C'est ainsi qu'à l'appui de sa demande de concession d'une mine faite par voie de pétition au Gouverneur et devant contenir entre autres indications les limites précises du périmètre demandé, son étendue et sa situation géographique, la description des travaux de recherche exécutés ainsi que l'allure du gisement reconnu, d'après les articles 27 et 28 du décret, l'explorateur doit présenter en triple expédition un plan de surface à l'échelle de 1/10,000ᵉ, orienté au Nord vrai, et indiquant d'une manière très nette les sommets et les limites du périmètre demandé, déterminés par des points de repère naturels ou pris sur des cartes publiées en Guyane avec mention de la carte utilisée.

A défaut de points fixes, naturellement reconnaissables, qui

---

plus nécessaire tout tempérament à cette législation, lorsque la force première de toutes choses qui est le *capital* s'offre à venir apporter par ses risques et sa fructification, même éventuelle, les germes d'une prospérité effective et palpable ne se traduisant pas en vagues promesses qui tiennent de la chimère.

Qu'on ouvre donc à l'essor des capitaux français des portes franches, à l'exemple de l'Angleterre, de l'Allemagne, et de tous nos voisins de la vieille Europe ; qu'on se persuade donc d'un côté et d'autre que les mots « politique et industrie » sont deux antipodes qui devraient par suite n'être jamais en présence. Nous nous arrêtons là ; nous voulons parler de la seconde seulement, et c'est malgré nous que nous avons esquissé le mal que lui fait la première. »

Il n'est pas, pensons-nous, une personnalité du monde colonial qui ne partage le sentiment exprimé par l'ingénieur Ratel, sinon dans la forme, du moins dans le fond.

puissent servir de sommets au périmètre, il sera creusé, par les soins et aux frais des demandeurs, sur les points devant servir de sommets, des puits de un mètre de profondeur sur un mètre de diamètre. Ces puits seront remplis de pierres et des poteaux de 1 m. 50 au moins de hauteur seront placés au centre ; sur chacun de ces poteaux, sera mise une inscription datée, mentionnant les noms des demandeurs et la désignation de la concession.

De même, pour les placers, l'occupation d'un périmètre d'exploitation a lieu par l'érection aux quatre angles du rectangle — car, d'après l'art 37, tout périmètre d'exploitation doit avoir la forme d'un rectangle, dont les côtés sont orientés Nord-Sud et Est-Ouest, le petit côté n'étant pas inférieur au quart du rectangle — de poteaux indicateurs implantés suivant les formes ci-dessus déterminées et portant une inscription indicatrice du nom des occupants, de la date de l'occupation, et ultérieurement du numéro du permis d'exploitation. Les sommets du rectangle doivent être reliés par des lignes nettement tracées et définies par une piste ouverte d'environ un mètre de largeur. Aucune ligne de démarcation ne pourra traverser une ligne déjà existante et délimitant un périmètre d'exploitation non périmé (art. 41).

L'explorateur est tenu de dresser un procès-verbal indiquant l'heure et la date à laquelle le tracé des lignes de démarcation a été commencé, la direction suivie, la nature des signaux posés et la distance parcourue chaque jour. Le procès-verbal en double est signé séance tenante par l'explorateur et toutes les personnes présentes à l'opération. Une expédition en est envoyée immédiatement au Gouverneur (art. 42).

L'explorateur occupant un périmètre est tenu, tant avant qu'après l'obtention du permis d'exploitation, d'entretenir les lignes de démarcation de son périmètre nettement et distinctement marquées ; faute de quoi, il ne serait pas recevable, sauf le cas de force majeure, à réclamer contre l'attribution qui pourrait être faite de tout ou partie de son périmètre à un explorateur en ayant pris régulièrement possession (art. 43).

Aussitôt après avoir occupé un périmètre, l'explorateur doit en donner avis au Commissaire des mines du district et adresser à l'Administration une demande de permis d'exploitation faite par voie de pétition au Gouverneur (art. 44 partie).

Voilà, n'est-il pas vrai, bien des complications et des exigences de formalisme exagéré, rendant presque impossible leur exécution à la lettre en Guyane !

Il faut, en effet, n'avoir aucune idée de la brousse, aucune connaissance de la hauteur et de la densité des arbres de la forêt vierge, pas plus que de la puissance de la végétation tropicale, pour exiger des poteaux qui ne pourront être vus de nulle part, des lignes de démarcation qui, à peine faites, seront recouvertes par les hautes herbes et les lianes, et qui ne pourront être entretenues qu'à de trop grands frais par l'exploitant, pour vouloir appliquer à la Guyane, qui n'est qu'une vaste forêt vierge, de semblables prescriptions ; la chose fût-elle même possible, que, plantés aujourd'hui, les poteaux pourraient être le lendemain détruits par le premier venu, sans que le propriétaire pût s'en douter même !

Et puis, quel contrôle efficace pourra exercer l'Administration ? Il faudrait créer un grand nombre de nouveaux agents tout spéciaux pour la surveillance des mines et la vérification des extractions d'or. C'est un service particulier qui serait nécessaire et qui devrait fonctionner sous le contrôle de la Commission consultative des mines, instituée par M. le Gouverneur intérimaire Merwart. Or, n'y a-t-il pas déjà pléthore de fonctionnaires dans la Colonie ?

Mais encore ce décrét répond-il réellement, comme le déclarait et comme le désirait sans doute M. Clémentel, dans son rapport, aux desiderata essentiels exprimés par le Conseil Général de la Guyane ? Est-il de nature à favoriser l'essor de l'industrie minière en sauvegardant les intérêts légitimes de la colonie, ainsi qu'il en avait la conviction ?

Qu'il nous soit permis d'en douter.

Au surplus, l'abandon par un grand nombre de concessionnaires de permis d'exploitation sur de vastes terrains et les déchéances nombreuses prononcées depuis l'application de ce décret dans la Colonie sont une preuve vivante de la défaveur qu'il a jetée dans le monde des placériens, de l'émoi dont il a été cause dans toutes les régions aurifères, et du découragement profond qu'il a suscité parmi les travailleurs !

L'expérience pendant quelque temps de cette réglementation si sévère et si peu pratique la fera rejeter, nous le souhaitons pour l'intérêt de l'industrie aurifère et de la colonie tout entière ; des modifications nombreuses s'imposent au premier chef : nous pensons en avoir donné des motifs suffisants et sérieux.

Au sujet des taxes et redevances minières à percevoir, le décret du 10 mars 1906 en prévoit quatre sortes (art. 12, 23, 34 et 48) :

1° Les taxes annuelles fixes qui seront à payer pour l'obtention et pour le renouvellement des permis d'exploration personnels sur les terres libres du Domaine et des autorisations d'exploration sur les terres autres que celles du Domaine ou sur les terres du Domaine occupées par locations ; lesquelles taxes correspondent en partie aux permis de recherches.

2° Les taxes et redevances annuelles qui seront dues pour la délivrance et le renouvellement des nouveaux permis exclusifs de recherches.

3° Les redevances annuelles sur les concessions des mines.

4° Les redevances annuelles pour la délivrance et le renouvellement des permis d'exploitation de placers.,

Mais ce décret, tout en abrogeant expressément celui du 18 mars 1881, dispose dans son article 83 :

« Toutefois, les taxes et redevances perçues en exécution de la réglementation en vigueur sont *maintenues* jusqu'à ce qu'il ait été statué dans les conditions prévues par le présent décret et par les dispositions régissant les taxes locales ».

C'est ainsi que le décret du 10 mars 1908 n'a pas fixé le montant des diverses taxes et redevances minières devant remplacer toutes celles existantes alors, maintenant á titre d'ailleurs tout provisoire à cet égard les règles en vigueur dans la Colonie, mais laissant aux autorités locales le soin de régler le quantum des taxes et redevances à imposer aux porteurs de permis d'exploration et d'exploitation.

La pensée qui a guidé M. Clémentel en cette occurrence a été évidemment de laisser l'initiative à l'Administration locale pour le taux à appliquer suivant les divers cas ; mais d'aucuns prétendent que c'est peut-être aller à l'encontre du but à atteindre, en livrant cette fixation du taux des taxes et des redevances à l'appréciation des assemblées locales, où les intérêts personnels en jeu et les passions politiques peuvent quelquefois avoir une certaine influence.

Quoiqu'il en soit, à notre avis, il faut dans toutes ces questions compter sur la sagesse et l'impartialité des membres des assemblées locales qui devront s'inspirer en cette matière et avant tout de l'intérêt primordial de la colonie.

Au surplus, c'est dans sa session de novembre 1906 que le Conseil Général de la Guyane, adoptant les propositions de l'Administration locale, déterminait ainsi qu'il suit le montant de ces taxes et redevances :

1° 50 fr. pour les taxes annuelles fixes (somme représentant le minimum de la taxe qui était payée pour la délivrance des permis de recherches).

2° 0 fr. 40 par hectare et par an pour la première année et en cas de renouvellement 0 fr. 50 pour chacune des deux années suivantes, à titre de redevances pour la délivrance et le renouvellement des permis exclusifs de recherches.

3° 0 fr. 60 par hectare et par an pour les 500 premiers hectares, et 0 fr. 75 au-dessus de 500 hectares pour les redevances sur les concessions de mines.

4° Un franc par hectare et par an, avec minimum de 100 fr. pour la délivrance et le renouvellement des permis d'exploitation de placers.

M. le Gouverneur, Picanon, en proposant ces nouvelles taxes et redevances minières destinées à remplacer toutes celles en vigueur dans la Colonie, trouvait ces chiffres relativement assez modestes pour ne pas charger plus qu'il ne convenait l'industrie minière et aurifère en Guyane et ne pas gêner son expansion.

Tel n'est pas cependant l'avis général, et à cet égar··· dirons avec l'honorable M. Naudot dans un rapport dont nous allons parler ci-après :

Premièrement : En ce qui concerne les gîtes alluvionnaires de surface, autrement dit les placers :

1° Que si le permis d'exploration, correspondant à l'ancien permis de recherches, est bien taxé à 50 francs, minimum imposé à celui-ci par la réglementation précédente, il n'en représente pas moins le double de cette taxe, puisqu'au lieu d'être valable pour deux ans, il ne l'est que pour une seule année, et que, tout en étant renouvelable, ce permis est assujetti au paiement de la taxe à nouveau ;

Avec cette observation toutefois qu'il n'y a pas là un grand inconvénient, attendu qu'au lieu d'être limité à un terrain déterminé, comme dans la précédente réglementation, la recherche peut s'étendre à tout le territoire de la Guyane et qu'elle ne nécessite plus la production d'un plan toujours coûteux ;

2° Que le permis d'exploitation se trouve ainsi passer de 0 fr. 50 à 1 franc par hectare, ce qui double la taxe, avec minimum de cent francs, et que si cette augmentation a peu d'importance pour les permissionnaires placés sous l'empire du nouveau décret qui ne prévoit que des permis de peu d'étendue (10 à 250 hectares), il n'en est pas de même pour les porteurs, encore nombreux, de permis ressortissant du décret de 1881, à cause des grandes étendues de terrains qu'ils détiennent généralement ; en sorte que l'ancienne redevance de 0 fr. 50 l'hectare était largement suffisante.

Deuxièmement : Et en ce qui concerne les mines :

Que le permis d'exploration qui, précédemment, n'était pas tarifié, par la raison qu'en fait il n'existait pas, la concession de mines en Guyane ayant toujours été consécutive au permis d'exploitation, doit avoir le même taux que le permis d'exploration alluvionnaire (1).

Que le permis exclusif de recherches, qui est une innovation, est taxé à un taux beaucoup trop élevé, si l'on considère que la période de recherche de mines (bien que momentanée et toujours aléatoire, malgré la certitude que le sous-sol de la Guyane renferme beaucoup de filons), est fatalement très onéreuse, à raison du fonçage des puits et galeries que comporte toute prospection sérieuse de filons, une taxe de cent francs fixe, payable d'avance pour les trois ans, devant être considérée comme largement suffisante ;

Et que la concession de mine, qui supportait précédemment une redevance annuelle de 0 fr. 10 par hectare, une taxe de 1 % sur le produit brut et un pourcentage maximum de 5 % sur le net, bien que n'étant plus assujettie qu'à une seule redevance qui est fixée à 0 fr. 60 par an pour les 500 premiers hectares et à 0 fr. 75 au-dessus de 500 hectares, supporte encore une charge trop lourde.

C'est qu'en effet ce genre d'exploitation, tout le monde le sait, exige des capitaux très importants qui, en définitive, profitent à la colonie tout entière. La plus élémentaire prudence, la sagesse la plus désirable, ne conseilleraient-elles pas de prodiguer les encouragements les plus chaleureux à ces capitaux si difficiles à trouver, quand il s'agit de questions minières dans nos propres colonies, si l'on ne veut les voir continuer à s'orienter dans une autre direction ? Le tarif de 0 fr. 50 par hectare, proposé pour les permis d'exploitation alluvionnaire, ne serait-il pas largement suffisant ? Bien plus, n'y aurait-il pas le plus grand intérêt de réduire encore ce chiffre et de le ramener à 0 fr. 10 par hectare, dès que l'exploitation serait commencée, dans le but de donner la plus entière satisfaction aux capitalistes avisés qui veulent bien s'intéresser aux mines de la Colonie (2) ?

Dans ces conditions, un abaissement des tarifs s'impose impé-

---

(1) « Vu l'intérêt qui s'attache à l'exploitation des mines d'or en Guyane et l'importance des capitaux qu'elle nécessite, écrit avec juste raison M. Naudot, il serait désirable que le permis d'exploration fût gratuit ; mais cela ne paraît pas possible : ce serait ouvrir la porte aux abus et favoriser, sous le couvert du permis d'exploration de mine, la recherche alluvionnaire, sans bourse délier. »

(2) Une des causes les plus sérieuses susceptibles de justifier l'hésitation des capitaux français à s'offrir aux affaires minières de la Guyane résidait dans cette anomalie constituant une véritable « monstruosité fiscale » que tout acte portant cession d'un permis d'exploitation, en totalité ou en partie, était soumis au droit d'enregistrement de 2.50 %, et qu'il en était

rieusement, à notre avis ; car il aurait pour conséquence de ramener les recettes à la normale, puisque les détenteurs de terrains aurifères importants en surface qui ont déjà abandonné tout ce qui ne leur est pas absolument indispensable pour ne pas avoir à verser au fisc plus de droits qu'ils n'en payaient sous l'ancienne réglementations s'empresseraient de reconstituer aussitôt leurs étendues primitives. Il offrirait de plus, comme l'exprime M. Naudot avec un sens si judicieux de la question, « le double avantage de mettre fin au mécontentement que la surélévation de ces tarifs a soulevé dans le monde des mineurs et de remettre dans le droit chemin bon nombre de chercheurs d'or que cette surélévation a fait verser dans l'irrégularité », c'est-à-dire dans le camp des maraudeurs !

Cette question de taxes et redevances, consécutive aux dispositions du décret du 10 mars 1906, a d'ailleurs été largement traitée, avec une documentation très serrée, une clarté lumineuse jointe à une expérience indiscutable et à une largeur de vues très grande, par une personnalité dont s'honore le monde colonial, notre ami M. Naudot, ancien conservateur des hypothèques et chef du service de l'enregistrement, des domaines et du timbre à la Guyane Française, dans un très remarquable rapport adressé à M. le Mi-

---

de même de tout acte constatant la mise en société d'un droit d'exploitation, en totalité ou en partie, par la constitution d'un capital dont le concessionnaire doit bénéficier totalement ou partiellement, soit directement, soit indirectement, droit perçu sur le capital constitué, et cela sans distinguer si l'art constitutif de la société a été passé ou non dans la Colonie (art. 25 du décret du 18 mars 1881). Alors qu'en France le droit dont sont passibles les actes de Société sont de 0 fr. 25 %, par quelle aberration d'esprit l'assemblée locale avait-elle pu voter une telle énormité, en décuplant pour la Guyane le droit d'enregistrement en matière de Société ? M. Naudot expli que de la façon suivante la genèse, assez équivoque, il faut l'avouer, de cette malencontreuse taxe de 2 fr. 50 % : « En réalité, pour qui connaît le pays, écrit-il, les conseillers généraux, agriculteurs pour la plupart, ne voyaient pas sans peine l'industrie aurifère prendre le pas sur l'agriculture, les champs de cannes abandonnés pour les champs d'or. De grosses sociétés s'étaient constituées en France pour l'exploitation des placers guyanais; des droits élevés avaient été, de ce chef, payés aux bureaux de l'enregistrement de la Métropole, sans que le trésor local en ait recueilli la moindre bribe ; de là, profond dépit, dont l'administration locale sut *habilement* profiter... Il n'est pas possible de rompre plus inconsidérément en visière avec tous les principes établis en matière d'enregistrement. Encore si l'on s'était borné à donner comme assiette au droit la part revenant au propriétaire du placer dans le capital social ; mais non, c'est le capital social qui est soumis à la taxe !

Comme la disposition de l'art 83 du décret du 10 mars 1906 ne s'applique qu'aux seules taxes minières, il est permis de penser que les cessions aussi bien que les mises en Société de permis d'exploitation ne relèvent plus que du droit commun et que le droit injustifié de 2 fr. 50 % n'a pas survécu, malgré le texte assez obscur de cet art. 83.

nistre des Colonies, après avoir été adopté par la Section des anciennes colonies de l'Union Coloniale, avec vœu conforme ; mais nous croyons savoir que l'autorité locale, consultée à nouveau, n'a pas cru devoir prendre en considération les modifications utiles proposées dans l'intérêt bien compris de la Colonie et nous avons tout lieu de craindre qu'à moins de revirement désirable, ces propositions si souhaitables ne restent encore à l'état de lettre morte.

CHAPITRE III

Projet de réforme et de réglementation nouvelle
de la circulation de l'or

En dehors du remaniement des taxes et redevances à appliquer en Guyane, M. le Gouverneur Picanon, en présentant son rapport au Conseil Général de la Colonie qui en a adopté les propositions dans sa session de novembre 1906, étudiait comme autres réformes :

1° La libre circulation de l'or par la suppression du *laissez passer* et du lieu de vente et d'achat du métal précieux ;

2° Et la transformation des droits d'entrée et de sortie en un droit unique de circulation.

Nous ne saurions nous désintéresser de ces questions brûlantes d'actualité qui ont une si grande importance pour tous les exploitants d'or ; nous les exposerons toutefois assez brièvement.

Comme l'état de la réglementation antérieure avec ses critiques a été largement traitée et clairement exposée dans le rapport de M. Picanon, citons quelques passages extraits *in extenso* de ce rapport, en laissant la parole à l'auteur même de la réforme proposée qui se trouve encore actuellement soumise à l'approbation du Conseil d'Etat :

« ... Vous connaissez les critiques dont sont depuis longtemps l'objet les dispositions des textes réglant la circulation et la vente de l'or natif dans la colonie.

« Excès de formalisme, sévérité exagérée, radicale inefficacité : tels sont les défauts qui leur sont généralement attribués.

« Je crois ces critiques au moins en partie fondées.

« Notre droit principal sur l'or natif est un droit de 8 % à la sortie de la colonie. Il s'y ajoute une taxe de dix francs par kilogramme à l'entrée à Cayenne. Le total des deux droits atteint le chiffre de 226 francs par kilogramme, pour l'or à l'état brut, et de 238 francs pour l'or en lingots, en barre ou allié.

« Entre le moment où l'or quitte le lieu d'extraction et celui où il sort de la colonie, un document spécial ou *laissez passer*, détaché d'un registre à souche, à tenir en principe sur le placer même, doit constamment l'accompagner. Les indications à inscrire sur ce laissez passer, fixées par le décret du 18 mars 1881, qui réglemente avec un décret du 2 juillet 1901 et quelques textes complémentaires ou modificatifs la circulation et la vente de l'or à la Guyane, sont si nombreuses et nécessitent une telle précision qu'elles constituent, en cas d'erreur ou d'omission, une source permanente de contraventions pour l'exploitant le plus attentif et le plus renseigné. A plus forte raison le placérien illettré ou simplement oublieux se trouve-t-il en permanence, de leur fait, sous le coup de jugements pouvant entraîner pour lui non seulement l'amende, mais encore la prison, sans parler de la confiscation de l'or, qui est dans tous les cas de droit.

« De son côté, la vente de l'or natif est non moins étroitement réglementée. Toute personne qui achète de l'or doit tenir registre de ses opérations, et, là encore, l'amende, la prison, la confiscation de l'or répriment toute infraction, fût-elle le résultat d'un simple oubli.

« On a voulu, par cette réglementation, atteindre un double but : assurer la perception régulière des droits et protéger contre les vols les exploitations aurifères.

« Les législations fiscales les plus draconiennes ne sont pas toujours les plus efficaces ; notre réglementation sur l'or en a donné la preuve.

« La fraude est ingénieuse. Elle s'est appliquée à passer entre les mailles du réseau si savamment tendu par les décrets du 18 mars 1881 et du 20 juillet 1901, et je dois avouer qu'elle y est parvenue largement.

« Comment s'y est-elle prise pour cela ? Toutes les fois qu'elle l'a pu, elle a fait passer dès l'extraction son or sur le territoire étranger, et nous perdons, de ce chef, chaque année, de 6 à 700.000 francs de droits, et peut-être plus encore !

« Quand elle n'a pas été libre, pour une raison ou pour une autre, de recourir à ce moyen, elle a tourné la difficulté du laissez-passer grâce auquel l'or, quelle que soit son origine, peut au point de vue douanier atteindre la côte en toute sécurité, pour attendre là, aussi longtemps qu'il le faudra, une bonne occasion d'exportation clandestine.

« Vous savez comment s'organise la vente des faux *laissez-passer* et pourquoi la répression n'en peut être que très difficilement assurée.

« Des titulaires de permis d'exploration de placer, qui souvent ne prennent même pas possession effective de leurs concessions, ou qui les exploitent à peine, ayant, puisqu'ils sont concessionnaires, le droit de détenir un registre à souche, vendront à qui en désire des laissez-passer datés faussement de leurs concessions et par lesquels l'or d'extraction irrégulière se trouve couvert à l'égard de la douane.

« Il m'a paru indispensable de mettre au plus tôt fin aux inconvénients d'une aussi fâcheuse situation.

« Après m'être renseigné le plus complètement qu'il m'a été possible sur la nature et l'étendue du mal et sur les remèdes pouvant y être appliqués, j'ai pensé que nous ne pourrions atteindre ce but qu'en supprimant le laissez-passer, source de tant d'abus, et en déclarant libres l'achat et la vente de l'or natif dans la colonie.

« Au droit actuel de sortie, ainsi qu'à la taxe à l'entrée à Cayenne serait substitué un droit unique de circulation, d'un chiffre égal au montant réuni des deux droits. Ce droit serait perçu au premier poste de douane, à partir du lieu de production.

« Enfin, toutes les formalités n'ayant pas une indiscutable utilité pour assurer le paiement régulier du droit seraient sans exception supprimées.

« ... Tout en cherchant à sauvegarder des recettes sans lesquelles notre budget ne pourrait s'équilibrer, je me suis avant tout proposé, en rédigeant ce projet, de remplacer par un régime de liberté un régime de fiscalité outrée et de mettre ainsi ceux des petits, des humbles, des illettrés de l'industrie de l'or, dont les intentions sont honnêtes et dont les actes sont droits, à l'abri des poursuites et des confiscations qui les menacent à toute heure aujourd'hui.

« On ne manquera pas d'objecter que le projet dont je viens de vous entretenir ne protège pas les exploitations aurifères contre les vols de métal.

« Je répondrai à cette remarque qu'un texte fiscal, pour avoir quelque valeur, doit uniquement se proposer un but fiscal, que la protection à l'égard des placers résultant des décrets en vigueur est tout à fait illusoire et que c'est seulement aux lois de droit commun et à leurs bonnes mesures de police qu'il faut demander secours contre les attentats à la propriété ».

Si l'accord est unanime, dans le monde des affaires coloniales, sur la trop grande élévation des taxes, l'un des objets de la réforme, puisqu'elles aboutissent à une aggravation de charges pour les exploiteurs d'or, il n'en est plus ainsi au sujet de la suppression des laissez-passer et du livre de vente et d'achat d'or, et encore moins sur les mesures à prendre pour parer aux inconvénients à naître du nouvel état de choses.

Deux systèmes sont en présence, suivant les intérêts en jeu, selon qu'il s'agit des exploiteurs réguliers et des grandes Sociétés, qui se disent sacrifiés, la suppression du laissez-passer et du livre de vente et d'achat d'or apparaissant comme une prime au maraudage et à la fraude, de nature à compromettre le rendement, la sécurité des exploitations honnêtes et régulières, sans profit pour les budgets locaux, (ainsi que le dit et le démontre amplement, avec chiffres à l'appui, l'honorable M. Naudot dans son substantiel rapport), ou qu'il s'agit des petits exploiteurs, puisque souvent le laissez-passer est une gêne pour eux, et des fournisseurs d'approvisionnement qui, au nom du commerce local, se plaignent que les entraves à la libre circulation de l'or sont la principale cause de l'exode de l'or dans les colonies voisines où ils se ravitaillent par la même occasion.

Quoi qu'il en soit, dans les deux systèmes, on reconnaît que le droit de 8 % *ad valorem* sur la sortie de l'or est exorbitante et qu'il convient de l'abaisser.

Voici, à cet égard, l'opinion de M. Naudot que nous partageons complètement et qui est marquée au coin du bon sens et de la connaissance complète de la question :

« En ce qui concerne la suppression du registre d'achat et de vente d'or natif, nous ne pensons pas qu'il y ait d'inconvénient à le supprimer, puisqu'il est démontré que « seuls les acheteurs sérieux et honnêtes le tiennent au gré de la loi, les seuls aussi qu'il n'y ait pas grand intérêt à contrôler ! »

Pour ce qui est du laissez-passer, sa suppression « ne mérite ni les violentes critiques ni les éloges outrés dont elle fait l'objet. Elle constitue un acte d'équité bien entendue, qui permettra à un certain nombre d'illettrés ou d'oublieux, mais titulaires de permis, de se soustraire aux fourches caudines des acheteurs-recéleurs et de se présenter sans crainte à l'agent de perception du droit *ad valorem*, soit double avantage pour eux tout d'abord, puisqu'ils n'auront plus à se défaire de leur or à bas prix, et ensuite pour le budget local qui ne risquera plus de voir ces productions prendre clandestinement le chemin de l'étranger ».

Ce serait, au surplus une grave erreur de supposer que, la suppression du laissez-passer une fois faite, chacun, exploitant régulier ou maraudeur, serait libre de circuler librement avec son métal précieux, dès qu'il se serait mis en règle pour la taxe *ad valorem*. Tout en n'ayant plus à justifier de la provenance de son or natif, le porteur de cet or aura toujours à établir qu'il est titulaire d'un permis d'exploitation ou tout au moins d'un permis d'exploration, sous peine de tomber sous le coup de l'article 72 du décret de mars 1906 qui punit d'une amende de 1.000 à 25.000 francs et d'un emprisonnement de trois mois à trois ans ceux qui se livrent d'une façon illicite à l'exploitation des métaux précieux, sans préjudice de leur saisie et de leur confiscation également obligatoires.

Une importante réforme qui s'impose impérieusement, de l'avis de tous, c'est celle de l'abaissement des taxes qui grèvent l'industrie aurifère et notamment de la taxe *ad valorem* qui va devenir le droit unique de circulation, si le Conseil d'Etat approuve les décisions proposées à cet égard.

Point n'est douteux que l'administration de la Colonie agirait sagement en se préoccupant sérieusement et rapidement de la réduction du taux de cette taxe dont le caractère est excessif et vexatoire ! En donnant satisfaction à tous les intérêts en jeu, elle y trouverait largement d'immenses avantages pour son budget. Outre que cette réduction serait de nature à attirer les capitaux des personnes désireuses de tenter de grosses entreprises minières dans le pays, elle porterait par là même un véritable coup à la contrebande effrénée qui existe et qui essaie de se soustraire à une redevance exagérée et trop lourde ; de là, sans que la chose puisse être mise en doute, la cause de la différence énorme existant entre la production réelle de l'or en Guyane et celle déclarée annuellement au fisc.

Une telle mesure, réclamée depuis de longues années par les exploiteurs d'or, serait nécessaire et au surplus équitable, ce chiffre énorme de 8 % *ad valorem* n'existant guère dans aucun autre pays (1). Les finances locales y gagneraient certainement, et beaucoup ; en effet, par une réduction justifiée elles pourraient ainsi at-

---

(1) C'est ainsi qu'au Klondyke la redevance payée sur l'or fut à une certaine époque de 10 % ; mais le gouvernement s'empressa d'abaisser ce droit *ad valorem* successivement et graduellement jusqu'à 2 %, dès qu'il se rendit compte des charges excessives supportées de ce chef par les exploitations ; et, pourtant, au Klondyke comme en Guyane, le pays n'offre guère d'autre industrie que l'industrie aurifère. Ajoutons qu'au Klondyke les voies de communication sont très économiques au moins durant cinq mois de l'année ; car le pays est desservi par une navigation fluviale à vapeur, et de plus, durant toute l'année, par un chemin de fer d'une centaine de kilomètres qui fut créé uniquement dans le but de servir aux mines. Sans ce moyen d'action, il est fort probable que les gisements de ce pays, malgré leurs richesses assez comparables à celles de la Guyane, resteraient encore enfouis dans le sol et n'auraient jamais atteint une production qui, à un moment donné, excèda cent millions par an.

Quant à la Russie, elle a abaissé depuis vingt ans ce droit de 15 %, en Transbaïkalie, à 7 % dans le district de la Séna, puis à 5 %, dans la province de l'Amow, et enfin à 3 %, taux actuel des mines d'or de l'Oural.

Si ce droit est de 5 % dans nos possessions de l'Ouest africain, il est de 5 % en Guyane hollandaise et de 2 % en Guyane anglaise.

Bien plus, en Australie, le droit *ad valorem* n'existe pas.

teindre une production probablement deux fois plus importante que celle relevée annuellement par les statistiques officielles.

Mais il ne suffit pas encore de baisser ce droit de circulation à 5 %, par exemple, pour rester dans une limite moyenne, étant donné qu'en Guyane le droit de sortie *ad valorem* a été, de 1863 à 1867, de 2 %, puis porté successivement à 4 % jusqu'en 1871, à 5 % jusqu'en 1879, à 5 fr. 50 % jusqu'en 1880, époque à laquelle le droit de 8 % a été appliqué et a donné lieu à une recrudescence de maraudage et à une exportation clandestine de l'or, pratiques qui n'ont fait que s'accroître au grand dam des exploitations régulières et sérieuses et des finances de la Colonie ; spécialement pour les exportations frauduleuses partant des ports et surtout de celui de Cayenne, il conviendrait d'exercer une surveillance plus étroite et plus rigoureuse sur le mouvement des ports, sur celui de Cayenne en particulier ; car les exportations clandestines de Cayenne sont l'œuvre des acheteurs-recéleurs, négociants ou autres, et c'est là une fraude considérable dont les Cayennais ne paraissent pas en général se rendre suffisamment compte. « Arrière les fraudeurs ! » : telle devrait être la conduite à tenir vis-à-vis de ces trafiquants de mauvais aloi.

Il a bien été créé des postes de douanes dans différents bassins des cours d'eau de la Guyane ; mais, en ce qui concerne le Maroni, il ne faut guère espérer que les pirates de la maraude seront atteints par les moyens ordinaires de répression, malgré le nombre et l'organisation modèle de ces postes ; si quelques *bricoleurs* viennent à se laisser prendre, il n'en serait pas de même des irréguliers qui, pour sauver leur or, n'hésiteraient pas à faire le coup de feu contre les douaniers, dont il leur sera toujours facile de tromper la surveillance qui, quoi qu'il arrive, ne pourra jamais être efficace et de jour et de nuit, en contournant les postes se trouvant sur leur passage.

Pour éviter cette fraude, il serait sage de ramener ce droit de 5 %, chiffre égal à celui que perçoit la Guyane hollandaise voisine, puisque l'intérêt des fraudeurs n'existerait plus ainsi.

Il serait à souhaiter que, dans l organisation prévue pour la Guyane Française, l'administration s'inspirât dans une certaine mesures des règles adoptées dans la colonie néerlandaise.

Enfin, en renvoyant au droit commun pour garantir, dans la mesure du possible, les exploitations régulières contre les déprédations des maraudeurs, le Gouverneur rend les mesures de protection absolument insuffisantes (1), et il est nécessaire de les assurer

______

(1) « Déjà bien difficile à appliquer en ville, quand il s'agit d'une

d'une manière efficace dans l'intérêt des placériens et de la colonie elle-même.

Les mesures préconisées dans ce but par l'honorable et distingué M. Naudot, dont la haute compétence est certaine en matière des choses administratives de la Guyane, où il est resté durant une vingtaine d'années à la tête du service de l'enregistrement et des domaines, sont bien dignes d'être l'objet d'une étude approfondie ; il est dans tous les cas bien évident que, si, à l'instar des Guyanes hollandaise et anglaise, l'or devait être obligatoirement acheminé par l'agent de chaque placer sur le chef-lieu de la colonie, sans pouvoir changer de propriétaire en cours de route, il ne serait utile de créer à Cayenne qu'un syndic des mines, qui pourrait être un commissaire des mines, dont la mission consisterait à procéder à l'engagement des ouvriers au départ pour les placers, à régler leur compte à leur retour, à percevoir le droit *ad valorem*, en un mot à centraliser tous les renseignements et toutes les formalités concernant la circulation de l'or et le personnel des mineurs, ouvriers ou bricoleurs ; ce qui

---

population flottante, sans domicile et sans biens, ni attaches dans le pays, comme l'est la majeure partie du monde des maraudeurs, le droit commun, dit justement M. Naudot, n'est qu'un mot vide de sens dans la profondeur des bois et loin de la façade des tribunaux ; les missions de police envoyées dans la Haute-Mana en 1902-1903 et qui n'ont abouti qu'à un piteux échec l'ont surabondamment prouvé. Mais si les mesures de répression, en l'état actuel des choses, ont peu de chance d'aboutir, il y a cependant des mesures préventives dont on pourrait faire l'essai, dans le but de ramener petit à petit l'ordre dans les exploitations aurifères.

Parmi ces mesures, M. Naudot préconise, outre la confection au moins dans ses grandes lignes avec de nombreux points de repère d'une carte régulière de la Guyane, dans le but d'éviter bien des procès dispendieux : 1° l'assermentation d'un certain nombre de gardes particuliers et l'organisation de milices spéciales pour les grands placers ; 2° la division des zônes aurifères de la Guyane en bassins ou districts ; 3° l'obligation pour tout transporteur d'or de se présenter à tous chefs de poste et d'exhiber avec la production d'or le permis correspondant ou la quittance du droit versé ; 4° l'obligation à tous les exportateurs d'or natif de représenter la quittance du droit de circulation et de se munir du laissez-passer de l'administration ; 5° l'application rigoureuse du décret du 8 octobre 1888 et de la loi du 8 août 1893 sur l'admission des étrangers au séjour dans la colonie, de la loi du 3 décembre 1849 sur l'expulsion des étrangers fauteurs de désordre, et de l'ordonnance du 27 août 1828 sur l'exclusion des nationaux reconnus dangereux ; 6° l'engagement ou l'enregistrement par les soins de l'administration elle-même, comme cela se fait en Guyane hollandaise et en Guyane anglaise, de tous les ouvriers de placers et de toutes personnes se rendant en prospection ou en exploitation sur les zônes aurifères ; ce qui serait pour l'administration, ayant ainsi en mains tout le personnel des travailleurs, le meilleur moyen d'assurer l'ordre dans les exploitations et le respect par les ouvriers de leurs contrats d'engagement, et de surveiller le mouvement aurifère ; 7° enfin, l'organisation en tant que de besoin d'un syndicat des gens de mines à l'instar du syndicat des gens de mer.

pourrait faire l'objet d'une organisation spéciale d'un syndicat des gens de mines, suivant l'idée communiquée à M. Naudot par un placérien de bon sens, très au courant des affaires aurifères, M. Rey, avec qui nous avons eu le plaisir de nous entretenir à diverses reprises et qui est concessionnaire de riches terrains aurifères dans le bassin de l'Approuague et dans celui de la Mana. Nous sommes de cet avis et souhaitons ardemment que cette organisation susceptible de rendre de grands services au pays soit mise à l'essai à bref délai, espérant qu'elle sera prise en considération par les assemblées locales de la Guyane, dont la tâche est aussi ardue que noble et laborieuse, s'étendant ainsi à toutes les branches de l'activité industrieuse de la Colonie.

Espérons que cet appel à la modération fiscale trouvera de l'écho dans la haute assemblée administrative de la mère-patrie ; espérons que le moment est proche où l'outillage nécessaire à l'industrie aurifère, les dragues notamment, sera complètement indemne, à l'entrée en Guyane, des droits d'*octroi de mer et de consommation*, et où cette demande d'exonération sera étendue également aux *droits de douane ;* cela sera de toute équité ; car, selon l'expression très juste de M. le gouverneur Picanon lui-même, il convient d'ouvrir largement les portes de la Guyane à tout ce qui peut aider la colonie à progresser.

CHAPITRE IV

Du tarif général des douanes en Guyane

La Guyane française n'ayant pas été admise à jouir de l'immunité douanière accordée à plusieurs de nos possessions coloniales, les marchandises de provenance étrangère qui se trouvent importées dans la colonie sont soumises, indépendamment du *droit d'octroi de mer* et du *droit de consommation* qui frappent les produits et marchandises de toute provenance, à des *droits de douane* qui ont été fixés par les tarifs annexés de la loi du 11 janvier 1892, promulguée dans la colonie, mais modifiée par celle du 16 août 1895, et complètement remaniée comme tarifs par la loi du 21 décembre 1905, puis par celle du 13 juillet 1906 et celle du 21 novembre 1906, à laquelle est annexé un tableau indicatif des marchandises avec tarif général et tarif minimum.

Ces droits de douane, même au tarif minimum, représentent à peu près 10 % de la valeur des objets importés, ce qui, comme le fait remarquer judicieusement M. Naudot, « double la charge déjà supportée par ces objets du chef de l'octroi de mer et de la taxe de consommation ».

Les droits d'octroi, régis par la loi précitée du 11 janvier 1892, qui sont perçus au profit du commerce au prorata de leur population, sont, dans la plupart des cas, de 5 % des prix de facture, compensations faites entre la tarification à l'unité et la tarification *ad valorem* (majoration de 25 % des prix de facture comprise, sauf pour divers articles d'une valeur exceptionnelle (tabacs en feuille 6 % les 100 kil., tabacs fabriqués variant de 25 à 100 % les 100 kil. ; opium 250 %, vanille 35 %, café 10 %, liqueurs 15 % l'hectolitre, mercure natif 25 % les 100 kil., peaux préparées 20 % les 100 kil., etc., etc., ou pour des objets de consommation (farineux alimentaires, sucres, viandes salées, volailles, poissons) où le droit est abaissé.

Les droits de consommation, réglés par la loi de finances du 13 avril 1900, sont d'environ 4 % de la valeur des marchandises importées, toute compensation également faite, avec un taux bien moindre pour les viandes salées, les farineux alimentaires et certaines denrées coloniales de consommation, et bien supérieur pour la vanille, le thé, l'opium, les teintures de tannins, le mercure natif, etc.

Les marchandises soumises à chacune de ces deux catégories d'impôts (droits d'octroi et taxes de consommation) sont au surplus énumérées d'une manière expresse, et les tarifs portent non plus sur leur valeur, mais sur le poids ou l'espèce.

Quant à l'or natif, provenant des placers de la colonie, il est soumis à l'entrée à Cayenne à une taxe fixée à deux francs par kilogramme et considérée comme une sorte d'octroi de ville, quoique perçue au profit de la Colonie.

Enfin sont prohibées les armes et les munitions de guerre proprement dites à destination des particuliers ainsi que les poudres de chasse provenant de l'étranger.

Les immunités et exemptions tant du droit d'octroi de mer que des droits de consommation s'appliquent principalement aux catégories d'objets suivants :

1° Armes et munitions de guerre proprement dites ;

2° Effets d'uniforme pour les officiers et fonctionnaires, d'habillement et d'équipement pour les troupes, la gendarmerie, le corps des surveillants militaires et le service actif des douanes ou les articles destinés à leur confection ;

3° Approvisionnements destinés aux bâtiments de l'Etat ;

4° Objets de toute sorte introduits par l'Administration locale pour le compte des services publics qui sont à la charge de la colonie ou des communes, connaissements à l'appui ;

5° Mobilier, effets et objets à usage ayant servi et les trousseaux des élèves envoyés dans la colonie ;

6° La glace et le matériel destiné à la fabriquer ;

7° Les machines de toute nature servant à l'agriculture ou à l'industrie, les pièces détachées et organes de ces machines ;

8° Les pompes et le matériel d'incendie ;

9° Les ornements d'églises et les objets destinés au culte importés directement pour le compte des fabriques ;

10° Ls monnaies ;

11° Les livres de toute sorte et les cartes géographiques ;

12° Les pierres concassées, les matériaux de construction, les minerais d'or et de sel ;

13° Le matériel des lignes télégraphiques ou téléphoniques importé pour le compte de l'Etat ou de la Colonie.

A la lecture de l'exemption de tarifs inscrits sous le numéro sept de la nomenclature qui précède visant « les machines de toute nature servant à l'agriculture ou à l'industrie, les pièces détachées et organes de ces machines » on serait tenté de croire et d'espérer que cette exception, constituant, à n'en pas douter, dans l'esprit du Conseil Général, un encouragement dans la Colonie à l'agriculture et à l'industrie, dans le but de contribuer à l'amélioration de la situation économique de la Guyane, dût s'appliquer notamment à tous les outils, engins et appareils de dragages et de mines, puisqu'il s'agissait de développer l'agriculture et la seule industrie vitale du pays : l'industrie aurifère. Malheureusement il n'en est pas ainsi : dans l'application trop rigoureuse et inexplicable qui a été faite de la tarification douanière, on a cru devoir faire une distinction fiscale dans les éléments d'une machine : le principal (l'appareil mécanique proprement dit) et l'accessoire (les pièces détachées), lors même que, dépourvue d'accessoires, la machine serait incapable de fonctionner !

Cet état de choses avait justement ému M. le Gouverneur Picanon qui, dans le but de faire cesser les tracasseries administratives à ce sujet et dans un esprit d'interprétation libérale des décrets du 11 mars 1897, fixant les tarifs d'octroi de mer et des droits de consommation, avait proposé au Conseil Général, dans sa séance d'ouverture de la session du 5 décembre 1906, de donner satisfaction à la demande faite depuis longtemps déjà par l'industrie aurifère d'être exonérée (1) des droits d'octroi de mer et de la taxe de consommation

---

(1) C'est en ces termes précis que M. Picanon, dans le but d'éviter toute discussion possible ou tout malentendu, avait libellé cette exemption en désignant nommément les principaux articles composant l'outillage de dragage :

« Les dragues laveuses et autres dragues aurifères et tous leurs accessoires, les chalands, pontons, caissons flottants et autres appareils de toute nature supportant lesdites dragues, les complétant ou servant à en faciliter le fonctionnement, ainsi que tous les accessoires s'y rapportant ; les pièces détachées et organes de ces dragues, chalands, pontons, caissons flottants et appareils ; les embarcations à vapeur et canots automobiles affectés à l'industrie aurifère et minière et aux transports du personnel, de vivres et de matériel pour cette industrie et tous leurs accessoires ; les pièces détachées et organes se rapportant à ces embarcations et canots. Si, avant qu'il se soit écoulé trois ans au moins à compter du jour du débarquement dans la colonie du matériel désigné au présent paragraphe, ce matériel reçoit une autre destination que celle en raison de laquelle l'exonération lui a été requise, les droits d'octroi de mer (le second projet conçu dans des termes identiques porte : les droits de consommation) dont les importations auraient été exonérées devront être immédiatement payés par les possesseurs actuels ».

Cette exemption faite d'une manière nette et précise s'imposait d'autant plus qu'il existait sur le mode d'appliquer la perception des droits d'entrée à la Guyane pour les appareils de dragage une mesure des plus arbitraires ; M. Naudot nous a communiqué sur les doléances récentes d'un ingénieur dragueur à ce sujet la note curieuse suivante : « Quelques mots sur la manière d'appliquer le régime des exemptions en matière de douane en Guyane. »

Il y est dit que les appareils mécaniques pour l'industrie ne paieraient pas de droits dans la colonie. Or, les appareils de levage ne paient pas : mais si les poulies, par exemple, ne paient pas, le filin qui les garnit et qui constitue avec les poulies l'appareil de levage paie, qu'il soit en chanvre, en fils d'acier ou même en chaîne constituant des palans différentiels de quinze tonnes.

sur le matériel de dragage et des chemins de fer destinés à ses exploitations et sur les chaloupes à vapeur affectées à leur ravitaillement. Il avait également proposé de fixer à nouveau le tarif, le mode
d'assiette et les règles de perception des droits d'octroi de mer
d'une part et de la taxe de consommation d'autre part (exception
faite de la taxe de consommation sur les spiritueux à comprendre
dans un projet de réglementation nouvelle dont la caractéristique
est la substitution pour les distilleries locales de l'exercice à l'abon-
nement) et de faire porter aussi les exemptions sur les emballages
intérieurs, boîtes métalliques ou flacons, des farines et des conserves
de viande, de légumes, de poissons et de bouillon, « exemptions
a-t-il dit, plus modestes qui sont demandées par le commerce local,
et qui constitueront une amélioration fort appréciée de tous dans la
colonie, par l'influence favorable qu'elle exerce sur le prix de certaines denrées importées, de première nécessité, pour notre population et plus particulièrement pour nos mineurs », mesures très
démocratiques et fort louables, exemptions absolument justifiées,
M. le Gouverneur estimant avec raison qu'il est exagéré de taxer,
toujours par voie d'interprétation, ces emballages comme le contenu même.

Enfin, l'entrepôt fictif existant à la Guyane depuis 1821 (régime
sous lequel les négociants patentés ayant des soumissions cautionnées déposées au Trésor, bénéficient seuls de la faculté d'entre-

---

Pour les appareils mécaniques, la drague ne paie pas, c'est-à-dire que
toute sa partie mécanique généralement sur le pont ne paie pas ; mais
par contre, le chaland qui supporte toute cette partie mécanique paie.
Pourquoi ?

On paie pour les clefs, marteaux, etc., en un mot, tout ce qu'il faut
pour remonter la partie mécanique et l'entretenir ; une forge à main, à
soufflet alternatif, paie ; mais celle possédant un petit ventilateur à main
ne paie pas... ? (tout simplement parce que cette dernière rentre par
son ventilateur dans la mécanique générale ! »

Un tel état de choses, n'est-il pas vrai, était de nature à avoir une
répercussion fâcheuse sur l'industrie aurifère, le transport de dragues
en Guyane devant se généraliser de plus en plus dans l'intérêt de l'industrie aurifère et de la Colonie elle-même.

Comme M. Bassières le proposait au Conseil Général de la Guyane,
nous estimons qu'une exemption complète non seulement des droits d'octroi
de mer et de consommation, mais aussi des droits de douane devrait à bon
droit être accordée aux « machines à vapeur, fixes et demi-fixes ou mobiles, de toutes sortes ; aux pièces détachées et organes de ces machines
(même importés isolément), aux machines et mécaniques industrielles ou
agricoles, aux chaudières à vapeur, au gros outillage pour l'industrie et
l'agriculture et aux coques de navires à vapeur. Nous estimons, en effet,
que c'est en toute franchise de droits quelconques que la Colonie doit recevoir tout l'outillage destiné aux exploitations desquelles dépendent l'avenir
et la prospérité du pays, que ces exploitations soient minières, aurifères
ou agricoles.

pôt et de l'avantage de ne payer les droits sur les marchandises importées par leurs soins qu'au moment où celles-ci sont mises en consommation), M. le Gouverneur Picanon, sur la proposition de la Chambre de Commerce, avait proposé la création d'un entrepôt réel de douanes à Cayenne, pour mettre fin à cet état de choses regrettable, puisque les commerçants ne pouvant souscrire de soumissions cautionnées se trouvaient placés dans un état manifeste et injuste d'infériorité par rapport à leurs concurrents plus heureux.

Tous ces divers projets préparés par M. Picanon et adoptés par le Conseil Général de la Guyane ont fait l'objet de réglementations nouvelles, de tarifs et bases de perception approuvés par l'assemblée locale, ne seront applicables qu'après avoir été approuvés par des décrets en Conseil d'Etat. Jusqu'à cette sanction, c'est sur les bases anciennes que se fait la perception des divers droits dont s'agit.

Espérons que le moment est proche où l'outillage nécessaire, indispensable à l'industrie rationnelle et méthodique de l'or, les dragues et pompes à déblais notamment, sera complètement exonéré, à l'entrée de Cayenne, des droits d'octroi de mer et de consommation.

Mais, tout en rendant hommage à la haute sagacité de M. le Gouverneur Picanon qui a eu pour principal objectif, pendant son trop court séjour à la Guyane, d'ouvrir largement les portes à tout ce qui peut aider la colonie à progresser et d'user de modération fiscale, il est un regret exprimé avec raison par M. Naudot, qui a étudié à fond toutes ces questions fiscales, regret que nous partageons complètement : c'est que la demande d'exonération n'ait pas été étendue pour les appareils de dragage aux droits d'octroi de douane eux-mêmes qui représentent à eux seuls, même au tarif minimum, un chiffre (en moyenne 10 %) supérieur aux droits d'octroi de mer et de consommation réunis. « Il y a évidemment là un oubli, écrit M. Naudot, oubli provenant de ce que les appareils de dragage expédiés dans la colonie jusqu'à ce jour venaient de France et que le cas ne s'était pas encore présenté de percevoir les droits de douane, soit parce que l'outillage était de fabrication française, soit parce que, fabriqué à l'étranger, il avait déjà supporté le droit à son arrivée dans la Métropole ».

Puisque des exonérations ou des réductions de droits sur un assez grand nombre de produits de provenance étrangère ont été accordés, parce qu'ils étaient considérés comme articles de première nécessité, n'est-on pas fondé à considérer aussi comme objets de première nécessité tout ce qui peut contribuer au développement de l'industrie aurifère, cette industrie dont vit le pays et qui, sous diverses formes, alimente en majeure partie les budgets locaux ? Et cette considération ne suffirait-elle pas à elle seule pour justifier au profit des appareils de dragage sinon une exonération complète, du moins une large réduction des droits de douane ?

Après avoir envisagé d'autres avantages très sérieux, M. Naudot, dans son argumentation très serrée, ajoute :

« Il n'y a, du reste, aucune raison de s'en tenir à une simple réduction. Les motifs qui ont fait demander l'exonération totale pour les droits d'octroi de mer, de consommation, on peut les invoquer aussi en faveur d'un dégrèvement intégral des droits de douane ; ils s'imposent même d'autant plus impérieusement que ces derniers droits sont supérieurs à l'ensemble des deux autres. Et s'il a été parlé ci-dessus de réduction, c'est comme pis-aller et pour le cas, toujours à prévoir, où une exemption totale se heurterait en haut lieu à une fin de non-recevoir irréductible.

Au surplus, il va de soi que l'immunité accordée cesserait du jour où l'industrie française se trouverait en mesure de fournir aux exploiteurs d'or de la Guyane des dragues susceptibles de leur rendres les mêmes services que celles demandées à l'Etranger. » Et à l'appui de sa thèse, M. Naudot cite comme précédent ce qui s'est passé pour le Congo, et ajoute avec une patriotique chaleur d'expression très juste :

« Ce n'est pas parce que la Guyane est une vieille colonie qu'elle doit être traitée moins favorablement que le Congo. Elle n'est pas aussi recherchée, nous le savons ; c'est une raison de plus pour qu'en bonne administration on lui accorde au moins les mêmes avantages. Il ne faut pas que l'on puisse dire que les vieilles colonies sont délaissées, à l'égal des vieilles femmes qu'on ne courtise plus. Toutes les colonies sont sœurs et au même titre filles de la mère patrie qui leur doit sans distinction et à parité de besoins, la même sollicitude, les mêmes avantages ».

En résumé, toutes les questions relatives au perfectionnement de la réglementation minière, à la protection efficace de l'inventeur, de celui qui a découvert une nouvelle source de richesse, comme aussi des propriétaires des placers, au contrôle et à l'immatriculation des étrangers, à leur surveillance, au prix du tarif des douanes, à la suppression de la fraude dans la plus large mesure possible, à l'application stricte dans la colonie des lois, décrets et ordonnances en vigueur, en les complètant et en les améliorant, s'il y a lieu, contre les maraudeurs surtout les noirs étrangers, demandent à être étudiées avec le plus grand soin et à être solutionnées d'autant plus rapidement que le nombre des exploitations alluvionnaires tend à s'accroître d'année en année et qu'elles ont déjà fait depuis 1901, sous le gouverneur intérimaire, M. Merwart et sous celui de plusieurs de ses successeurs, l'objet de légitimes préoccupations et de sérieux efforts de leur part ; c'est une tâche urgente qu'il importe de mener à bonne fin et à laquelle le Conseil Général (1) apportera sans nul doute toute son attention, dans l'intérêt supérieur de la Colonie.

---

(1) Consulté sur la question de rechercher si éventuellement le régime douanier actuellement en vigueur dans nos colonies soumises au tarif douanier métropolitain ne serait pas susceptible d'être modifié, le Conseil Général de la Guyane, dans sa session extraordinaire de 1908, a émis l'avis qu'il y avait lieu de maintenir l'application à la Guyane française de la loi du 11 janvier 1892 relative à l'établissement du tarif général des douanes » !

TROISIEME SECTION

De la Colonisation et de l'Avenir de la Guyane

I

PROGRESSION HEUREUSE EN FRANCE DES IDÉES DE COLONISATION.

Notre vaste empire colonial, on l'a dit et répété souvent, avec vérité d'ailleurs, n'est et ne doit être que le prolongement de la France au-delà des mers.

C'est avec raison que, non seulement le monde colonial, mais aussi l'opinion publique porte de plus en plus son attention sur nos vastes et magnifiques possessions d'outre-mer qui sollicitent l'attention sérieuse de la Métropole, et sur les questions économiques si nombreuses et si diverses les intéressant.

Déjà, en dehors de divers groupements spéciaux, de Sociétés et Comités prenant en mains d'une manière efficace les intérêts de nos colonies, en dehors d'œuvres spéciales dues à l'initiative privée, en dehors de l'Ecole Coloniale et de l'Office Colonial qui rendent tant de services à la cause sacrée de notre empire d'outre-mer, en dehors des congrès de la Presse Coloniale française et des publications coloniales lues de plus en plus dans le public, et probablement à cause de tout ce faisceau de sources d'études et de documentations sur les questions intéressant nos possessions lointaines, une progression heureuse des idées et des germes féconds de Colonisation s'est manifestée en France depuis un certain nombre d'années ; les choses coloniales font leur œuvre et les coloniaux commencent à se grouper et à se solidariser ; nous nous proposons ici d'en donner quelques preuves palpables et sérieuses.

§ 1er. — *De la Ligue coloniale française.*

Au cours de l'année 1907, s'est fondée à Paris la Ligue Coloniale française entre les personnes qui, à un titre quelconque ou par souci de l'avenir du pays, s'intéressent à la bonne gestion ou au développement moral et économique du domaine colonial de la France (1).

---

(1) Le but de la Ligue Coloniale française, ainsi que les statuts l'énoncent en l'article 3, est :

« 1º De créer et de resserrer les liens de solidarité qui doivent exister entre tous les coloniaux et tous les citoyens, sujets et protégés français, partisans de l'expansion coloniale de la France ;

2º De provoquer et de seconder toutes les initiatives propres à assu-rer le développement ou la défense de nos intérêts coloniaux ;

Cette ligue, due à l'initiative de M. Saint-Germain, Sénateur et Président du Conseil d'Administration de l'Office Colonial, et de M. Paul Trouillet, directeur de la *Dépêche Coloniale*, et membre du Conseil Supérieur et du Comité consultatif des Colonies, compte déjà quelques milliers d'adhérents, quoique née presque d'hier ; ce qui prouve que la cause coloniale est chère à beaucoup de bons Français, que le succès de l'idée coloniale est assuré, et que les esprits doués de clairvoyance ont compris l'importance capitale du facteur que, dans le monde moderne, la prospérité des colonies représente pour la puissance même des Métropoles.

Si, en France, nous ne nous trouvons pas encore, ainsi que l'exprimait si éloquemment M. Marcel Saint-Germain, en définissant le but de la Ligue Coloniale Française (1), en présence d'un de ces grands courants d'opinion, à la fois enthousiastes et irrésistibles qui entraînent nos plus puissants voisins, l'Angleterre et l'Allemagne en tête, vers des destinées coloniales dont il est impossible de déterminer par avance la fécondité et l'ampleur, il est néanmoins juste de dire et de proclamer que l'idée coloniale est suivie par une élite de champions pleins d'énergie et de foi, qui se sont donné pour mission de faire pénétrer cette idée dans la masse populaire pour y susciter cet élan général des esprits et des cœurs, cette ferveur de conviction sans restriction et sans réserve, qui seuls permettent à une nation de faire de grandes choses. Nous commençons à recueillir dans notre pays les bénéfices des innombrables efforts de tant d'hommes qui, au triomphe de cette cause coloniale, ont consacré leur activité et leur vie.

En solidarisant les coloniaux et leurs amis, écrivait M. Eugène Etienne, député, ancien Ministre, chef du Parti Colonial français, Président du Comité de l'Asie Française, Président du Comité directeur de la Ligue Coloniale française, cette ligue doit « apporter par son action morale un réconfort aux coloniaux, un accroissement de prospérité aux colonies, et dans le monde un surcroît de force, d'influence et d'autorité à la France ».

Pourquoi la fondation de cette ligue, et quelle est sa raison d'être ?

3° D'organiser directement ou de subventionner, dans la mesure de ses moyens, les œuvres coloniales, avec le concours des Sociétés Coloniales, des Sociétés de Géographie, de l'Institut, du Muséum et des autres Sociétés Savantes ; d'organiser ou d'encourager, avec ou sans l'appui du Gouvernement, les recherches scientifiques exclusivement consacrées à servir pratiquement nos intérêts coloniaux. »

(1) Lire les articles du journal *La Dépêche Coloniale*, feuille du 23 avril 1907.

C'est que les problèmes coloniaux sont complexes et passionnants à la fois ; c'est que la politique coloniale est devenue pour tous les peuples une nécessité ; c'est que les questions coloniales ne sont pas des questions de parti, mais des questions d'économie politique et de politique nationale, et qu'elles comportent un intérêt vital pour tous les citoyens, quelle que soit la condition sociale de chacun d'eux ; car l'ouvrier, aussi bien que le patron, à quelque ordre d'industrie qu'il appartienne, n'est assuré de son salaire que par l'extension du commerce extérieur de la nation, commerce qui tend de plus en plus à se resserrer, à se limiter aux débouchés particuliers que chaque peuple est parvenu à s'ouvrir pour lui seul : il ne faut par l'oublier !

N'est-il pas évident, en effet, que, dans un avenir plus ou moins rapproché, les matières premières les plus indispensables à l'industrie seront directement et exclusivement mises en valeur par les pays étrangers qui les produisent ? Cela est certain pour le coton des Etats-Unis et pour la laine de l'Australie, voire pour tous les produits que l'industrie anglaise tirait jadis de l'immense empire des Indes. Ainsi, la prospérité du travail national n'est assurée qu'aux peuples qui ont, comme la France, l'Angleterre et la Hollande, un domaine d'outre-mer aussi vaste que riche et varié.

La cause coloniale doit être, dans ces conditions, soutenue et propagée avec d'autant plus de raison que, grâce à Gambetta, à Jules Ferry et à leurs dignes successeurs, la France possède aujourd'hui un admirable domaine d'outre-mer, peuplé de 40 à 45 millions d'indigènes, répartis sur 12 millions de kilomètres carrés, enrichissant la Métropole des profits dûs à un commerce de plus d'un million et demi, et utilisant un capital qui dépasse actuellement trois milliards !

Le travail dans la paix : telle est la devise de la Ligue Coloniale Française.

§ 2. — *De l'agence générale des Colonies.*

Il semble intéressant aussi de signaler qu'on se préoccupe, en haut lieu, d'une réforme qui fait honneur à l'esprit d'initiative et au désir d'amélioration utile dont est animé l'honorable M. Milliès-Lacroix, ministre actuel des Colonies. Le projet à l'étude est relatif à la création d'une agence générale des Colonies Françaises ; mais, tandis que M. Milliès-Lacroix voudrait la créer dans le sein même de l'Administration centrale, M. Lucien Hubert, député, membre de la Commission des affaires coloniales, désirerait la placer non pas au sein, mais à côté du ministère des Colonies qui est l'organe du Gouvernement, et voudrait l'autonomie de nos possessions d'outre-mer, en leur permettant d'évoluer chacune dans ses propres tendances et dans son propre milieu, au lieu de la centralisation actuelle qui les fait considérer comme des parties détachées du territoire métropolitain ; car « ce serait folie, dit-il, que de vouloir ramener à l'unité cet empire d'outre-mer si multiple et si divers par les climats des différents pays qui le composent, par les races qui l'habitent, par l'état social de ces races, leur mentalité, leurs aspirations ».

Les modifications proposées ainsi par le député Lucien Habert, qui souhaiterait que cette agence générale eût le rôle d'un service colonial détaché dans la Métropole, sont soumises à l'examen de M. le Ministre des Colonies avec le concours de la Commission des Affaires extérieures et coloniales de la Chambre des Députés ; quoi qu'il en soit, cette agence générale des Colonies françaises aurait peut-être pour principal rouage l'Office Colonial du Palais Royal, dont les services rendus à la cause de l'œuvre de la Colonisation ont déjà été si importants depuis sa création datant de l'année 1899 (1) et qui représenterait toutes les Colonies à Paris ; celles-ci y auraient des délégués accrédités et payés par elles pour s'occuper de tous leurs intérêts en France (2).

---

(1) Si l'institution heureuse, nous pouvons le déclarer, de l'*Office Colonial* accomplit maintenant sa neuvième année d'existence, il est vrai de dire qu'elle s'est trouvée dès ses débuts aux prises avec de réelles difficultés ; mais, si nous en croyons M. Auricoste, son très distingué et dévoué directeur « elle est aujourd'hui arrivée à un âge où elle commence à produire de sérieux résultats ».

Dans le rapport assez récent qu'il vient de présenter au Conseil d'administration et au Conseil de perfectionnement de l'*Office Colonial*, M. Auricoste passe successivement en revue les services de cet établissement complexe : section de colonisation, section du commerce, expositions et transports, statistiques, musée, bibliothèque et bureau de vente.

Sans suivre pas à pas l'éminent directeur dans toutes ses indications, notons qu'il insiste d'abord sur ce fait que notre domaine colonial ne se prête pas à ce qu'on pourrait appeler la *Colonisation familiale*. Pour tirer parti de nos colonies, nous devons donc instruire les indigènes, diriger leur travail, associer leurs qualités aux nôtres, pratiquer finalement la politique d'association.

Après avoir rappelé que le budget de l'Etat ne comporte plus aucun

---

(2) Au moment où nous livrons notre ouvrage à l'impression, nous apprenons qu'au point de vue de l'Agence générale des Colonies qui servirait de trait d'union entre la Métropole et nos possessions lointaines, si elle était greffée sur l'Office Colonial, on enlèverait à celui-ci sa personnalité civile, l'Agence générale devant constituer un organe dépendant du Ministère des Colonies et non dressé en face de lui. Quoi qu'il en soit, ces projets ne peuvent être réalisés qu'après que la Commission des affaires extérieures et coloniales de la Chambre des Députés, d'accord avec le Ministre des Colonies, en aura établi les conséquences financières.

Il serait question aussi de transférer à l'Office Colonial les collections réunies au Jardin Colonial de Nogent et de diriger les

---

crédit pour assurer les voyages des travailleurs dans nos Colonies, contrairement à ce que le public pense généralement et qu'il faut aller aux colonies avec des capitaux, il ajoute : « Mais rencontrerez-vous souvent, dira-t-on, des gens disposés à porter leur argent dans ces pays lointains, où l'aléa est grand et le danger personnel aussi ? Il s'en trouve heureusement, et c'est à la disposition de ceux-là que l'*Office Colonial* met ses notices, les ressources de ses dossiers, les échantillons de son Musée et de sa Bibliothèque... En somme, notre but est surtout de diriger vers nos Colonies ceux de nos correspondants qui peuvent disposer de ressources appréciables, sans le concours desquelles il est excessif d'espérer le succès.

Cependant, il convient de ne pas abandonner non plus ceux qui, dépourvus de capitaux, cherchent à s'employer dans les entreprises déjà existantes. A ceux-là nous pouvons offrir et nous offrons la publicité gratuite de notre Bulletin, la liste de toutes les sociétés, maisons de commerce, entreprises diverses existant aux colonies, et nous leur transmettons les offres d'emploi qui peuvent nous parvenir.

Parlant ensuite des statistiques et enquêtes, M. Auricoste souhaite que toutes les administrations locales des colonies fassent connaître à l'Office, spontanément, au lieu d'attendre d'être interrogées, « ce qu'il y a à faire chez elles pour favoriser l'agriculture, le commerce, l'industrie. » Les services locaux devraient dire : « Une entreprise de... avec un capital de... aurait beaucoup de chance de réussir à... » L'Office, muni de renseignements complémentaires trouverait plus aisément « des hommes courageux possédant les capitaux nécessaires. »

A signaler, à propos de la section du commerce, d'intéressantes publications que l'on trouve à l'Office et qui facilitent les relations entre nos commerçants et industriels de la Métropole et des colonies : le *Portefeuille commercial*, la *Liste des sociétés et maisons de commerce établies aux colonies, etc.*, et la transformation de l'ancienne *Feuille de Renseignements* de l'*Office* en un *Bulletin* périodique, sous l'habile direction de M. Mourey.

Après avoir parlé dans son rapport de la série de conférences faites à l'Office Colonial, et des expositions spéciales et périodiques qui, malgré la modicité des crédits, ont pu être organisées galerie d'Orléans, et après avoir énuméré les travaux du service des statistiques, le directeur de l'Office Colonial explique que les collections du Musée Commercial se sont notablement accrues au cours de l'année 1907, surtout à la suite de l'exposition de Marseille.

« Le Musée est largement ouvert à tous, dit M. Auricoste, et en dehors des heures réglementaires, le conservateur se fait un devoir et un plaisir d'ouvrir les vitrines pour laisser consulter à l'aise les produits qu'elles renferment et de communiquer aux intéressés les notes qu'il possède. »

Quant au budget de l'Office Colonial, il était en 1907 de 118.717 fr. 92, mais l'Etat reprenait une somme de 43.184 pour le loyer de la galerie d'Orléans. Il restait donc pour les services et les impressions de l'Office : 75.633 fr. 92. Pour 1908, le Parlement a augmenté la subvention d'une somme de 20.000 francs, ce qui permet quelques nouvelles améliorations.

A titre de document, nous devons signaler une proposition de loi émanant de M. Vigouroux sur l'agence générale des colonies et l'extension des attributions de l'Office Colonial, procédé le plus rapide, le plus simple et le plus économique :

« *Article premier.* — L'Office Colonial conserve ses attributions actuelles. Il est en outre chargé :

plantations, partie au muséum, partie dans des serres qui seraient établies, au Palais Royal, que l'on transformerait en un Musée-Jardin colonial, en plein centre de Paris dans un endroit qui deviendrait un lieu d'attractions coloniales des plus intéressantes.

Tous ces projets sont encore à l'étude, et par suite ils sont naturellement susceptibles de grandes modifications ; mais ils sont dignes d'attirer l'attention du monde colonial, et c'est à ce titre que nous avons cru devoir en parler dans cet ouvrage.

§ 3. — *De la réforme du Conseil Supérieur des Colonies.*

Le Ministre des Colonies prépare également une réforme qui sera bien accueillie de tous les coloniaux. Il s'agit de la transformation nécessaire du Conseil Supérieur des Colonies qui est constitué de si défectueuse façon qu'il a été impossible de le réunir depuis l'année 1896. Le décret en préparation doit définir ses attributions, régler le nombre de ses membres et fixer les dates de ses sessions, entre autres dispositions.

§ 4. — *Conclusions.*

Ce qu'il importe de retenir de ce qui précède, c'est que toutes les institutions et réformes créées ou à créer, toutes les initiatives publiques ou privées concernant nos colonies indiquent bien que l'heure a enfin sonné — il n'est pas trop tard, mais il en est grand temps — pour s'occuper sérieusement en haut lieu de favoriser tous les moyens propices à l'essor et au développement de

---

1° D'assurer l'administration des fonctionnaires, agents ou chargés de mission rétribués sur les budgets locaux des colonies, pendant leur séjour en France ;

2° De préparer et d'approuver les adjudications, appels d'offres et marchés ayant pour but de pourvoir à l'approvisionnement des services locaux des colonies ; de surveiller et de contrôler l'exécution en France des fournitures destinées aux services locaux et d'assurer au besoin la liquidation des dépenses occasionnées par ces fournitures en France ou à l'étranger.

Art. 2. — Des agents nommés ou agréés par les gouverneurs généraux et les gouverneurs sont les délégués de ces derniers à l'office colonial et agissent en leur nom.

Ils sont assistés et contrôlés par des services techniques et administratifs communs.

Les fonctionnaires des administrations métropolitaines, coloniales et locales détachés à l'Office colonial y conservent les prérogatives attachées au statut de leur cadre d'origine.

Art. 3. — Les colonies contribuent aux dépenses de l'Office colonial suivant une proportion établie chaque année par la loi de finances.

Art. 4. — Des règlements d'administration publique détermineront les détails d'exécution de la présente loi ».

nos possessions d'outre-mer qui forment un empire colonial magnifique, véritable joyau dont il faut tirer parti par la Colonisation (1).

N'oublions jamais — et ce sera là notre conclusion, — que la prospérité de la France est intimement liée au sort de ses colonies, sans lesquelles la France industrielle et commerciale subirait un jour une crise profonde, de même que la Métropole est un débouché assuré pour nos colonies, et que le salut de notre grande industrie française, menacée dans ses approvisionnements en matières premières, dépend essentiellement de nos possessions d'outre-mer.

Spécialement, en ce qui concerne la Guyane, nous savons que le Docteur Saillard qui, dans sa mission scientifique et économique faite en 1907-1908, a pu remonter jusqu'aux sources de l'Itany, a étudié un plan de Colonisation qui lui semble des plus intéressants pour l'avenir du pays et établi le projet d'une voie de pénétration fluviale par le Maroni ; mais déjà M. Théodule Leblond avait depuis longtemps proposé un plan rationnel de mise en valeur de la Guyane Française.

Les bonnes idées n'ont certes pas manqué ; mais il n'a encore été rien fait pour leur réalisation.

---

(1) Dans un chaleureux appel aux coloniaux, M. Etienne écrivait avec autant de justesse que de fougue passionnée et de patriotique ardeur : « Aujourd'hui la politique coloniale est devenue pour tous les peuples une nécessité. Les petites nations ne sont grandes que par elle, et les grandes ne peuvent maintenir leur puissance qu'en ouvrant sur un globe, où la place devient de plus en plus précieuse, le plus vaste champ possible à l'activité sans cesse accrue de leurs citoyens.

Depuis des siècles, la Hollande doit sa prospérité et son indépendance à un empire colonial qui centuple son domaine et ses ressources. L'industrieuse Belgique, la première nation d'Europe au point de vue de l'activité économique, fonde sur le Congo ses plus belles espérances. La libre Angleterre domine le monde par ses colonies et compte sur elles seules pour continuer à assurer l'indispensable essor de son génie commercial et maritime.

L'Empire allemand, tardivement entré dans la politique d'expansion mondiale, mais puissamment aidé par sa merveilleuse Ligue Coloniale Allemande, lutte, on le sait, avec quelle discipline et quelle ardeur, pour assurer les débouchés nécessaires à son activité industrielle et navale. Les Etats-Unis eux-mêmes, malgré l'immensité d'un territoire grand à lui seul comme l'Europe entière, cherchent des colonies et proclament les Amériques intangibles. Enfin, n'est-ce pas par des guerres économiques et coloniales que le Japon, l'Empire du Soleil Levant, s'est récemment placé au rang des plus grandes puissances ? Et c'est un tel moment que la France choisirait pour méconnaître l'importance d'un empire d'outre-mer que la prévoyance de ses plus grands hommes d'Etat, le dévouement et l'héroïsme de ses explorateurs et de ses soldats lui ont si méritoirement conquis ?

Comme jadis ses rois « qui ne traitaient pas en marchands », mais qui cédaient l'Inde à l'Angleterre et sacrifiaient le Canada où prospèrent aujourd'hui, en dehors de l'influence française, trois millions de Français, la France d'aujourd'hui risquerait de faire faillite à tout un passé de gloire, de sacrifices généreux et de labeur humanitaire ?

II

ÉTUDE SPÉCIALE SUR LES VOIES DE COMMUNICATION
ET SUR LA MAIN-D'ŒUVRE LIBRE ET PRIVÉE.

§ 1er. — *Question des voies de communication et de pénétration
intérieure : routes, rivières et chemins de fer.*

Tout est à faire, en Guyane, au point de vue des voies de communication qui sont cependant d'une utilité de premier ordre et sont absolument indispensables pour le développement économique du pays.

Une remarque sur laquelle il n'y a point de discussion possible, c'est que l'Administration de la Colonie a le plus grand intérêt de pousser à l'amélioration et à l'augmentation rapide des voies de communication existantes, mais le plus souvent tout à fait insuffisantes, et à regagner ainsi un temps précieux, perdu jusqu'ici en vains efforts.

L'énumération de ces voies en est d'ailleurs très brève, malheureusement trop courte : Route coloniale n° 1, route de Cayenne au dégrad des Cannes, route de Cayenne à Kourou, route de Cayenne à Roura et à Macouria ; rien de plus, sauf de nombreux sentiers et quelques chemins particuliers reliant dans l'intérieur du pays les dégrads aux placers.

La route de Cayenne à Sinnamary, dont la route coloniale n° 1 n'était que l'amorce, vient d'être achevée en 1908 ; sa longueur de Cayenne à Sinnamary est de 110 kilomètres ; ce qui est un effort méritoire que nous ne saurions trop louer ; il faut souhaiter le plus tôt possible sa prolongation jusqu'à Mana et jusqu'à la région pénitentiaire du Maroni ; ce qui ferait un développement total de 250 kilomètres. Voilà pour les routes indispensables et de première nécessité pour relier les principaux centres et activer entre eux les échanges commerciaux et permettre l'acheminement du retour à l'agriculture coloniale.

D'après les renseignements du service des travaux publics, les

Cela ne peut pas être : « Veiller à ce que cela ne soit pas, ce sera le rôle de la Ligue Coloniale Française, gardienne vigilante de nos plus belles traditions nationales, défendant le patrimoine séculaire que les générations qui se succèdent ne doivent plus se transmettre qu'en voie de croissante prospérité ». Nobles et patriotiques paroles qu'il faut avoir sans cesse à l'esprit.

routes empierrées ne dépassaient pas 45 kilomètres dans toute la Guyane, avant l'achèvement de la route de Cayenne à Sinnamary.

Loin de nous du reste la pensée de préconiser un grand réseau de routes intérieures qui, en aucun cas, dans la Colonie, ne peuvent rendre les services d'un transport rapide comme les chemins de fer pour accéder aux riches régions des placers, surtout dans ces pays équatoriaux où la pluie et la végétation sont de puissantes causes de destruction des routes ; car il ne faut pas oublier qu'en Guyane il tombe par an une hauteur d'eau de cinq mètres et que dans ces conditions une route disparaît vite sous la brousse quand il n'y a ni éléments de circulation ni moyens suffisants d'un entretien toujours fort coûteux.

Loin de nous aussi l'idée de prétendre tout bouleverser à ce point de vue ; mais nous estimons que, pour étudier et résoudre la question si impérieuse des voies de communication, le premier soin est de considérer longuement la carte physique et économique de la Guyane ; nous rendons, certes, un hommage mérité aux efforts accomplis par tant de personnes éminentes et dévouées, chacune ayant apporté sa pierre à l'entreprise ; mais il nous sera permis d'exposer sommairement nos vues personnelles, après étude sérieuse et mûre réflexion, heureux que nous serons si nous avons pu jeter un peu de lumière et ajouter notre modeste contribution à une œuvre aussi éminemment utile pour le développement et l'avenir du pays.

Dans l'intérieur, il n'existe que des sentiers muletiers, et quelques passages créés par les placériens du dégrad, près des cours d'eau, à leurs placers ; c'est partout la forêt vierge avec ses épais ombrages et ses bois précieux d'une richesse inestimable, mais laissés adhérents au sol, non utilisés, faute de moyens de transport.

Fort heureusement la nature, toujours prévoyante, dispensatrice libérale de ses dons précieux, a doté la Guyane d'un réseau de beaux fleuves coulant du sud au nord, au milieu de vastes régions couvertes d'une verdoyante forêt, sans fin, malheureusement, toutefois avec des sauts et des rapides qui en précipitent le courant dans des chûtes gigantesques et superbes, alors que dans l'intervalle des sauts ils reprennent un cours paisible et silencieux, s'élargissant ensuite à travers les savanes pour se jeter la plupart du temps par de larges estuaires, toujours vaseux et encombrés de débris de roches, dans l'Océan Atlantique.

En l'état actuel, qu'y a-t-il de plus urgent à faire à ce point de vue ? C'est ,d'après notre avis, d'une part, d'utiliser les fleuves dans la plus large mesure possible, non plus seulement au moyen d'une théorie plus ou moins longue de pirogues emportant hommes, vivres, denrées ou animaux de consommation et approvisionnements de toutes sortes, bagages, chargement d'outils et de machines qu'il faut fractionner, sans pièces trop lourdes ou trop encombrantes, quelquefois débarquer au passage des sauts, chacune d'elles pouvant être chargée de une ou deux tonnes au plus, mais encore avec des chaloupes à vapeur et bateaux à moteur ; c'est d'améliorer ces voies d'eaux naturelles, de manière à en régulariser le cours, quand la chose est possible sans trop de frais, d'établir soit des canaux de dérivation, quand la ligne des sauts est insurmontable et assez courte, soit des chemins latéraux avec rails, grues, transbordeurs, etc., pour faciliter le passage rapide des embarcations (1) ; c'est aussi peut-être de créer entre chaque bassin fluvial quelques voies de terres parallèles à la côte dans les diverses régions où se groupent les placers aurifères ; c'est en un mot de modifier suivant les circonstances et de perfectionner les modes et conditions de transports par les voies fluviales pour les rendre plus rapides, plus faciles et moins onéreuses (2).

La question des transports pourrait être simplifiée, de l'avis

---

(1) C'est ainsi, par exemple, que dans l'Approuague il suffirait de creuser un chenal au saut Mapaou et de le baliser pour permettre aux chaloupes à vapeur de venir jusqu'aux chutes du Machicou, qui, s'il n'y avait pas des détours à faire, ne s'étendent pas sur plus de deux kilomètres en ligne directe. Avec des travaux plus importants, ces chaloupes pourraient remonter jusqu'aux sauts Canory, tout au moins pendant la saison des hautes eaux qui dure quatre mois de l'année.

(2) Le coût des transports entre pour un coefficient toujours fort important dans le prix de revient d'une exploitation minière, d'autant plus élevé que le placer est plus éloigné de la côte. On en aura une juste idée quand on saura que l'on fournit toujours aux canotiers les vivres de route, représentant une dépense considérable en raison de la lenteur du trajet, que les marchandises sont en pirogue mal protégées contre les intempéries et les pluies souvent très abondantes, qu'ainsi les vivres arrivent fort souvent avariés sur le placer, quand ils arrivent à temps, enfin que souvent il faut, lorsque les pirogues ne peuvent pas franchir les sauts et rapides sans rompre charge, faire le charroyage à dos d'hommes, opération qui est encore à faire depuis le degrad jusqu'au carbet du placer. Par exemple, en tenant compte des vivres de route et du déchet, il faut s'attendre, pour le prix de transport d'une tonne au départ de la côte jusqu'au placer Elysée, par la Mana, à une dépense de 700 francs en moyenne, jusqu'au saut Fracas 1.200 francs, et de l'embouchure du Maroni jusqu'au l'Inini 2.000 francs et peut-être plus, tandis que de Sinnamary ou Courcibo la tonne revient à 4 ou 500 francs au maximum. Le degré d'éloignement plus ou moins grand d'un placer par rapport à la côte est donc un facteur très important qu'il ne faut pas négliger au point de vue du prix de revient dans les calculs de dépenses d'exploitation : c'est là un point très important sur lequel nous ne saurions trop appeler l'attention des jeunes ingénieurs et prospecteurs.

même de MM. Pottereau, Buquet, Herre Wyn, Delvaux, Casey, Chapé, de la Marlière et nombre d'autres ingénieurs compétents, ayant la pratique des séjours prolongés en Guyane, par l'emploi soit de chaloupes à vapeur, chauffées au bois pour les marchandises à transporter en grande quantité, soit de canots à pétrole et de bateaux à moteurs. Les moteurs d'automobiles très légers, a écrit M. Delvaux dans ses *Notes sur l'industrie aurifère*, offrent pour les petites embarcations une excellente solution, en raison des tirants d'eau très réduits qu'ils permettent : 40 centimètres pour celles à hélice ordinaire, 25 centimètres pour celles à hélice sous voûte, qui commencent à se répandre. Il ne faut pas perdre de vue, en effet, que plus le tirant d'eau sera faible, plus longue sera la période de l'année pendant laquelle l'embarcation pourra circuler, et aussi plus loin on pourra remonter vers les placers sur les affluents d'importance moyenne. Ces petites embarcations seront très utiles pour le transport des courriers et du personnel et pour la survillance des canotiers en rivière. Elles rendront également de grands services en assurant entre chaque rapide le remorquage de pirogues portant des marchandises et devant franchir le rapide à la pagaie. Il faut proscrire pour cet usage l'essence légère d'automobile qui revient très cher, donne lieu à des pertes importantes par évaporation et surtout constitue à bord un danger permanent d'incendie. On pourra employer soit le pétrole ordinaire, avec un moteur spécialement étudié dans ce but, soit l'alcool dénaturé qu'une délibération récente du Conseil Général de la Guyane a exempté des droits de douane.

Certains fleuves de la Guyane se prêtent tout particulièrement à l'emploi de bateaux à moteurs, précisément parce que dans toute la partie inférieure de leurs cours ils ne présentent aucun saut infranchissable, mais seulement des rapides recouverts aux hautes eaux : tels sont la Sinnamary et la Mana ; c'est ainsi que le premier de ces fleuves étant navigable jusqu'en amont du confluent de la crique Tigre, la Société de Saint-Elie dessert depuis de longues années, au moyen de deux chaloupes lui appartenant, sa riche concession d'Adieu-Vat ; c'est ainsi que sur le second de ces fleuves fonctionnent une chaloupe à vapeur et un canot à pétrole, pour le service des placers Elysée, Décision, Bonne-Entente, etc., et cela, depuis l'année 1905.

On peut, paraît-il, compter sur une économie de 60 à 75 % par l'emploi d'engins mécaniques sur les fleuves, par rapport aux transports effectués à l'aide de pirogues.

Parmi les améliorations qui nous semblent pratiques et susceptibles d'être réalisées en Guyane, après étude plus approfondie de la question, au point de vue des voies fluviales, on pourrait essayer la dérivation des cours d'eau dans une partie vers le sommet des sauts, en amont, pour la construction d'un petit canal parallèle ayant la longueur des sauts, avec écluses nécessaires, par exemple dans l'Approuague ; ces travaux de canalisation pourraient, à notre avis, être entrepris avec succès par des Compagnies particulières pour éviter la passe de ces sauts et rapides, en utilisant les chûtes d'eau souvent considérables tant pour l'ouverture et la fermeture des écluses que pour la conduite de remorqueurs destinés à faire franchir facilement et rapidement aux voiliers, baleinières et autres bateaux les passages de ces obstacles naturels qui entravent l'extension de la navigation autrement que par pirogues ; mais il faudrait au préalable s'assurer que les dépenses qu'occasionnerait cette amélioration dans les conditions de transports fluviaux pourraient être largement couvertes par le nombre des transports. Cette entreprise ne devrait, au surplus, être effectuée que dans les cas où, la ligne des sauts une fois franchie, la navigation par les navires de haute mer serait assurée sur une partie encore assez longue du fleuve.

Dans tous les cas, pour des cours d'eau où il n'en serait pas ainsi, le passage des sauts des rivières pourrait certainement être accéléré à peu de frais, soit par l'établissement de longues chaînes de touage dans le sens du fleuve, soit par la construction sur le côté des sauts de petites voies ferrées qui serviraient à transporter avec rapidité et facilité pirogues, approvisionnements et passagers.

En dehors des canots-automobiles appelés à rendre de grands services, il serait déjà facile pour les pirogues elles-mêmes de leur adapter un propulseur amovible, mécanique, peu encombrant, extrêmement léger, de construction à la fois simple et robuste, permettant de transformer instantanément toutes les embarcations ordinaires en auto-canot, sans rien changer à leur forme ou à leur structure ; il suffirait d'appliquer une simple douille fixée à la paroi de l'arrière par quatre boulons : tel est le système de la *motogodille*, qui se compose d'un moteur à essence pourvu de tous ses accessoires et actionnant directement une hélice et forme un tout rigide n'ayant qu'un seul point de contact avec l'embarcation qu'elle propulse et gouverne comme une godille à la main ; elle se pose à bord et s'enlève comme un aviron ordinaire. Dans cet appareil qui se tient en mains et sans plus de fatigue qu'une barre franche de gouvernail, l'arbre de l'hélice peut être enlevé, en cas de transport ou de choc prévu, avec la plus grande facilité ; de plus, comme l'hélice travaille à un mètre cinquante centimètres de l'arrière de la pirogue, en dehors des remous, le rendement de propulsion est énorme, si bien que, suivant la force du moteur à essence pouvant varier de 1 HP 3/4 à 2 HP 1/2 et même 4 et 5 HP, avec allumage par magnéto et refroidissement par circulation d'eau (l'allumage par accumulateurs ou par piles sèches étant impraticable dans les pays tropicaux), la vitesse que l'on peut obtenir peut être de 8 à 15 kilomètres à l'heure, avec un canot ordinaire chargé de cinq à six personnes, pour une dépense d'essence d'un litre environ. Il faut ajouter à ces avantages l'extrême simplicité du mouvement et de l'entretien de l'appareil ; ce qui en permet l'usage, même aux personnes n'ayant aucune connaissance spéciale. Les criques peu profondes peuvent même être parcourues avec cet appareil, puisque l'hélice se lève et se baisse à volonté.

Comme les voies fluviales, à l'instar de la plupart de nos colonnies du reste, sont beaucoup plus développées que les voies terrestres, tout à fait insignifiantes en Guyane surtout, l'usage de la motogodille paraît, il nous semble, devoir jouer un rôle utilitaire des plus importants.

Quant à l'utilisation des merveilleuses chûtes d'eau dont la nature a doté les fleuves de la colonie, elle peut et elle doit rendre dans un temps que nous espérons assez rapproché d'immenses services pour l'éclairage électrique des mines, pour le transport de l'énergie électrique à distance, pour la traction des chemins de fer, pour la manœuvre des grues et autres appareils mécaniques, notamment des excavateurs et surtout des dragues ; à ce dernier point de vue, rappelons que, dans notre premier ouvrage sur la Guyane, nous avons fait connaître les avantages précieux que doivent présenter les dragues électriques dans l'exploitation des alluvions aurifères si riches en teneur. Ajoutons que la construction d'une usine hydroélectrique, dans les régions des sauts, la seule réellement pratique et économique dans ce pays, offrirait à tous points de vue les plus grands avantages : il suffirait, en effet, de détourner à l'endroit des sauts un gros courant d'eau qui serait amené au moyen de grands sluices dans de puissantes turbines qui, composées de sortes de roues hydrauliques à axe vertical dans lesquelles l'eau, au lieu d'agir par son poids, agit par sa réaction sur des surfaces courbes liées à l'axe, actionneraient de grosses dynamos de force électromotrice élevée et rempliraient les différentes fonctions dont nous venons de parler.

Toutes ces diverses transformations et améliorations dans les moyens de transport par voies fluviales, en dehors de la construction des voies ferrées, seraient, à n'en pas douter, de nature à modifier considérablement, à l'avantage de l'industrie aurifère, les conditions économiques d'exploitation des placers, et auraient une influence considérable sur le développement entier de la Colonie.

— Que dire de la question des chemins de fer ? Question brûlante d'actualité, mais aussi pleine de difficultés et de cherté pour un budget aussi minime que celui de la Guyane ; c'est ce qui, jusqu'à l'heure actuelle, a beaucoup pesé dans la balance et retardé la mise en œuvre de cette entreprise si intéressante et si nécessaire.

Et cependant, si nous comparons notre œuvre à celle des Anglais — et certes nous le pouvons, nous le devons même, puisque, dans notre pensée, que les faits eux-mêmes confirmeront, dans un temps plus ou moins rapproché de nous, la Guyane étonnera un jour le monde par sa production aurifère que nous estimons devoir être supérieure à celle du Transvaal — que constatons-nous ? C'est que, lors de la découverte dans l'Afrique australe des gisements d'or et de diamant qui jusqu'à ce jour tiennent la tête dans la production du monde entier, le premier soin des Anglais fut de relier, à travers mille obstacles, les ports de la côte à Kimberley et à Johannesburg qui sont devenues en trente ans des cités florissantes.

Qui oserait affirmer qu'un jour, dans un avenir que nous ne croyons pas quant à nous très éloigné, ne s'élèvera pas à côté de Cayenne, dont le nom seul semble décidément funeste à notre belle colonie, sur le point le plus sain du littoral, une grande ville nouvelle qui deviendra la capitale recherchée de la Guyane et où viendront affluer nombre d'industriels et de commerçants et nombre d'Européens, à côté d'ingénieurs et de prospecteurs et de placériens enrichis ? Quels inconvénients sérieux y aurait-il, après tout, à faire par exemple de Saint-Laurent du Maroni, dont l'accès est si facile par le large estuaire du Maroni, la capitale même de la Guyane Française, au lieu de Cayenne dont les quais et les appontements sont si défectueux, dont le port est constamment envasé et inaccessible même aux navires de fort tonnage ? Pour notre part, nous ne croyons pas trop osée ni trop hardie notre proposition qui a le mérite d'être personnelle et d'être neutre et qui semble pouvoir être dans une certaine mesure la solution même de l'avenir de la Guyane ; nous soumettons à qui de droit cette idée qui mériterait d'être mise à l'étude. Puisse-t-elle faire son chemin et avoir des partisans parmi les personnalités influentes de la Colonie, si le développement du pays en dépend, avant d'entreprendre des travaux considérables et combien onéreux pour faciliter l'accès de la rade et du port de Cayenne ! S'il en était ainsi, l'Administration Pénitentiaire s'installerait à 100 ou 150 kilomètres plus loin pour servir à la colonisation. Que si Saint-Laurent du Maroni paraissait mal choisi, parce que cette ville est à l'extrémité de la Colonie, d'autres endroits seraient faciles à trouver ; des terrains seraient lotis autour de la ville nouvelle et vendus facilement. Ce serait là un projet grandiose et merveilleux qui serait depuis longtemps réalisé si notre belle Guyane Française était bien secondée, si elle était à l'ordre du jour, ce qui viendra, quand on l'étudiera, quand on la comprendra, avec toutes ses richesses inépuisables, comme elle le mériterait depuis longtemps.

Quoi qu'il en soit, pour ce qui est de la question des voies ferrées, il est vrai d'énoncer que de magnifiques projets se sont fait jour depuis 1887 ; mais combien a-t-il fallu déchanter déjà ? Sans faire l'historique de la question de l'étude et de la construction d'un réseau de voies ferrées, question qui n'est pas neuve dans la colonie, mentionnons que dès 1887 M. Th. Le Blond, dans un magistral rapport fait au Conseil Général dont il était le Président, a fait un exposé clair et précis de cette question, telle qu'il la comprenait. Se basant sur la géographie et la topographie générale du pays, il démontrait à la fois l'utilité et la possibilité :

1° D'une ligne côtière, de Cayenne à Saint-Laurent-du-Maroni, en passant par la pointe Larivot, les bourgs de Macouria, Kourou, Sinnamary et Mana ;

2° Et de lignes de pénétration courant perpendiculairement au littoral, dans l'intervalle de deux rivières.

Plus tard apparaît un projet de tracé de chemins de fer très complexe, très étudié par l'ingénieur Levat, approuvé par le Conseil Général dans ses séances de décembre 1899-janvier 1900, la ligne devant partir de Cayenne, traverser l'île de Cayenne, remonter la vallée de la Comté, puis la vallée de l'Approuague jusqu'au saut Canori, et de là se bifurquer en deux tronçons : l'un vers l'Oyapoc et l'autre vers l'Awa, par la vallée de l'Inini. L'ensemble de ce tracé comprenait un développement de 400 à 450 kilomètres environ. D'après ce projet, les travaux devaient s'échelonner : d'abord un premier tronçon de 100 kilomètres correspondant à la section comprise entre Cayenne et la crique Arataïe un peu au nord du saut Canori et devant traverser les régions de la Comté et de l'Approuague où de nombreux placers sont déjà exploités, soit une dépense de 8 millions pour 100 kilomètres, faisant ainsi ressortir à 80.000 francs le coût du kilomètre avec une voie ferrée d'un mètre de largeur.

Dans ce projet, M. Levat envisageait essentiellement la question aurifère, préconisant la construction d'une voie ferrée desservant depuis Cayenne la région des placers du Haut Approuague. Le coût total de la dépense, la main-d'œuvre étant fournie gratuitement par l'Administration pénitentiaire, devait être d'environ 21 millions de francs.

Ce projet dut être rejeté, parce qu'il grevait trop le budget local qui ne pouvait y faire face. Nous ajouterons qu'à notre avis il avait encore pour défaut de ne desservir qu'une partie des régions aurifères et d'être trop onéreux, surtout que, pendant un long trajet de 100 à 150 kilomètres avant d'arriver aux riches placers du Haut Approuague, la région n'est nullement aurifère, et en même temps d'être peu pratique, à cause de la largeur trop étroite de la voie ferrée dans un pays où il faut tourner fréquemment les vallées et avoir égard à l'écueil de tournants assez brusques.

En ce qui concerne un autre projet mis en avant de ligne ferrée qui desservirait la côte et mettrait ainsi en communication Cayenne et Saint-Laurent-du-Maroni par Kourou, Sinnamary et Mana, il ferait double emploi avec l'établissement plus pratique et moins onéreux de la route en cours d'exécution. De plus, cette solution ne donnerait satisfaction qu'aux intérêts purement agricoles de la région littorale sur laquelle aucun tonnage important ne peut être basé. Ce chemin de fer ne parviendrait pas à couvrir ses frais et il ne serait d'aucune utilité pour les placers ; aussi n'aura-t-il jamais chance d'aboutir, selon nous.

Notons que, dès 1903, le Conseil Général de la Guyane avait émis le vœu qu'une mission fût chargée de faire les études prélimi-

---

(1) Le trajet de Cayenne par mer aux localités côtières s'effectue dans de petits voiliers appelés *tapouilles*, du nom des Indiens Tapouilles qui les construisent. Ce sont là des barques de pêche pontées à l'avant où se trouve l'unique mât et à l'arrière qui porte une cabane construite grossièrement, en lattes de palmier. Le centre du bateau n'est pas ponté, et c'est là que l'on installe des barriques de vins et de tafia, plus ou moins frelatés, que certains négociants peu scrupuleux de Cayenne donnent en échange du poisson salé ou de la farine de manioc.

La longueur de ces tapouilles est d'ordinaire de six à huit mètres ; sa plus grande largeur varie de un mètre cinquante centimètres à deux mètres.

Souvent, la coque est faite d'un tronc d'arbre creux, élargi de chaque côté par deux planches. Dans tout le bateau, comme d'ailleurs dans le gréement, il est rare qu'il entre un atome de fer. La plupart du temps, des cerceaux en liane rattachent au mât et à la vergue les morceaux de toile cousus bout à bout qui servent de voiles ; le gui et la vergue sont dans bien des cas deux branches non équarries et même encore recouvertes de leur écorce.

Depuis peu de temps l'amélioration des transports côtiers a fait un grand pas pour faciliter les relations commerciales.

naires de chemins de fer et de déterminer la direction et les moyens à adopter pour le tracé d'une voie ferrée de pénétration.

C'est seulement en l'année 1906 qu'une mission militaire, à la tête de laquelle se trouvaient les capitaines Refroigney et Dewulf, sur l'initiative de M. le Gouverneur Picanon, fut chargée d'étudier le tracé d'une voie ferrée de Cayenne à l'Inini par l'Approuague. Dans ce but, elle fit d'abord du 16 août au 11 septembre des travaux de reconnaissance du terrain entre Cayenne et le saut Bief, sur la rivière Comté. Ces chargés de mission rendirent compte ensuite que la rive droite de la Comté, depuis le saut Bief jusqu'à la rivière Brodel, offrirait des conditions de terrain plus favorables que les terrains de la rive gauche pour l'établissement de la voie ferrée, jugeant avec raison que le long du tracé il serait utile, avant d'entreprendre les travaux, d'établir un chemin muletier pouvant faciliter les communications avec la haute région — question intéressante pour les exploitations aurifères — et qu'il y aurait lieu de créer un magasin d'approvisionnements au dégrad Cacao, un peu en aval du saut Bief. Puis ils poussèrent leurs travaux de reconnaissance depuis le saut Bief jusqu'au confluent du cours d'eau avec la rivière Brodel.

Ce fut le 26 octobre 1906 que la mission se trouva concentrée au confluent de la rivière Brodel et de la rivière Blanche ; de là, elle se divisa en plusieurs fractions pour gagner le bassin de l'Approuague. Le 21 novembre, elle atteignit la ligne de partage des eaux entre ce bassin et celui de la Comté. Enfin, quelques soldats de la mission, le capitaine Refroigney en tête, firent un raid audacieux, ayant parcouru en 20 jours plus de 85 kilomètres, jusqu'aux premiers placers Souvenir et Enfin, de l'Inini, sans atteindre toutefois l'Inini. Après quelques jours de repos à ces premiers placers, le capitaine Refroigney atteignit le Haut Approuague à la Fourca d'Approuague et revint à la mer en pirogue.

La mission se retrouva à Cayenne, son point de départ, les fonds de la mission se trouvant épuisés, mais de grands efforts ayant été tentés et un véritable voyage de découvertes sur des parties totalement inexplorées ayant été ainsi fait par le capitaine Refroigney et ses collaborateurs qui ont fait montre d'une endurance, d'une énergie et d'une science n'ayant d'égale que leur trop grande modestie (1).

---

(1) Au sujet de la question des chemins de fer en Guyane, il est curieux de rapprocher les deux discours prononcés à neuf mois de distance par deux Gouverneurs successifs de la Colonie à la session ordinaire du Conseil Général : le premier par M. Picanon, à la date du 5 décembre 1906, et le second par M. Rodier, à la date du 28 octobre 1907.

A l'heure actuelle, à l'encontre de toutes nos autres colonies, à l'encontre des Guyanes anglaise et hollandaise où des voies ferrées sillonnent le pays, aucun chemin de fer, en dehors :

1° d'une petite ligne ferrée à voie de 0 m. 60, longue de 32 kilomètres construite dans le bassin de Sinnamary par la Société de Saint-Elie pour desservir son placer principal et où la traction se fait par mules entre le dégrad de « Saint-Nazaire » et le placer, et d'autres voies de raccordement du même genre, mais beaucoup plus courtes, reliant le dégrad d'Adieu-Vat au placer du même nom et les divers filons aux usines de traitement de l'or ;

2° du petit tronçon de chemin de fer que l'Administration Pénitentiaire a fait établir entre Saint-Laurent-du-Maroni et Saint-Jean ;

3° Et d'une petite voie ferrée particulière, allant du saut Hermina, sur le Maroni, à la concession du placer Elysée, ainsi que de petits tronçons de voies Decauville pour le transport des marchandises le long de la partie de la crique Lézard parfois impraticable

---

Après avoir exposé le programme des travaux adoptés : grosses réparations à la route coloniale entre la pointe de Macouria et le pont de Carossony, le nettoyage du canal de Kaw et la construction de nouveaux postes de douane, la construction d'un wharf à Cayenne, l'amélioration de la rade et du port, la réfection de la route coloniale jusqu'à la rivière de Mana, la construction de routes dans la région de l'Est, les études des chemins de fer et l'adduction des eaux de Beauregard et de Remire à Cayenne, après avoir rendu compte de ce qui avait été fait au sujet de l'étude ou de la mise à exécution de ce vaste programme, M. le Gouverneur Picanon, ayant fait un exposé clair des travaux de la mission militaire Refroigney, exprimait l'espoir que la construction d'une voie ferrée, suivant le tracé général étudié, serait exécutée pratiquement, et il ajoutait :

« C'est en construisant des chemins de fer économiques pour relier ses exploitations aux cours d'eau navigables, comme l'a déjà fait, sur un trajet de 32 kilomètres, l'une de nos grandes Sociétés Minières, en multipliant ses services de chaloupes à vapeur et de canots à pétrole, en renonçant ainsi aux transports si onéreux et si lents par pirogues ou par porteurs que l'industrie aurifère réduira ses frais généraux et qu'il lui sera possible de faire de larges progrès.

Et quel intérêt n'avons-nous pas, d'autre part, à ce que des voies ferrées, tramways ou chemins de fer proprement dits, quels qu'en soient le mode de traction et la largeur de voie, se créent nombreux, s'il se peut, sur notre sol ?

Si l'initative privée, cette force féconde sans laquelle rien de solide et de durable ne saurait se fonder, pouvait à brève échéance entreprendre de tels travaux à la Guyane, combien n'aurions-nous pas à nous réjouir pour l'avenir du pays ?... »

A la session de juillet 1907, M. le Secrétaire Général Dubarry, après avoir parlé de la mission générale d'études de M. Jean Galmot et de la mission militaire des chemins de fer, disait : « La Guyane reconnaissante n'oubliera pas les noms de ces hardis pionniers le jour où, dans ces régions, sifflera joyeusement la locomotive française, allant apporter partout le grand souffle de fécondité qui fera germer pour tous des moissons de richesses ! »

par suite des sécheresses et aussi pour le transport du bois employé comme combustible sur les dragues.

Et cependant, a écrit avec justesse l'honorable M. Bassières dans sa « *Notice sur la Guyane* », parue en 1900, « le chemin de fer est la solution la plus pratique et la plus sûre du difficile et délicat problème du peuplement et de la mise en valeur de la Guyane », et nous ajouterons, avec M. Bourrat qui, en 1905, fit un remarquable rapport sur les chemins de fer coloniaux : que l'intérêt de la Colonie est de développer par tous les moyens possibles la production de l'or ; qu'il est rationnel qu'elle s'impose quelques sacrifices pour faciliter l'extraction du métal précieux, sa seule richesse actuelle, et que lorsque des devis judicieusement élaborés auront établi les dépenses auxquelles on aura à faire face, la Guyane, à l'exemple de nos jeunes possessions, pourra elle-même et dans la mesure de ses forces, assurer la charge de la construction et l'exploitation éventuelle du chemin de fer, outil indispensable à son développement économique.

Quelques mois plus tard, à la fin de janvier 1906, dans un rapport circonstancié que M. Dubarry, secrétaire général de la Colonie et gouverneur par intérim, adressait au Ministre des Colonies, sur la situation économique du pays, écrivait : « Tout

---

Mais, trois mois plus tard, M. le Gouverneur Rodier, passant des rêves à la froide réalité, après avoir exposé un programme de travaux modeste, mais proportionné aux moyens de la Colonie, consistant seulement dans l'aménagement de la rade de Cayenne et du port aux quais envasés, avec un appontement tombant en ruines, travail de première nécessité, la route coloniale n° 1, de Cayenne à Sinnamary, devant coûter près de deux millions, et un complément d'adduction d'eau potable à Cayenne pour une somme de un million de franc, avait le grand courage de dire : « Je n'ignore pas que des projets plus vastes, comprenant notamment une voie ferrée de pénétration vers les placers, avaient été conçus. Il ne s'agissait de rien moins que d'un emprunt d'une cinquantaine de millions ! Si ces projets sont pour le moment irréalisables, ils n'en honorent pas moins leurs auteurs. Passionnément attachés à leur pays, désireux de le voir sortir de l'ornière où il s'enlise, ceux-ci avaient rêvé des plans grandioses, sans se préoccuper suffisamment des voies et des moyens d'exécution. Je souhaite d'ailleurs que l'avenir leur donne satisfaction ; mais à mon sens l'œuvre ne pourrait s'accomplir que graduellement et par étapes successives... Quant aux gens pratiques du pays, ils estimeront, sans doute, qu'à l'heure présente tout projet serait illusoire et vain et ne survivrait pas à la période de la discussion, parce qu'il dépasserait la capacité budgétaire actuelle de la colonie ; tel serait le cas d'un emprunt de plus de cinq millions et demi de francs. »

Entre ces deux programmes, l'un très vaste et hardi, l'autre très modeste et courageux, il y a, d'après nous, un juste milieu, et les aspirations de la Guyane peuvent et doivent devenir brillantes à cet égard ; ce que nous souhaitons de grand cœur dans le plus bref délai possible.

en dotant la Colonie d'un réseau de routes permettant l'emploi de voitures à traction animale ou mécanique, il est indispensable de prévoir, dès maintenant, un chemin de fer léger, construit suivant les principes adoptés par les Etats-Unis de l'Amérique du Nord, permettant de transporter rapidement jusqu'à la région des gisements aurifères personnel, matériel et marchandises » ; et il rappelait avec raison que, la prospérité de la Guyane française étant indissolublement liée à celle de l'industrie aurifère, développer celle-ci, c'était assurer le développement économique de la Colonie, et qu'enfin, le principal obstacle à l'extension de l'industrie aurifère étant l'absence de voies de pénétration rapide et sûre à l'intérieur du pays, il y avait lieu de conclure « que la construction du chemin de fer est indispensable et s'impose dans le plus bref délai ». Signalons enfin que le projet de chemins de fer, ayant la faveur des Cayennais, serait celui partant de Cayenne vers l'Approuague et aboutissant par le cotoiement d'une partie de ce fleuve aux régions de la Haute Mana et du Maroni.

Quelle est notre manière de voir personnelle au sujet de la construction de voies ferrées qui paraît nécessaire à la Guyane, pour lui donner la vitalité et le développement qu'elle mérite d'avoir, en tenant compte de la configuration du pays, de la nature de son sol, de l'état de ses finances, des ressources de la Colonie, des intérêts les plus urgents à desservir suivant le groupement des placers — car, il ne faut pas le nier, c'est l'extension de l'industrie aurifère qui fera créer les chemins de fer, et c'est aussi la question de faciliter dans ce but les moyens de transport qu'il faut envisager, cette industrie étant la grande pourvoyeuse des finances locales ? Nous allons exposer nos vues en toute franchise et avec une sincère conviction, telle que nous concevons intimement la possibilité de résoudre la difficulté.

Nous croyons devoir rejeter d'ores et déjà comme irréalisable avant de longues années le projet d'un chemin de fer qui s'étendrait le long de la côte pour réunir entre eux les divers bourgs, tant à cause des difficultés de consolidation de la voie et du nombre de ponts que nécessiterait sa construction et des réparations fréquentes que l'entretien exigerait dans des terres basses, souvent noyées au milieu de savanes quelquefois tremblantes, qu'en raison du trafic peu important auquel il donnerait lieu, dans des régions où il ne servirait utilement que pour le commerce local, le transport des hommes et celui des chevaux, et enfin du double emploi qu'il ferait avec la route récemment achevée de Cayenne à Sinnamary, avec prolongement ultérieur jusqu'au Maroni, et avec les transports par voiliers le long de la côte où le frêt sera toujours très réduit.

Nous ne sommes pas non plus pour le moment partisan du projet du chemin de fer qu'avait proposé l'ingénieur Levat ni de celui qui a été étudié par la mission militaire Refroigney, ayant d'ailleurs à peu près le même tracé que le projet conçu par M. Levat, sauf la bifurcation jugée inutile provisoirement vers l'Oyapoc, parce que dans l'état actuel des ressources budgétaires la chose n'est pas possible (la dépense prévue par M. Levat ayant été de 32 à 35 millions et celle prévue par M. le capitaine Refroigney de 35 à 40 millions avec un délai de sept années), et qu'après le groupe des placers agglomérés sur deux points près du fleuve Approuague ce chemin de fer traverserait une vaste région de plus de 100 kilomètres à peu près inexplorée pour rejoindre le haut Inini. Loin de nous l'idée de méconnaître l'importance que ce tracé de chemin de fer pourrait avoir si la Guyane devait être, dans un délai relativement peu long, dotée d'un réseau à peu près complet de voies ferrées, question qui ne peut être envisagée que dans un avenir encore assez lointain, selon nous.

Si les ressources de la Colonie étaient dix fois plus importantes, nous n'hésiterions pas à préconiser le tracé de voie ferrée (dont nous avons parlé page 197 de notre premier ouvrage) : ligne de Cayenne vers le Sud gagnant l'Approuague en infléchissant vers l'Ouest, se tronçonnant en forme de T pour aboutir d'une part à la région très aurifère de Japigny et d'autre part à la région non moins aurifère en pleine exploitation du bassin de l'Inini.

Mais, dans l'état actuel du budget dont les ressources, nous n'en voulons pas douter, augmenteront rapidement dans quelques années avec le programme de travaux publics entrepris et à entreprendre, nous préconisons, comme devant avoir des avantages heureux et presque immédiats, la construction de nombreux tronçons de chemins de fer, devant desservir le plus vite possible les diverses régions où se trouvent disséminés comme des tâches dans l'ensemble de la Guyane des groupes de placers, et c'est ainsi que, dans l'intérêt même du pays au point de vue de ses finances et des placers qui fournissent la presque totalité des recettes du budget local, nous souhaitons avec ardeur la mise immédiate à l'étude, avec le désir d'une prompte réalisation, de voies ferrées établies par des Sociétés particulières, mais largement subventionnées par la Colonie, suivant, d'après certaines régions, des tracés déjà étudiés sommairement, tout en recherchant principalement les régions où se trouvent réunis des centres miniers. Il est de toute évidence que l'amorce de lignes ferrées jusqu'à 100 kilomètres du littoral reculerait d'autant les limites actuelles des exploitations placériennes.

Nous préconisons ainsi deux lignes à entreprendre simultanément :

La première, de Cayenne au centre du premier groupe de placers sur l'Approuague (tels que le placer Mataroni, placer de la crique Ipoucin, Tortue, etc.), en traversant les placers de Roura et de l'Orapu, le petit groupe de placers Maripa, Bief, etc., ligne qui serait prolongée, mais plus tard, en première section vers le deuxième groupe, dit groupe des placers du Haut Approuague, où se trouve notamment le placer Japigny, et en deuxième section de ce deuxième groupe de placers vers la région de l'Inini ;

La deuxième, du bourg de Sinnamary, sur la rive gauche du fleuve de ce nom, pour aboutir au groupe de placers Adieu-Vat, Sursaut, Dieu-Merci, Saint-Elie, inclinant de là directement vers l'Ouest pour atteindre les placers de la Moyenne Mana, ligne qui ultérieurement serait prolongée dans la direction du placer Enfin, du côté des sources de l'Arouany, l'un des affluents de la Mana, et gagnerait la région des placers du Haut Maroni. Notons toutefois qu'il serait peut-être plus économique de confondre ces deux lignes, en supprimant le tronçon du bourg de Sinnamary à Adieu-Vat, dont la distance à vol d'oiseau peut être de 100 kilomètres environ, et en faisant directement bifurquer la première ligne à partir du saut Bief vers Adieu-Vat, la distance entre ces deux points n'étant que de 50 à 60 kilomètres approximativement.

Ces lignes construites, on étudierait ensuite s'il ne conviendrait pas de réunir entre eux les divers tronçons de lignes ferrées ou d'établir des canaux de communication entre diverses rivières.

Il n'est pas douteux que les exploitations aurifères importantes construiraient aussitôt dans leurs zônes respectives les voies de raccordement qui présenteraient pour elles un intérêt particulier : il y aurait même là, selon nous, un engouement tout naturel. En dehors de l'avantage considérable qu'elles-mêmes en retireraient, ces voies serviraient ensuite de ramifications aux lignes d'intérêt général quand celles-ci seraient construites.

Il nous semble que, dans bien des cas, des trams Renard ou analogues sur rails, mus par l'électricité, avec utilisation de la force hydraulique que fournissent si abondamment tous les fleuves de la Guyane, seraient également susceptibles de rendre de grands services avec des frais relativement restreints et économiques pour les Sociétés particulières.

Quoi qu'il en soit, il importe dans la construction de voies en Guyane : 1° de se maintenir constamment à flanc de coteau et d'éviter les thalwegs qui, pendant la saison des pluies, sont, dans la plupart des cas, toujours inondés et sous lesquels les rivières affluentes nécessitent dans le voisinage de leur embouchure des ouvertures de ponts et des remblais d'accès relativement très importants ; 2° de ne pas oublier que le déboisement de la voie et des accotements représentent une dépense considérable, puisqu'il faut songer encore à déboiser de chaque côté de la ligne un espace suffisant de terrain pour éviter des interruptions de circulation sur la voie, susceptibles d'être occasionnées par la chûte continuelle de vieux arbres de la forêt guyanaise ; 3° d'assurer le transport régulier de vivres nécessaires aux effectifs employés pour l'exécution de travaux dans l'intérieur de la Guyane par la création de chemins muletiers parallèles à la voie ferrée.

Ces tronçons de lignes de chemins de fer joints à l'amélioration des moyens de transport sur les cours d'eau auraient pour résultat de bouleverser avantageusement les conditions d'exploitation et d'organisation de la Guyane :

1° En donnant à l'industrie aurifère un essor nouveau et définitif, et en facilitant l'exploitation avec profit d'une quantité de placers, dont le ravitaillement est actuellement trop onéreux pour que le bénéfice soit possible ;

2° En permettant l'exploitation méthodique des bois précieux de la forêt ;

3° En développant la production aurifère, forestière et agricole sous toutes ses formes, et en permettant ainsi le défrichement intérieur et la mise en valeur de la Colonie, comme dans les Guyanes voisines ;

4° En augmentant dans de vastes proportions les ressources du budget local ;

5° En amenant dans le pays par le fait même une main-d'œuvre très importante, et nécessaire, qui viendrait sans nul doute des Antilles et d'ailleurs à profusion.

Il est ainsi vrai de dire que le jour où la Guyane Française serait aussi bien munie que la Guyane Anglaise (1) et même que la

---

(1) En Guyane anglaise, on compte trois lignes de chemins de fer, soit 200 kilomètres de voies ferrées, 700 kilomètres de routes carrossables et 10.000 kilomètres de sentiers et des services à vapeur très développés sur les diverses rivières, avec, en plus, des relations très fréquentes avec l'Europe, l'Amérique du Nord et les Antilles.

Guyane hollandaise (1) sous le rapport des voies ferrées, elle se transformerait très rapidement ; c'est alors que notre colonie qui, bien qu'étant la première de nos possessions d'outre-mer au point de vue aurifère, tout en ne produisant que peu d'or relativement à ce qu'elle pourrait tirer du sein de son sous-sol par ses alluvions et ses filons, prendrait en peu de temps le rang important auquel elle a droit, peut-être même le premier, parmi tous les pays producteurs du métal précieux.

Telles sont nos vues, nullement chimériques, mais mûrement réfléchies, telles sont nos aspirations nullement irréalisables, comme on le croit en France à tort, parce qu'on reste indifférent à l'étude des ressources de la Guyane pour la prospérité de notre riche colonie sud-américaine. Puissent-elles ne pas rester à l'état de rêve ou de projet, mais passer dans le domaine de l'étude et de la réalité !

---

(1) Bien que la Guyane hollandaise ne possède pas encore toutes les facilités nécessaires, des services côtiers réguliers ont été assurés et quelques routes établies.

En 1905, des terrains aurifères extrêmement riches ayant été découverts sur la rive gauche du Maroni et vers le milieu de la distance entre les sources du fleuve et son embouchure, le Gouvernement hollandais décida la construction immédiate d'un chemin de fer partant de Surinam pour desservir ce district minier.

Si nous n'y prenons garde et si nous ne nous hâtons pas, écrivait à ce sujet M. Dubarry dans son rapport précité, la voie ferrée mise en chantier par nos voisins hollandais drainera au profit de Paramaribo toute l'activité des régions si riches en placers de la Haute Mana, du Haut Maroni, de la Haute Sinnamary au détriment de Cayenne, de Saint-Laurent, Mana et Sinnamary ! mais cette voie ferrée sera-t-elle poursuivie ? Les travaux y sont, en effet, suspendus, du moins provisoirement.

§ 2. *Question de la main-d'œuvre libre et pénale.*

La construction de chemins de fer en Guyane, avons-nous dit, sera de nature à résoudre le problème si difficile et si nécessaire du peuplement de la Guyane.

Les difficultés locales de main-d'œuvre dans la Colonie n'ont fait, en effet, que s'accroître ; c'est ainsi que la Société des mines d'or d'Adieu-Vat et de Bonne-Aventure qui, dans le courant de l'exercice 1906-1907 a entretenu aux mines un effectif moyen de 165 hommes, dont 6 employés et 159 ouvriers, hommes et femmes, a dû faire intervenir la main-d'œuvre européenne, en envoyant deux équipes d'ouvriers mineurs pour encadrer les noirs et leur apprendre le travail de mine proprement dit, le maniement des perforatrices, le boisage des descenderies et galeries, et a réussi par ce moyen à acclimater en Guyane un petit noyau de bons ouvriers ; ce qui était d'ailleurs indispensable, car tout est à créer dans une contrée où la mine d'Adieu-Vat et de Bonne-Aventure est en réalité la première exploitation filonienne importante de la Colonie.

C'est ainsi qu'au placer Elysée on a dû encadrer d'un certain nombre de jeunes français les ouvriers nègres employés sur les concessions, au nombre de 120 à 140, assurant ainsi un travail d'alluvions aurifères exécuté dans les meilleures conditions possibles.

L'emploi des dragues et autres engins mécaniques qui doit tendre à se substituer dans les grandes exploitations au travail primitif du lavage au sluice nécessite fort heureusement un nombre relativement restreint d'hommes ; aussi, la question de peuplement est-elle moins sérieuse pour les mines qui attirent toujours l'ouvrier que pour l'agriculture et l'élevage qui manquent absolument de bras et qui sont ainsi délaissées, alors qu'avec de la main-d'œuvre, avec la reprise de l'immigration étrangère qui s'impose dans la Colonie la culture pourrait reprendre ainsi que le pâturage un grand développement et redevenir prospère, tant est luxuriante la végétation, tant est grande la fertilité du sol.

La question de l'insuffisance de main-d'œuvre qui, au surplus, est très coûteuse, a très vivement et légitimement préoccupé M. le Gouverneur Rodier dès son arrivée dans la Colonie, ainsi qu'en témoignent les passages suivants de son discours d'ouverture de la session ordinaire du Conseil Général, en date du 28 octobre 1907 :

« ... Malheureusement, dit-il, pour l'exploitation de ces richesses aurifères, nous rencontrerons les mêmes obstacles que pour la construction des routes : l'absence de main-d'œuvre ! Ce merveilleux domaine qu'est la Guyane est grand comme le cinquième de la France ; mais il manque de population pour le mettre en valeur.

« Cette préoccupation de la main-d'œuvre domine, il faut bien le reconnaître, le problème de la colonisation, non seulement en Guyane, mais dans toutes nos colonies. Même en Indo-Chine où la population est de vingt millions d'habitants, la main-d'œuvre est insuffisante ; en Cochinchine notamment, de vastes étendues de terrains, de rizières, restent stériles, faute de bras pour les cultiver : si, sur certains points de l'Indo-Chine, la population est très dense, elle est très clairsemée par ailleurs : d'où, des difficultés grandes pour la construction des portions de voies ferrées situées dans les parties peu peuplées du pays.

« Dans d'autres colonies, au contraire, la main-d'œuvre serait suffisante numériquement, si les populations se montraient moins indolentes ou si l'abus de la politique ne les éloignait du travail.

« Enfin, ici, le cas est particulièrement difficile, la Guyane étant à la fois l'une des plus étendues de nos colonies et l'une des moins peuplées... »

D'après M. Rodier, la main-d'œuvre pénale européenne est, par son essence même de qualité médiocre. « N'est-ce pas en effet la paresse qui, le plus souvent, mène au crime et peuple le bagne ?... Certes, l'on doit exiger de tous les condamnés le travail dans des ateliers ou sur des chantiers ; mais on ne peut le faire qu'en tenant compte du climat et des aptitudes de race ». Nous pensons, quant à nous, qu'il est possible de bien utiliser la main-d'œuvre pénale, comme nous l'avons déjà expliqué (1).

Dans notre premier ouvrage nous avons déjà traité de la question de l'emploi judicieux de la main-d'œuvre pénale chez les particuliers, soit dans les exploitations agricoles, soit dans les mines. Nous croyons bon d'insister sur la véritable utilisation des condamnés dont il semble qu'on pourrait tirer un meilleur parti pour les grands travaux publics.

---

(1) Nous engageons vivement les lecteurs de notre ouvrage à prendre connaissance du vœu de la Chambre d'Agriculture de la Guyane française reproduit dans le « Bulletin du Comité de la Guyane française », numéro d'avril 1908, vœu émis sur le rapport présenté au gouvernement local par M. G. Millienne, et tendant à modifier les décrets du 13 décembre 1894 et du 30 août 1898 sur l'emploi de la main-d'œuvre pénale par les particuliers pour l'agriculture, avec gratification fixée à 0 fr. 75 par jour et par homme. Nous souhaitons que la question soit solutionnée à bref délai dans le sens de la proposition faite par M. Millienne, dans l'intérêt général et agricole de la Colonie.

La loi de 1854, dans son article 2, dispose que « les condamnés seront employés aux travaux les plus pénibles de la colonisation et à tous travaux d'utilité publique » ; or, comme le disait avec vérité, en 1905, le député Bourrat, dans un rapport remarquable sur les chemins de fer coloniaux « nos colonies pénitentiaires semblent devoir être vouées à un sort funeste ; et il est pour le moins étrange de constater que les régions où l'administration dispose depuis des années d'une main-d'œuvre considérable destinée, par définition même, à des travaux d'utilité générale, soit précisément, de tout notre domaine colonial, les plus dépourvues de voies de communication ! » Quelle différence avec les colonies anglaises où le *hard labour* est appliqué avec tant de rigueur. Traiter humainement les condamnés, c'est bien ; mais travailler à leur relèvement moral et les utiliser sérieusement pour les travaux de la Guyane serait aussi nécessaire et remplirait ainsi le vœu de la loi de 1854, critiquable à certains égards certes, mais dont ni le sens ni la portée ne nous paraissent avoir été compris par l'Administration Pénitentiaire qui comporte trop de fonctionnaires d'ordre purement administratif et qui par l'emploi qu'elle fait des condamnés pourrait un jour susciter une concurrence redoutable à la colonisation libre.

En 1892, M. Emile Jamais écrivait avec justesse : « Travaux d'utilité publique ou de défense à organiser, sources de production à développer, richesses inexploitées à mettre en œuvre, terres encore vierges à préparer pour y recevoir ensuite les colons dont l'Etat doit favoriser l'établissement : tel est le cadre dans lequel on peut faire entrer la main-d'œuvre pénale. En un mot, cette main-d'œuvre, exclusivement employée pour le compte de l'Etat ou des colonies peut devenir la préparation et l'avant-garde de la colonisation libre et de l'émigration. » Telle était également l'opinion de M. de Lanessan qui, dans son ouvrage sur l'expansion coloniale de la France, disait : « En résumé, nous voudrions que les transportés fussent d'abord soumis à une période de travaux publics forcés, qu'on les expédiât dans toutes celles de nos colonies où il y a des travaux à faire, non pas en grandes masses, mais par escouades mobiles gardées par un petit nombre d'hommes, utilisées partout où une œuvre pénible devra être faite. » Or, la Guyane ne comporte-t-elle pas un nombre important de travaux publics à faire pour tirer parti de ses innombrables richesses : défrichement de vastes espaces, susceptibles de devenir des terrains de culture, travaux de routes de pénétration, construction de canaux, de ports, de quais de chemins de fer, etc. ? Ainsi peut être utilisée l'activité de la main-d'œuvre pénale ; ainsi s'exercera dans son esprit la grande puissance moralisatrice du travail qui contribuera à son relèvement. Il ne faut pas, en effet, oublier cette forte pensée de Howard, heureusement vraie : « Rendez les hommes laborieux ; vous les rendrez meilleurs. » Or les travaux faits dans la colonie par les condamnés se résument jusqu'à ce jour à bien peu de choses, étant surtout donné leur nombre considérable !

De même, M. Etienne, ancien ministre, a proposé un plan bien étudié et très sensé d'utilisation de la main-d'œuvre pénitentiaire. La main-d'œuvre pénale malgache qui montre beaucoup plus d'endurance que les autres, d'après une expérience récente, réussit mieux, et on espère obtenir prochainement l'envoi d'un millier de condamnés annamites qui ont déjà été appelés à rendre des services dans la Colonie.

Mais le vrai remède à la pénurie des travailleurs de la terre, c'est, outre l'immigration antillaise qui sera encore plus largement favorisée par la création du chemin de fer en Guyane, l'immigration asiatique qui a disparu de la Colonie où elle a donné de bons résultats, et cela parce que les colons guyanais (il ne faut pas craindre d'avouer ses torts), n'ont peut-être pas su lui faire sa juste part dans les bénéfices réalisés.

Exprimons l'espoir que le vigoureux appel de M. le Gouverneur Rodier sera entendu (1). Conformément au desideratum for-

---

.(1) « Ne serait-il pas possible, disait M. Rodier, de reprendre l'immigration hindoue, dans les conditions générales de la Convention de 1861, avec quelques dispositions nouvelles, suggérées par l'expérience du passé et susceptibles de rassurer le Gouvernement anglo-indien sur le sort de ses sujets ?

Si jusqu'ici l'initiative privée a refusé à la Guyane agricole le concours des capitaux et des activités de la Métropole, malgré les vastes étendues de terrains fertiles, propres aux grandes cultures coloniales que nous pouvions offrir, ne faut-il pas l'attribuer à l'absence de toute main-d'œuvre ? Si cette raison n'est pas unique, dans tous les cas elle serait à elle seule suffisante.

Ne pensez-vous pas que les choses pourraient changer si l'Administration locale était en mesure de pouvoir procurer de la main-d'œuvre à des capitalistes ou à des Compagnies qui se formeraient pour l'exploitation des richesses de la Guyane ? De cette main-d'œuvre qui serait recrutée par notre intermédiaire, nous aurions, vis-à-vis du pays qui la fournirait, la responsabilité morale. Même la situation prospère que nous devons à la production de l'or nous permettrait de mettre à la charge du budget, si cet encouragement était reconnu nécessaire, une partie des dépenses du recrutement ».

Tenter de créer, comme le propose M. Rodier, un large courant d'immigration dans la Colonie de travailleurs asiatiques, soit hindous, soit plutôt annamites, comme l'essai en a été fait avec un succès relatif il y a vingt-cinq ans, mais en assurant à ceux-ci des garanties et des avantages suffisants pour les attirer et les fixer au sol, en leur accordant des concessions et en leur donnant les moyens de cultiver à l'expiration de leurs contrats d'engage-

mulé par M. Rodier, le Conseil Général a émis récemment le vœu
que l'Administration fît élaborer, avec le concours d'hommes compétents, un projet d'immigration de sujets annamites en Guyane.

L'assemblée locale préfère avec raison, d'après nous, les annamites aux hindous, l'expérience du passé ne semblant pas permettre
d'avoir recours aux travailleurs hindous.

A notre avis, une tentative nouvelle de travailleurs asiatiques
à la Guyane devra réussir, comme elle a pleinement réussi dans les
possessions étrangères voisines, pourvu qu'on se montre juste et
bienveillant à l'égard de ces colons, en ne les entravant pas dans
leur tâche, mais au contraire, en les attachant à demeure dans la
Colonie. Pour la mise en valeur de notre vieille Colonie si délaissée,
la main-d'œuvre asiatique ou autre paraît dans tous les cas absolument indispensable. « Sans main-d'œuvre importée, aucun progrès n'est possible, c'est le piétinement sur place, avec une épée de
Damoclès suspendue sur nos têtes. »

C'est, à n'en pas douter, la construction dans la Colonie de
voies ferrées, c'est l'exécution de grands travaux appelant de divers
côtés des travailleurs étrangers pour ces entreprises qui s'étendront
sur un ensemble de plusieurs années, les fixeront à demeure dans le
pays, dont ils apprécieront les ressources et les richesses, par l'appât du gain régulier, par le travail assuré et rémunérateur sur les
chantiers aurifères ou dans les exploitations agricoles qui seront reprises avec ardeur, vu la facilité et la rapidité d'écoulement des produits et des denrées coloniales, c'est tout cet ensemble qui contri-
buéra à donner un essor nouveau au pays ; dès ce jour, le relèvement économique de la Guyane sera assuré et vite accompli. Il faudra certes de grands efforts puissants, longs et persévérants ; mais
le succès est au bout, et de merveilleux résultats sont certains ; car,
suivant l'expression très connue, mais toujours juste du poète latin :

« ... *Labor omnia vincit Improbus* »

---

ment : tel est, en effet, selon nous, la vraie solution du peuplement nécessaire de la Guyane Française. Si l'immigration par contrat des ouvriers
asiatiques est actuellement suspendue dans notre Colonie, ce qui lui cause
un grave préjudice, n'hésitons pas à la reprendre, à l'exemple des Guyanes
hollandaise et anglaise qui continuent à recevoir des coolies indiens assurant une main-d'œuvre à des prix raisonnables.

III

Ce qu'il faut penser de l'avenir de la Guyane. — Conclusions

De l'étude d'ensemble qui précède découlent naturellement diverses appréciations qui nous semblent justes et saines et qu'il est possible de faire sur l'avenir même de la Guyane Française pour laquelle il est permis de caresser de longs espoirs et de vastes pensées et de rêver une prospérité aussi brillante qu'est luxuriante sa végétation puissante et féconde.

Nous ne nous étendrons pas sur ce sujet qui serait susceptible de longs développements faciles à concevoir et à traiter d'après les données ci-dessus.

Qu'il nous suffise de rappeler ici le cri d'alarme des vieux et patriotes Romains : « *Caveant consules !* » et le cri d'appel aux jeunes : « *En avant pour la Colonisation !* » qui termine notre premier ouvrage.

Notre voix sera entendue, nous en avons l'espoir ; car l'idée coloniale fait de continuels progrès dans le public ; elle gagne du terrain de jour en jour et fait l'œuvre de la tache d'huile, pour le plus grand bien de notre merveilleux empire colonial et de la France elle-même.

La Guyane, nous pensons en avoir fait la démonstration tangible, peut et doit devenir une grande colonie par son industrie aurifère d'abord, parce que c'est elle qui créera par son extension, due à l'emploi d'engins mécaniques, la richesse générale du pays, en permettant aussi le développement de ses exploitations forestières, agricoles et pastorales qui en seront la suite et la conséquence naturelles ; car, si son sous-sol est essentiellement aurifère, son sol est susceptible des plus grandes cultures coloniales.

Que faut-il pour arriver à ce but si désirable ? Résumons ici en quelques mots ce qui est indispensable au pays :

Avant tout, de la main-d'œuvre, en favorisant dans la limite nécessaire l'immigration étrangère de sujets annamites de préférence, suivant le vœu du Conseil Général de la Colonie, pour l'exécution de travaux publics indispensables et réclamés par tous les Gouverneurs qui ont passé en Guyane, et pour le travail des mines, les besoins de l'agriculture et de l'élevage et l'exploitation raisonnée des forêts ;

Puis, l'amélioration successive des voies fluviales si nombreuses et si facilement utilisables et la construction de quelques routes peu nombreuses, mais bien choisies (car les routes dans un pays comme la Guyane occasionnent une dépense de confection et d'entretien beaucoup plus considérable que celle de voies ferrées, tout en rendant moins de services) et de divers tronçons de voies ferrées si nécessaires pour la rapidité et le développement des transactions, ainsi que du transport tant des ouvriers aux placers, que des engins mécaniques destinés aux exploitations aurifères, et des bestiaux, de même que des denrées de ravitaillement indispensables aux placers, pour l'entreprise des exploitations forestières si merveilleuses de richesses, et pour le relèvement de l'agriculture et de l'élevage autrefois si prospères ;

Enfin, de l'argent, ce grand levier nécessaire pour toutes les créations futures, de gros capitaux étant absolument indispensables au développement rationnel de l'industrie aurifère non seulement alluvionnaire (telle qu'elle commence à être entreprise au moyen de puissantes dragues laveuses d'or notamment), mais encore filonienne (la réserve de l'avenir) qui exige tant d'efforts persévérants et de travaux continus, tant de dépenses d'achat, de montage, d'installation et d'entretien de machines robustes.

Tout cela est nécessaire pour l'épanouissement des richesses encore latentes de la Guyane ; mais tout cela est possible, si l'initiative privée qui a déjà beaucoup fait en Guyane, mais qui a encore beaucoup à faire, est enfin secondée puissamment — et elle le sera, nous en caressons l'espoir — non pas seulement par des capitaux français, mais aussi par l'action gouvernementale et par l'aide des pouvoirs publics. La Guyane, si longtemps oubliée, paraît enfin être sortie définitivement à l'heure actuelle de cet état de somnolence et de torpeur dans lequel elle semblait s'enliser à jamais. Elle est toute prête à recevoir les entreprises industrielles qui prendront l'initiative de s'y créer et qui y trouveront d'ailleurs un terrain aujourd'hui admirablement préparé ; car si la Colonie est la « terre d'or » par excellence, elle est aussi, il ne faut pas l'oublier, la terre de la féconde végétation, et parallèlement à l'industrie aurifère devra être mis en œuvre par les moyens que nous avons préconisés le développement intensif de ses ressources naturelles- agricoles, pastorales et forestières, si utiles et si variées et bien dignes de retenir l'attention sérieuse des colonisateurs. Dans de telles conditions de richesses, il n'est pas téméraire de prédire dès maintenant pour la Guyane Française, quelles que soient les difficultés restant à vaincre, l'aurore d'un grand essor économique et d'un brillant avenir dans un délai que nous espérons rapproché.

Omnia spe, perseverantia simulque labore !

Arthur DANGOISE.

Tableau synoptique des matières traitées

Table de concordance des deux ouvrages de M. Dangoise sur la Guyane Française

MATIÈRES TRAITÉES	PAGES DE CONCORDANCE ET DE RÉFÉRENCE	
	1er OUVRAGE paru en 1904	2e OUVRAGE paru en 1909
Préface	5 à 7	3 à 6
Guyane Historique	11 à 20	7 à 21
Guyane Géographique	21 à 39	22 à 43
Guyane Ethnographique	40 à 59	45 à 50
Guyane Climatologique	60 à 74	51 à 57
Guyane Economique et Minière	75 à 186	59 à 205
Colonisation	187 à 223	206 à 236

Imp. H. Roberge, 17, rue du Terrage, Paris.